독 서

2010
문화체육관광부
우수학술도서

국립중앙도서관 출판시도서목록(CIP)

독서 : 교육 지도 상담 코칭 클리닉 치료 / 글쓴이 : 임성관.
-- 서울 : 시간의물레, 2010
p. ; cm

ISBN 978-89-91425-89-7 93020 : ₩23000

독서 치료[讀書治療]
심리 치료[心理治療]

029.8-KDC4
028.5-DDC21 CIP2010000048

독서

– 교육·지도·상담·코칭·클리닉·치료

임성관

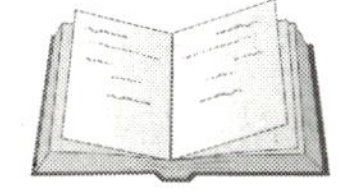

시간의 물레

들어가기

필자는 11년째 독서교육 현장에 있습니다. 초기에는 주로 효과적인 교육과 지도를 위해 공부를 하며 아이들을 만나 실전 경험을 쌓는데 주력했습니다. 한 해 출간되는 아동 분야의 책이 정말 많다는 것을 그제야 비로소 알게 되어 그것들을 한 권 한 권 직접 읽고 익혀나갔음은 물론, 잘 가르치고 프로그램이 훌륭하다는 곳이 있으면 어디든 달려가 배웠지요. 물론 그렇게 배운 지식들은 복지관과 병원 등에서 무료 자원봉사를 하며 조금씩 접목해 보았고, 그러다가 초등학교에서 사서로 근무하면서부터는 본격적으로 독서지도를 계획해 실시할 수 있는 단계로까지 발전이 됐습니다. 이런 경험은 이후 학부모들 및 선생님들께도 강의를 할 수 있는 기회로까지 연결이 됐고, 현재 평생교육원과 대학으로 이어져 학생들에게 독서교육을 강의하고 있을 정도의 위치에까지 오를 수 있도록 해주었습니다.

그런데 10년이면 강산도 변한다고 했듯이 독서교육 현장도 많이 바뀌었습니다. 책이라는 매체 이외에는 특별히 선정할 수 있는 자료도 없었기 때문에 함께 읽고 쓰기 위주의 독후활동을 했던 예전에 비해, 오늘날은 활용할 수 있는 매체의 종류도 많을 뿐만 아니라, 활동 역시 음악적·미술적·연극적 영역을 두루 포함하고 활용하는 측면으로 다각화되었습니다. 때문에 교육 현장에 있는 선생님들은 단순히 책만을 아는 것이 아니라, 책은 기본으로 알아야 하고 더불어 다양한 매체들도 알며 활용할 수 있는 수준을 갖추어야 합니다. 그래야 현재의 독서교육 패러다임에 발맞춰 나갈 수 있기 때문입니다.

더불어 현 시대에는 독서 행위를 기본으로 한 활동 영역이 교육과 지도에만 머물러 있지 않고, 상담, 코칭, 클리닉, 치료로까지 확장이 됐습니다. 이는 독서의 개념을 더욱 확장한다는 측면, 그에 필요한 수준과 자격을 갖춘다면 독서지도사에만 머물러 있지 않고 여러 방면으로 활동할 수 있다는 측면에서도 바람직한 변화라고 생각됩니다. 그러나 이런 변화에 대응하려면 그만큼의 시간과 노력이 필요함은 당연하겠지요.

이 책 '독서'를 통해 필자가 소개하고자 하는 것은, 우리가 이미 알고 있는 독서의 개념을 바탕으로 시대의 변화에 따라 자연스럽게 도입된 독서의 여러 영역들입니다. 그것들은 '독서'를 기본으로 한다는 점에서는 비슷하지만 개념과 기본 원리, 나아가 영역은 확실히 구분 지어야 할 것들입니다. 그러나 아직 그런 체계가 부족해 보입니다.

때문에 이 책은 독서 영역 전반에 관심을 두고 있는 분들에게 도움이 될 것입니다. 특히 필자의 임상 경험을 바탕으로 한 실제 부분은 현장으로의 진출을 앞두고 있는 분들에게 많은 힌트를 줄 것입니다. 부디 이 책과의 만남이 여러분들의 마음속에 자라고 있는 책 나무의 책 열매들이 활짝 벌어지는 체험을 한 것처럼 느껴지길 바랍니다.

평촌 연구소에서

임성관

CONTENTS

제1장 독서와 제반 분야의 이론적 기초

생명력을 지니고 태어난 책이 있다.
어떤 책이든지 읽는 이에게
생명을 불어 넣을 수 있는
정신의 불꽃이 불붙기 전까지는,
그 책은 죽은 물건에 불과하다.
– H. 밀러

빠른 시대의 변화는 환경은 물론 사람들에게까지 영향을 미쳐, 적응을 하고 살아남기 위해서는 즉각 대처해 나갈 수 있는 힘, 나아가 미리 예측하고 대비할 수 있는 힘을 요구하기에 이른다. 이는 어떤 사람, 어떤 분야, 어떤 측면인가를 망라하는 시대적 공통 요구로서, 만약 그에 부응하지 못하면 적응을 하지 못해 뒤떨어지는 시대의 낙오자가 될 수밖에 없다. 그래서 현 시대의 사람들은 누구나 심리적 불안을 갖고 살아간다. 아직은 사회인으로 편입되어 있지만 잠재적인 불안까지 완벽하게 떨쳐내지는 못한 것이다.

따라서 적어도 내가 몸담고 있는 분야에서는 뒤떨어지지 않기 위한 노력을 게을리 하지 않는데, 최근 '독서'라는 분야에도 새로운 이론들이 여럿 편입되면서 개념과 영역 구분이 애매모호해진 경향이 있다. 필자는 이런 현상이 아주 작은 차이만 있기 때문에 굳이 명확하게 구분 지을 필요가 없음, 혹은 어차피 같은 분야이기 때문에 약간의 개념 습득만으로도 충분히 다룰 수 있다는 종사자들의 무지와 오만에서 비롯된 것이라 생각된다. 왜냐하면 현장에서 활동을 하면서 만나는 분들 가운데 상당수는 실제 그런 모습을 갖고 있기 때문이다.

그러나 용어에 '독서'라는 단어가 들어가 있으므로 '책'이라는 매체가 주가 되고, '읽기'라는 행위가 뒷받침 된다는 점은 같지만, 그 안에 담긴 심오한 원리와 속성은 모두 독립시켜 연구를 해도 충분할 만큼 넓고도 깊다. 따라서 제1장에서는 독서의 개념에서부터 시작해 앞으로 이 책에서 다룰 독서교육, 독서지도, 독서상담, 독서코칭, 독서클리닉, 독서치료에 대해 정확히 알고 넘어갈 수 있었으면 한다. 개념을 정확히 아는 것이야말로 모든 학문의 시작이니까!

1. 독서의 개념

독서는 문자나 문장 등을 읽는다는 단순한 개념에서부터 저자의 사상과 감정의 의미 해득이라는 복잡한 개념에 이르기까지 그 폭이 넓을 뿐만 아니라 목적도 다양하여, 그 종류 또한 한두 가지가 아니다. 이러한 양상으로 인해 독서에 대한 개념적 정의도 '기호 해독(code cracking)'의 측면에서 접근한 정의, '의미(meaning)'의 측면에서 접근한 정의, 커뮤니케이션 형태의 측면에서 접근한 정의 등과 같이 학자에 따라 다양한 견해를 보여주고 있어 이에 대한 정의를 한 마디로 내리기가 어렵다.

그런데 그동안의 연구를 살펴보면 김효정(1999)은 "독서는 문자를 읽거나 문장이나 문단, 글을 읽는다는 가벼운 개념에서부터 '필자의 기호화된 의미가 독자의 뇌리에 재생되어 다시 형성되는 하나의 커뮤니케이션으로, 독서자료, 독자의 지식과 경험 그리고 독자의 생리적, 지적 활동이 상호 작용하는 능동적이고 전략적인 사고 과정'이라는 복잡한 개념에 이르기까지 다양하다"고 이야기하고 있다.

또한 이만수(2001)는 "독서는 글 전체의 의미를 올바르게 이해하는 것을 말한다. 즉 글자를 읽고 그 결과로 인간 내면의 세계에 어떤 변화를 가져오는 행위이다. 그러므로 독서는 글이나 책을 읽고서 마음이나 행동으로 실천하려는 변화를 일으켜야만 바람직한 독서라 할 수 있다."고 말했다.[1)]

---

1) 임성관(2009), 『초등 학습능력 올리는 독서코칭』, 책속물고기에서 수정 재인용.

즉, 두 분의 이야기를 종합해 보면 독서는 문자나 문장, 문단과 글을 읽는다는 단순한 개념에서부터 개인 내적인 측면에서의 상호작용, 나아가 저자 및 사회와의 커뮤니케이션 과정, 마지막으로 읽는 행위에서 그치는 것이 아니라 삶에 적용을 시켜 행동으로까지 실천해 자신의 삶을 새롭게 정립해 나가는 과정과 범위까지 포괄하고 있음을 알 수 있다.

그러므로 독서는 복합적이면서도 매우 심오한 과정이라 할 수 있다. 즉, 한 사람이 살아가기 위해 필요한 모든 것들과의 상호작용이며, 그것을 얻어가는 과정이기도 한 것이다.

2. 독서교육의 개념

전통적으로 교육을 중요시한 전통이 있는 우리나라에서는 아직도 좋은 학교를 나와야 미래에 출세한다는 믿음이 지배적이다. 따라서 전 세계 어느 나라와 견주어도 뒤지지 않을 교육열은 식을 줄 모르고, 선진국에서 도입했다는 최신 방법들은 밤새 줄을 서야 겨우 등록할 수 있을 정도의 인기도 끌고 있다. 그런 맥락의 결과인지 이제는 독서도 편하게 즐기며 다양한 방법과 자신의 상황에 따라 할 수 없는 대신, '교육적'으로 해야 하는 상황으로까지 발전이 되었는데, 그렇다면 독서교육의 개념을 먼저 살펴보자.

독서교육은 가치 있는 독서 행위를 위해 필요한 지식과 기술, 광의의 능력과 태도를 몸에 배게 하는 학습지도라 할 수 있다. 또한 독서를 통한 생활지도라 할 수 있다. 즉, 자아실현을 충실하게 하고 사회생활에 적응하는 인격형성을 계획적으로 도와주는 교육 활동이며, 개인이 자신의 미래를 개척해 나갈 수 있는 능력을 갖도록 지도함이다.

따라서 독서교육은 각 개인이 자기 자신에 대하여 인식하고 자신의 독서능력, 독서흥미, 인간형성의 수준을 바탕으로 독서 자료를 매체로 하여, 자기생활에 충실하고 나아가 사회생활에 적응하는 인격형성을 계획적으로 도와주는 교육적인 활동이라 정의할 수 있다.[2)]

---

2) 상게서에서 재인용.

위 내용을 다시 정리하자면, 독서교육은 결국 독서를 위해 필요한 기술에서부터 사회생활에 적응하고 자신의 미래를 스스로 개척해 나갈 수 있는 능력을 키울 수 있도록 지도하는 것이다. 따라서 독서교육의 주 대상은 학령기의 아동과 청소년들이다. 그들 역시 문자 해독력을 갖게 되면 스스로 책을 읽을 수 있지만, 사회생활에 대한 경험이 부족하기 때문에 능력 향상으로까지 연결 짓기에는 어려움이 있다. 그러므로 부모님 및 선생님들은 어릴 때부터 책에 재미를 느낄 수 있도록 하는 것에서부터 출발해, 좋은 책을 스스로 골라 읽어 나가며 평생의 친구로 삼을 수 있도록 한다. 왜냐하면 그래야 어려움에 처할 때마다 스스로 해결할 수 있는 지혜를 책으로부터 얻을 수 있기 때문이다.

3. 독서지도의 개념

독서지도란 '독서를 통한 인간 교육'을 뜻하는 것으로 '초보 단계의 문자 지도 및 독해 지도'에서부터 '도서의 선택과 효과적인 독서 기술지도'에 이르기까지 '글과 책을 다루는 모든 행위'를 포함한다. 더불어 독서교육의 방법론과 그 실천적 접근을 중심으로 하여 인간성을 위한 '독서하는 태도, 지식, 기술, 능력, 흥미, 습관 등의 형성과 계발의 지도'를 뜻한다. 나아가 독서를 통하여 자신의 인생을 충실히 하며, 현대 사회생활에 적응할 독서력과 독서에 의한 인격 형성을 구체적, 계획적으로 조성하는 지도를 포함한다. 즉 독서를 통한 인지적, 정의적 영역의 발달을 돕는 것을 뜻한다.[3)]

독서 과정에서 발생하는 지적인 능력은 크게 인지적 사고와 정의적 사고로 분류할 수 있다. 그 가운데 인지적 사고는 역사나 과학 분야처럼 정보를 중심으로 하는 것이고, 정의적인 사고는 소설이나 시, 동화 등 문학작품을 읽을 때 일어나는 심상의 변화, 창의력, 상상력 등을 의미한다. 따라서 독서지도는 독서를 통해 활성화되고 발달하는 두 영역을 중심으로 방법론적이며 실천적인 측면으로 행하는 독서교육이라 정의할 수 있다.

지금까지 우리는 독서와 독서교육, 독서지도에 대한 개념을 간단히 살펴봤는데, 사실 우리나라에서는 독서교육과 독서지도를 혼용하고 있는 등 그 개념 구분이 명확하지 않다. 따라서 그 구분을 지

3) 상게서에서 재인용.

을 필요가 있는데, 여기서 다시 정리를 하고 넘어가자면 독서교육은 독서지도를 포괄하는 넓은 개념이고, 독서지도는 독서교육의 실천적인 방법이라 할 수 있겠다.

그렇다면 이어서 최근 여러 분야와의 접목이 활발히 이루어지고 있는 상담으로서의 독서, 독서상담에 대해 살펴보자. 독서상담의 정의를 살펴보기 전에, 심리상담에서의 상담과 독서상담에서의 상담이 어떤 차이가 있는가 정리해 보면, 전자는 상담자와 내담자 사이의 정서적인 교류가 있지만 후자는 필요한 정보의 정확한 전달만으로도 충분하다는 점이다. 즉, 독서상담은 결혼상담, 투자상담 등과 같은 맥락으로 보아야 하며, 따라서 그 영역도 제한할 필요가 있다.

4. 독서상담의 개념

독서의 중요성이야 이미 오래전부터 강조되어 왔지만 본격적으로 화제의 중심이 된 것은 제7차 교육과정의 시행과 MBC 문화방송에서 방영됐던 프로그램 〈느낌표!〉 때문일 것이다. 두 영향의 차이점이라면 전자는 학습능력의 향상과 좋은 학교에 들어가기 위한 당면 목표로서의 필요성이라는 측면이 컸고, 후자는 개인의 교양을 쌓는 것으로부터 사회적인 문화 인프라를 구축해 독서하는 사회를 형성하는데 있었다는 점이다. 어쨌든 결과적으로 봤을 때 학생들은 물론 국민 전체가 도서관과 독서에 대해 관심을 갖는 계기를 만들어 주었는데, 이런 현상은 자연스럽게 어떤 책을 골라서 어떻게 읽어야 하는지, 어떻게 하면 책을 좋아할 수 있는지, 내게 맞는 책은 어떤 것인지, 책을 읽고 난 뒤 해볼 수 있는 독후 활동에는 어떤 것이 있는지 등에 대한 궁금증으로까지 연결이 됐다.

따라서 명쾌한 답변을 듣고 적정 방법을 통해 독서를 더욱 알차게 하고 싶은 사람들은, 관련 분야의 전문가를 찾아 자신의 궁금증을 묻기에 이르렀다. 독서상담은 이렇듯 물어서 적확한 해결 방안을 찾고 싶은 사람과 그에 대한 해답을 갖고 있는 사람사이의 만남이 이루어지면서 비로소 성립이 된 것이다. 그렇다면 독서상담을 체계적으로 정의해 보자.

독서상담은 문자 그대로 독서에 대한 상담 전반을 의미하는 것으로, 단순히 필요한 책에 대한 정보를 주는 것에서부터, 발달적이며

임상적인 문제를 호소하는 사람에게 적절한 자료와 함께 치료를 진행하는 것까지 포함될 수 있다. 하지만 후자의 경우 읽기 부진아는 독서클리닉에서, 발달적이며 임상적인 문제 전반은 독서치료라는 분야에서 전문적으로 다루고 있기 때문에 이 범주에 포함시키지 않는 것이 좋겠다. 그 대신 독서행위에 대한 부분이나, 독서습관, 독서방법, 글쓰기와 말하기 등의 독후 활동 관련, 적정 책의 선택과 관계된 영역을 독서상담에서 다루면 되겠다.

간혹 '상담'이라는 말 때문에 어떤 문제가 있어야만 받아야 하는 것으로 오해하시는 분들이 있는데, 여기서의 상담은 독서 전반에 관한 궁금증을 해소하는 것이므로 독서코칭이나 독서클리닉, 독서치료에 비해서는 부담이 덜한 상호작용 과정이라고 생각하시라.

5. 독서코칭의 개념

최근 우리 사회 여러 분야에 접목되어 유행하고 있는 코칭이라는 개념이 독서에도 접목이 되었다. 그래서 많은 분들이 관심을 갖고 있는데, 사실 어떤 분야가 새로 접목되더라도 '독서'의 본질은 바뀌지 않기 때문에 크게 다르거나 어렵게 생각할 필요는 없다. 그렇다면 독서코칭이란 무엇일까? 정의와 함께 목적까지 살펴보자.

독서코칭이란, 책을 통한 상호작용을 바탕으로 책 안에 있는 많은 가능성으로 대상의 잠재력을 최대로 이끌어 내어 성공으로 가는 독서습관을 개발할 수 있도록 돕는 것을 말한다.

그래서 일반적으로 독서코칭은 다음과 같은 목적을 위해 이루어진다.

첫 번째, 사실 모든 활동의 기초는 '즐거움'이다. 따라서 독서 역시 마찬가지인데, 독서를 하며 즐겁고 행복한 것은 물론, 흥미가 생겨 몰입을 하여 집중력도 기르고, 나아가 주인공과의 만남을 통해 동기도 부여받을 수 있도록 하는 것이 첫 번째 목적이다.

두 번째, 독서를 매개로 한 코칭은 코치의 질문을 통한 논리력과 사고력을 확장시키고, 유연하면서도 복합적인 사고를 할 수 있도록 돕기 위한 목적이 있다.

세 번째, 비록 지금은 누군가가 쓴 책을 읽지만, 나아가서는 또 다른 책을 써서 누군가에게 영향을 미칠 수 있는 사람으로 만들기 위한 목적이 있다. 그러려면 감성능력과 창의력 및 상상력 등이 필요한데, 이런 능력 또한 기르는데 목적이 있다.

네 번째, 평생의 독서습관 형성은 코칭이 추구하는 종래의 목적이다. 따라서 체계적으로 독서 목표를 수립하고, 나아가 실천하며 평가를 할 수 있는 능력을 길러주는 것이 또 하나의 목적이다.

6. 독서클리닉의 개념

읽기 부진은 읽기 장애의 한 영역으로 읽기 학습 부진아, 정신지체, 난독증(dyslexia) 등이 포함된다. 읽기 장애는 개인의 잠재적인 읽기 발달이나 학령(學齡), 시간적 발달 등에 비하여 읽기 성취 정도가 기대 수준보다 현저하게 낮을 때, 즉 개인의 문화적, 언어적, 교육적 경험이 일치하지 않는 학생에게도 나타난다. 또한 읽기 성취 수준도 개인이 이론적으로 기대하는 수준보다 현저하게 낮을 때 읽기 장애가 나타나는 것으로 알려지고 있다. 국제읽기학회(IRA)에서 나온『읽기 용어 사전』에는 읽기 장애에 대하여 다음과 같이 정의하고 있다.

1) 개인의 잠재적인 읽기 발달이나 학령(學齡), 시간적 발달 등에 비하여 읽기 성취 정도가 현저하게 기대되는 수준보다 낮은 경우, 개인의 문화적, 언어적, 교육적 경험이 일치하지 않은 학생에게도 나타난다.

2) 읽기 성취 수준이 개인이 이론적으로 기대하는 수준보다 현저하게 낮은 경우. 참고 : 읽기 장애는 '읽기 지체(reading retardation)'나 '읽기 퇴행(reading backwardness)'과 자주 혼돈되어 사용되는 경우가 있다. 읽기 지체아(retarded reader)란 자연 연령의 발달이나 학습 가능성은 고려하지 않고, 또래 집단에 비해 현저하게 낮은 읽기 성취를 보이는 학생이다. 이에 비해 읽기 퇴행아란, 아동의 읽기 성취 주순이 시간적으로나 정신적인 발달이 비슷한 또래 집단의 평균에 비해 낮은 성취를 보이는 학생을 말한다.

위의 정의를 살펴보면 읽기 장애의 개념이 읽기 지체, 읽기 퇴행 사이에서 자주 혼돈되고 있다는 점, 읽기 장애는 주로 또래집단의 평균적인 읽기 발달에 비해 지연을 보이는 아동들을 지칭한다는 것을 알 수 있다. 그리고 읽기 장애를 정의하는 준거를 또래집단의 평균적 읽기 발달과 비교해서 찾았음을 알 수 있다.

또한 『국제질병분류(ICD)』에 따르면 "기대되는 읽기 수준에 비해 2 표준편차 아래에 있는 점수를 읽기 장애의 결정선으로 제안하고 있다."라고 정의하고 있다. 일반적으로 읽기 장애로 진단되는 준거는 지능과 읽기 성취도간의 격차가 1 표준편차 또는 2 표준편차 이상 벌어지거나, 연령과 읽기 성취도간의 격차가 1년 이상 벌어지는 것을 기준으로 삼는다. 표준화 검사에서 나이, 학교 교육, 그리고 지능에 비해 기대되는 수준보다 성적이 현저하게 낮게 나올 때 읽기 장애라고 할 수 있다.

우리나라에서 언급된 정의 및 유형을 살펴보면 황백현(1988)은 『독서심리학개론』에서 독서문제독자의 정의와 유형을 논하고 있는데, "독서문제독자라 함은 책에 쓰여 있는 문자를 신체적, 정신적, 학년별 일정한 수준으로 읽고 이해할 수 있어야 함에도 그 수준에 도달하지 못한 독자를 칭한다."라고 말한 뒤, 다시 문제성이 있다고 지적하면서 문자 자체를 잘 읽지 못하는 '읽기곤란독자'와 책을 보고 문자는 잘 읽을 수 있지만 독서 활동에 문제성을 가지고 있는 '독서이상독자'로 크게 두 유형으로 문제독자를 분류할 수 있다고 한다. 이를 다시 그 정도와 원인별로 분류하면 '읽기곤란독자'는 지능 면에서 문제가 있어서 문자를 읽지 못하거나 읽는 속도가 아주 느린 '읽기지진독자'와, 다른 능력에 비교하여 문자를 읽고 이해하는 수준만 못 미치는 '읽기부진독자'로 구분한다. 그리고 '독서이상독자'는 독서에 흥미와 관심이 없는 '독서무관심독자'와, 독서는 좋아하되 그 방법과 태도에 문제가 있는 '독서태도이상독자'로 분류할 수 있는데, '독서태도이상독자'는 다시 문제점별로 세분하면 독서 자료를 어느 한 쪽에 치우쳐서 읽기만 하는 '독서편향독자'와 체계 있게 읽지 못하는 '독서불안정독자', 연령에 비해 높은 수준의 책을 찾는 '독서조숙독자'와 생활 리듬을 깨트릴 정도로 책을 가까이 하는 '독서과다독자', 책의 내용과 현실을 혼동하는 '독서분열독자'로 나눈다.[4)]

4) 임성관(2004), 「읽기 부진아를 위한 독서치료 프로그램」, 중앙대학교 석사학위논문에서 재인용.

7. 독서치료의 개념

독서치료(Bibliotherapy)는 사람의 심리를 치료하는 방법 가운데 하나로 문학작품을 매개로 한다. 이는 치료의 매개가 되는 다양한 문학작품들을 치료적으로 읽고 치료사와 만나는 적극적인 상호작용을 통해, 치료에 참여하는 내담자 및 참여자의 문제를 해결하고 나아가 인격을 통합하도록 도와주는 과정인 셈이다. 따라서 독서치료의 진정한 가치는 독서활동이 진행되는 과정과 치료사와의 만남을 통해 상호작용하는 과정 그 자체에 있다. 즉 내담자 및 참여자들이 치료를 위해 처방된(치료적 정보가 담긴) 문학작품을 읽고 전문가인 치료사와 만나 상호작용 과정을 갖는 것이야말로, 자신의 문제를 해결할 수 있는 적극적인 행위가 되는 것이다.

그런데 독서치료(Bibliotherapy)는 치료에 참여하는 대상과 그(혹은 그들)가 갖고 있는 문제의 유형, 나아가 치료 목표에 따라 발달적(developmental) 독서치료와 임상적(clinical) 독서치료로 구분한다. 전자는 비교적 정상범위에 속한 사람들을 위해 실시되며, 끊임없이 발생하는 여러 문제 상황들을 스스로 해결해 개인의 적응과 성장을 돕기 위함이 목표이다. 반면 후자는 인지·정서·행동 그리고 신체적인 면에서의 심각하고 특별한 어려움을 겪고 있는 사람들을 위한 치료적 개입에 초점을 둔다.

다음은 독서치료의 종합적인 정의이다.

독서치료는 내담자 및 참여자가 다양한 문학작품들을 매개로 해서 치료사와 일대일 혹은 집단으로 미술적, 음악적, 연극적, 문학적 상호작용을 통해 자신의 문제를 해결하는 것은 물론, 적응과 성장을 위해 능력향상을 기하는 것을 말한다. 문학작품의 범위에는 인쇄된 자료는 물론이고, 동영상 자료, 오디오 자료, 실물 자료가 모두 포함되고, 더불어 다른 사람에 의해 만들어진 것 이외 자신의 작품도 포함이 되며, 치료 세션에서 함께 만들어 내는 작품 역시 포함될 수 있다.

8. 독서의 필요성

앞서 우리는 독서를 바탕으로 한 여러 분야의 개념에 대해 살펴봤다. 또한 각 장마다 보다 실제적인 측면과의 만남을 통해 더욱 이해를 다질 예정이지만, 그전에 독서의 필요성에 대해 살펴보고 넘어가자.

1) 자기 주도적 학습 능력을 신장시킨다!

경험은 인간을 성장하게 만든다. 그렇기 때문에 우리는 살아가면서 많은 경험을 할 필요가 있는데, 한정된 공간과 시간 속에서 모든 경험을 한다는 것은 불가능하다. 따라서 책이야말로 시공간을 초월해 세상의 여러 일들을 간접적으로 경험할 수 있는 가장 좋은 매체라 할 수 있다. 이처럼 인간은 책을 통해서 지식과 학문을 배우는 것은 물론, 많은 경험을 하며 발전할 수 있는 원동력을 얻게 된다. 결국 책은 새로운 것들을 가르쳐 주는 정다운 벗과 스승의 역할을 해준다.

21세기는 지식과 정보가 폭발적으로 넘쳐나는 시기이다. 따라서 인간이 인간답게, 보람 있게, 유능하게 살아가기 위해 익혀야 할 수많은 내용들을 학교교육이 다 감당할 수 없게 되었다. 이제 학교는 학생들이 자기 주도적으로 자신의 삶을 영위하는데 필요한 지식과 정보를 획득할 수 있는 학습 능력을 키워주어야 한다. 그런데 독서는 이상적인 자기 학습의 능력을 가능케 해 줄뿐만 아니라, 자기의 경험과 사색의 고도화를 조력해 준다. 따라서 21세기 인간상이 지녀야 할 자기 주도적 학습 능력을 습득하는데 유용한 방법이 된다.

2) 창의성을 발달시킨다!

독서는 이성적인 사고를 찾아가는 꽤 어려운 과정이라 할 수 있다. 그러므로 이성적인 사고를 통해 저자의 사상을 이해하는 것, 그것을 내 삶에 반영하는 것이 쉽지 않은 일인데, 이성적인 사고를 통해 인간은 비로소 새로운 생각과 새로운 의미를 창출할 수 있다. 새로운 의미를 창출하는 것은 창의성에 기반을 둔다. 따라서 독서는 창의성을 발달시키는 훌륭한 방법이 되는 것이다.

3) 지식 생성력을 길러준다!

지식 생성력은 말 그대로 새로운 지식을 만들어 내는 능력이다. 지식기반 사회의 특징은 지식의 생성과 소멸이 빠른 속도로 일어나기 때문에, 여러 정보들을 바탕으로 새로운 지식을 만들어 내는 능력이 절실히 요구된다. 그런데, 독서를 많이 하면 할수록 학습의 전이가 촉발되어 새로운 지식을 만들어내는 능력이 함양된다.

4) 구성주의적 교육관에 부합한다!

구성주의 교육관은 구성주의 인식론에 그 뿌리를 두고 있다. 구성주의 인식론의 핵심 주장은 지식은 '발견'되는 것이 아니라 '구성'된다는 것이다. 구성주의는 지식이 인식의 주체와는 별개로 객관적으로 존재하며, 인식 주차는 그것을 단지 발견하는 역할을 할 뿐이라는 객관주의를 거부하는 데서 출발한다. 지식 혹은 대상의 본질은 인식 주체의 필요와 목적·상황·선입견·기대 지평·스키마 등에 따라 서로 다르게 구성된다는 것이다. 카시오피아 별자리를 형성하는 다섯 개의 별이 지구로부터 서로 매우 다른 거리에 떨어져 있음에도 사람들은 그것을 같은 거리에 있는 W자로 인식하는 것처럼, 지식은 실재적 현상과는 달리 인식 주체의 머릿속에서 구성되는 것으로 보는 것이다. 그리고 한 번 구성된 지식이라 할지라도 고정불변으로 남아 있는 것이 아니라, 상황에 따라 변화와 수정을 거듭하는 것으로 본다. 이런 점에서 인간을 객관적인 지식의 소유자 혹은 대상의 본질을 꿰뚫어 볼 수 있는 이성의 소유자로 보지 않고, 지식이 만들어지는 과정의 참여자이며 끊임없이 지식을 수정하고 확충해 감으로써 점진적으로 성장해 가는 존재로 보는 것이다. 지식의 다양성에 대한 용인과 장려는 교육의 본질에 대한 관점과 맥이 닿아 있다. 구성주의 교육관에서는 필요한 지식은 사람에 따라 다양할 수 있으므로, 지식 자체보다는 새로운 문제 사태에 직면하여 그 문제를 해결하는데 필요로 하는 지식을 주체적으로 구성할 수 있는 능력을 길러 주는 것을 교육의 궁극 목적으로 본다.[5] 따라서 독자는 어떤 필요와 목적에 따라 행하는 독서를 통해 자신에게 적합한 어떤 의미를 구성할 것이다.

5) 평생 학습 능력을 신장시킨다!

21세기의 교육은 학교뿐만 아니라 학교 밖에서 이루어지는 사회교육이 밀접한 연관을 맺으며 상호 보완해 나가야 한다. 특히, 삶의 질 향상에 따라 평생에 걸친 교육기회가 확대되고, 일반 교양교육과 전문교육의 조화와 균형이 요구되는 오늘날에는 평생 학습 능

5) 이성영(2001), 『구성주의적 읽기 교육의 방향』, 한국초등국어교육 Vol.18

력 신장을 위해서도 독서가 매우 중요하다. 독서는 교양을 갖춘 인간 형성의 목적을 달성케 할뿐만 아니라, 취미와 오락의 기회를 제공해주기 때문이다.

6) 올바른 가치관 형성을 돕는다!

지금의 청소년들은 흔히 N세대 혹은 M세대라고 한다. 그들은 인터넷과 동영상, 그리고 MP3를 생활도구화 하여 살아간다. 그들은 뚜렷한 개성을 추구하면서도 월드컵에서 보여준 거대한 응집력을 지니고 있다. 그런데 영상세대답게 즉흥적이고 감각적이며 사색과 숙고를 싫어한다. 독서는 내가 지금까지 알지 못하고 있던 것을 깨닫게 해주고, 새로운 감동과 느낌을 준다. 때로는 한 권의 책을 읽음으로써 훌륭한 분의 일생을 본받게 되고, 때로는 한평생 마음에 두고두고 간직할 귀중한 감동도 받게 된다. 그래서 책은 훌륭한 스승도 되면서도 정다운 벗이 되는 것이다. 다시 말하면, 책은 우리에게 건전한 정신을 갖게 하고 교양을 얻게 하며 수양을 쌓게 한다. 따라서 독서가 필요하다.

7) 건전한 여가 선용의 장(場)이 된다!

우리의 생활을 더욱 즐겁고 보람 있게 보내는 일을 여가 선용이라고 한다. 지금 청소년들은 자칫 탈선할 수밖에 없는 유해한 환경들에 무방비로 노출되어 있다. 특히, 청소년들이 건전한 여가를 보낼 수 있는 공간도 턱없이 부족한 형편이다. 그런데 독서는 생활을 즐겁고 보람 있게 해 준다. 독서가 정말 중요한 여가 선용의 길이 되는 것이다. 시, 소설, 위인전, 희곡, 과학, 역사, 예술, 종교 등에

관한 독서를 통하여 학생들은 자신도 모르는 사이에 삶이 참으로 값있는 것이라는 생각을 갖게 된다. 따라서 시간이 날 때마다 언제나 반겨주는 책을 읽음으로써 여가를 보내게 한다면, 가장 건전하면서도 효율적으로 시간을 활용했다 할 수 있을 것이다.

8) 문제를 해결해주고 적응 능력 또한 높여 준다!

현대를 살아가는 사람들에게는 많은 문제가 있다. 아이는 물론 청소년, 어른들에 이르기까지 크고 작은 문제를 갖고 있지 않은 사람이 없고, 우리 사회 자체가 그 문제를 유발시키기도 한다. 그러므로 심리·정서적으로 건강하게 살아가는 것이 또 하나의 이슈가 되었는데, 독서는 문제를 해결할 수 있는 정보를 주고 역할 모델이 될 수 있는 주인공을 만날 수 있기 때문에 큰 도움이 된다. 더불어 사회에 잘 적응해 생활해 나갈 수 있는 힘도 길러준다. 그러므로 자신에게 필요한 책만 잘 골라 읽어도 건강하게 살아갈 수 있다.

9. 독서교육을 위한 환경 점검

'인간은 환경의 지배를 받는다'라는 말이 있다. 이러한 절대적 결정론은 사실 위험하기 때문에 복합적으로 사고하는 것이 맞겠지만, 사회 제반적 환경, 즉 교육, 종교, 사회제도, 생활 근거지, 가정의 분위기 등 많은 것들이 우리 삶에 영향을 주는 것은 사실이다. 특히 이 말은 조기자녀교육을 주창하는 이들 사이에서도 많이 사용되고 있는데, '스펀지'처럼 주어지는 대로 흡수해 버리는 유아·아동기의 특성에 맞는 환경의 제공을 이야기하곤 한다. 그들이 자주 인용하는 사람 중에 맹자의 어머니가 있다. 그녀는 환경에 따라 행동하는 아들의 인성과 교육을 위해 세 번 이사를 통해 훌륭한 아들을 만들어 냈다는 신화적인 인물이다. 비단 교육과 관계된 예나 맹자의 어머니를 들먹이지 않더라도 환경이 미치는 영향에 대해서는 뉴스 등을 통해서도 쉽게 접할 수 있고, 또한 충분히 수긍도 할 수 있는 부분이다.

그렇다면 독서교육은 어떨까? 이 역시 필자는 환경의 영향을 많이 받을 수밖에 없다고 생각한다. '세 살 버릇 여든까지 간다'라는 속담으로 인해, 세 살 나이에 형성된 독서습관이 평생 동안 유지될 수 있도록 많은 부모님들이 가정 내에서 노력을 하는 것이나, 어린이도서관의 건립, 공공도서관·학교도서관의 설립과 여러 활동들은 결국 어린이들에게 적절한 독서교육 환경을 제공해 주기 위한 노력인 것이다. 하지만 이 역시 스스로 실천하고 노력하는 이들만 가질 수 있는 혜택인 것은 자명한 사실이다. 따라서 필자는 대한출판문

화협회와 문화체육관광부에서 발표된 출판통계와 국민 독서실태 자료를 통해 독서 실태와 독서환경들에 대한 부분을 먼저 살펴보고, 그에 대한 대안으로 가정에서 실천할 수 있는 독서교육 지침과 공공·학교도서관에서의 독서교육도 살펴보고자 한다.

1) 출판 환경(대한출판문화협회 2008년 출판통계 자료)

2008년 한 해 동안 대한출판문화협회를 통해 납본된 도서는 4만 3,099종(만화 포함), 1억 651만 5,675부로 지난해 같은 기간에 비해 종수는 4.9%(2,005종)로 소폭 증가했으나, 발행부수는 19.6%(25,987,444부)로 대폭 감소한 것으로 나타났다. 한 종 당 평균 발행부수는 2,471부로 집계되어 전년 대비 23.4%(753부)가 감소하였으며, 한 권당 책값은 1만 2,116원(2.0% 증가), 평균 책의 면수는 267쪽으로 집계되었다.

(1) 분야별 발행 종 수 현황

지난해 발행 종수는 총 4만 3,099종이었다. 이 가운데 총류 분야가 59.6%로 큰 폭의 증가세를 보여 2007년에 이어 1위를 차지한 분야로 나타났다. 또한 아동은 19.53%, 사회과학 13.6%, 문학과 어학기 각 9.4%, 역사가 8.7% 순으로 늘었으며, 반면 기술과학은 12.2%로 가장 많이 감소한 분야가 되었다. 뒤를 이어 철학 11.3%, 만화가 10.3% 등으로 감소한 분야가 됐다.

(2) 분야별 발행 부수 현황

발행 부수의 경우 총 1억 651만 5,675부로 집계되어 전년(1억 3,250만 3,119부) 대비 19.6%의 감소를 보였다. 전년 대비 가장 많이 늘어난 분야는 종교 분야로 무려 185.4%의 증가를 보였다. 이밖에 총류 60.7%, 사회과학 16.7%, 역사 14.8%, 어학이 13% 순으로 증가했고,

아동분야는 전년에 가장 많은 증가세를 보였던 분야인데 1년 사이에 가장 많은 감소(52.6%)를 나타냈다. 이밖에도 기술과학 21.5%, 철학 18.6%, 만화가 6.5% 순으로 감소한 것으로 나타났다.

발행부수가 가장 많은 분야로는 아동이 2,688만 5,334부가 발행되어 전체 발행부수의 23.76%를 차지한 것으로 나타났다. 이밖에 문학(15.59%), 만화(14.95%), 학습참고(12.04%), 사회과학(9.59%) 등의 순서로 집계되었다.

(3) 종 당 평균 발행부수 2,471부, 평균정가 1만 2,116원

도서의 한 종 당 평균 발행 부수는 2,471부로 전년 같은 기간(3,224부) 대비 23.4%가 줄었다. 종 당 평균 발행부수가 가장 많은 분야는 종교로 전년 대비 181.3%의 증가를 보였을 뿐, 다른 분야는 소폭 증가 및 전체적인 감소세를 나타냈다. 특히 아동 분야는 전년 대비 절반 이상인 58.9%가 감소한 것으로 나타났다.

도서의 평균정가는 1만 2,116원으로 전년 같은 기간 대비 2.0%가 늘어난 것으로 나타났다. 책값이 가장 비싼 분야는 순수과학으로 2만 2,960원이며, 그 다음은 기술과학(21,142원), 역사(19,963원), 총류(18,782원) 순이었으며, 가장 저렴한 분야는 만화(4,413원), 아동(8,536원), 문학(9,845원) 순으로 나타났다.

(4) 평균 면수는 267쪽

한 권 당 평균 면수는 267쪽으로 전년도의 262쪽에 비해 0.6%가 늘었다. 가장 두꺼운 분야는 평균 440쪽의 종교 도서, 반면 아동은 평균 100쪽으로 전체 분야 가운데 가장 얇은 분야로 나타났다.

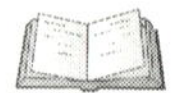

마지막으로 번역 도서의 발행 현황을 살펴보면, 전체 발행종수 가운데 번역서가 차지하고 있는 비중은 31%(13,391종)로 나타났다. 이 중 아동도서가 3,586종 번역되어 가장 많았고, 문학(2,478종), 만화(2,472종), 사회과학(1,646종)순으로 집계되었으며 언어권별로는 일본(4,592종), 미국(3,992종), 영국(1,129종), 프랑스(820종), 독일(599종), 중국(507종)순으로 나타났다.

2) 독서 실태

(국립중앙도서관 2007년도 독서진흥에 관한 연차 보고서 자료)

(1) 독서율

전국의 만 18세 이상 성인 남녀 1,000명을 대상으로 실시한 2006년 '국민 독서실태 조사'에서는 조사시점(2006년 9월)을 기준으로 지난 1년 동안 '한 권 이상의 일반 도서를 읽었다'고 응답한 성인은 전체의 75.9%로 성인 10명 중 2명 이상이 지난 1년 동안 '단 한 권의 책도 읽지 않은' 것으로 나타났다. 또한 전국의 초·중·고생 3,000명을 대상으로 한 학생조사 결과, 학생의 한 학기 독서율은 89.6%로, 초·중·고 순으로 학교급이 높아질수록 독서율도 감소하는 것으로 나타났다.

월평균 독서율 역시 성인의 64.9%가 지난 1개월 동안 '한 권 이상의 일반 도서를 읽었다'고 응답한 반면, 나머지는 책을 읽지 않은 것으로 나타났다. 학생의 월평균 독서율은 75.4%로 나타났다.

(단위 : %)

〈표 1〉 독서율

		성인	학생			
			전체	초등학생	중학생	고등학생
일반도서	연간 독서율 (학생=한 학기)	75.9	89.6	96.1	87.9	84.9
	월 독서율	64.9	75.4	89.1	73.0	63.9
만화	연간 열독률 (학생=한 학기)	15.6	69.5	90.5	67.8	50.2
	월 열독률	12.4	50.4	77.1	45.5	28.8
잡지	연간 열독률 (학생=한 학기)	37.7	30.9	29.9	29.3	33.4
	월 열독률	29.2	16.5	18.5	14.8	16.1

* 연간(한 학기) 독서율 : 지난 1년간(학생은 지난 한 학기 동안) 해당도서를 1권 이상 읽은 사람의 비율

* 월 독서율 : 지난 1개월 동안 해당도서를 1권 이상 읽은 사람의 비율

성인의 연간 독서인구 비율은 지난 2004년(76.3%)과 거의 변화가 없으며, 학생의 경우 한 학기 독서인구 비율은 1999년 93.9%→2002년 89.6%→2004년 89.0%→2006년 89.6%로 지난 2004년까지는 지속적인 감소추세를 보이다가 이번 조사에서는 0.6%포인트 증가해 2002년 수준을 회복한 것으로 나타났다.

〈그림 1〉 연간 독서율 변화추이(성인/학생)

(단위 : %)

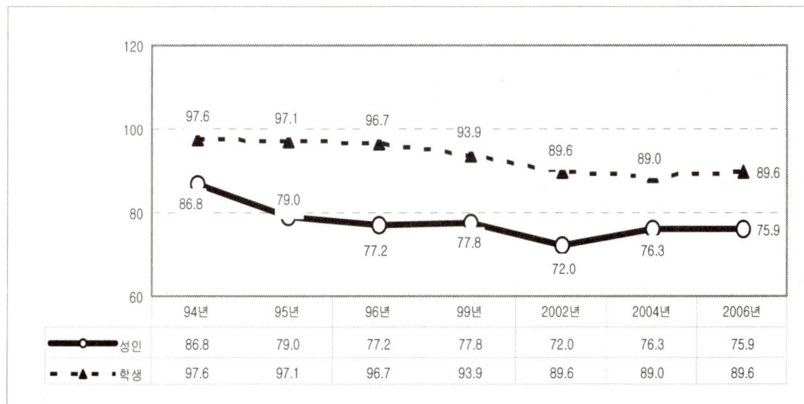

	94년	95년	96년	99년	2002년	2004년	2006년
성인	86.8	79.0	77.2	77.8	72.0	76.3	75.9
학생	97.6	97.1	96.7	93.9	89.6	89.0	89.6

(2) 독서량

지난 1년간 단 한 권의 책도 읽지 않은 사람까지 포함한 우리나라 성인의 연평균 독서량은 11.9권으로 2002년보다 0.9권 증가한 것으로 나타났다. 이는 책을 전혀 읽지 않는 비독서자 비율이 2002년(23.7%)보다 0.4%포인트 증가했으나 독서자의 연간 독서량이 지난 2004년 평균 14.4권에서 2006년 평균 15.6권으로 1.2권이나 늘었기 때문인 것으로 분석된다.

〈그림 2〉 독서량 변화추이(성인)

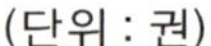
(단위 : 권)

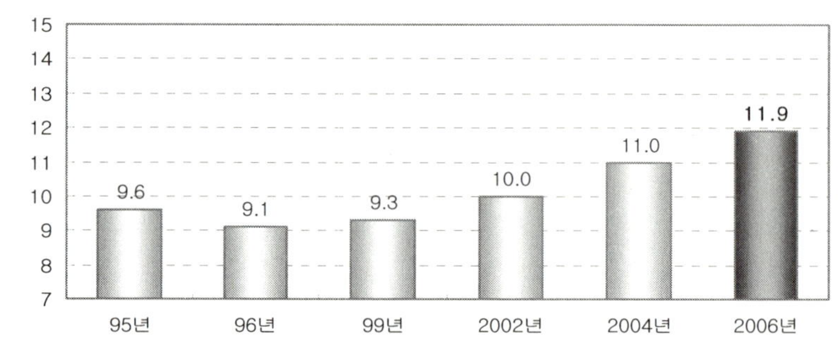

학생의 한 학기 독서량은 초등학생 24.0권, 중학생 10.2권, 고등학생 7.7권으로 조사되어 2004년 조사결과에 비해 초·중·고생 모두 증가하였으며, 그 중에서도 초등학생은 증가폭이 큰 것으로 나타났다. 이러한 학생들의 독서량 증가는 전국적으로 확산되고 있는 '아침 10분 독서' 활성화와 함께, 이번 조사가 상대적으로 학생들의 독서시간이 확보되기 쉬운 여름방학이 끝난 시점에 실시된 것과 연관성이 있는 것으로 판단된다.

〈그림 3〉 독서량 변화추이(학생)

(단위 : 권)

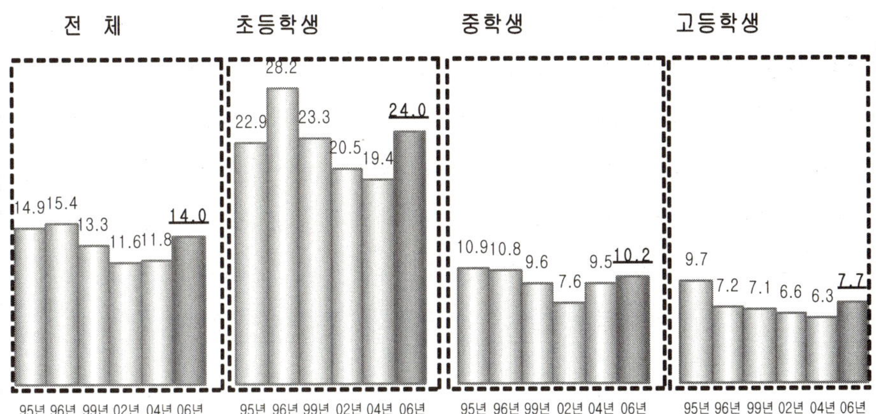

한편, 조사시점(2006년 9월)을 기준으로 한 지난 1개월간 독서량은 성인 1.5권, 학생 5.2권으로 성인의 독서량이 학생들에 비해 크게 떨어지는 것으로 나타났다.

(단위 : 권)

〈표 2〉 독서량

		성인	학생			
			전체	초등학생	중학생	고등학생
일반도서	연간 독서량 (학생=한 학기)	11.9	14.0	24.0	10.2	7.7
	월 독서량	1.5	5.2	10.1	3.3	2.2
만화	연간 열독량 (학생=한 학기)	10.9	15.8	18.2	15.4	13.7
	월 열독량	1.3	5.1	6.2	5.0	3.9
잡지	연간 열독량 (학생=한 학기)	3.9	1.1	1.4	0.9	1.0
	월 열독량	0.5	0.3	0.5	0.3	·0.3

* 연간(한 학기) 독서량 : 지난 1년간(학생은 지난 한 학기 동안) 해당도서를 '전혀 읽지 않았다'는 사람까지 포함한 성인/학생의 1인당 평균 독서량임.
* 월 독서량 : 지난 1개월 동안 해당도서를 '전혀 읽지 않았다'는 사람까지 포함한 성인/학생의 1인당 평균 독서량임.

한편, 우리 국민의 월평균 독서량을 일본인과 비교해보면, 일반도서 독서량은 성인과 초·중·고 학생을 막론하고 한국인이 일본인보다 약간 많은 수준에서 대체로 비슷한 양상을 보였다. 우리와 달리 일본 출판에서 매우 발달한 문고본 및 신서판(新書版)의 비중을 감안하면 한국인의 독서량이 결코 적지 않다는 사실을 알 수 있다. 그러나 잡지 열독량은 편차가 매우 심해 일본인이 한국인보다 성인 4배(한국 0.5권, 일본 2.0권), 초등학생 10배(한국 0.5권, 일본 5.0권), 중학생 12배(한국 0.3권, 일본 3.5권), 고등학생 10배(한국 0.3권, 일본 2.9권) 등 독서량의 차이가 충격적일 만큼 큰 수준인 것으로 밝혀졌다.

〈참고〉 일본인의 월평균 독서량 (단위 : 권)

	성 인		학 생					
			초등학생		중학생		고등학생	
	'04년	'06년	'04년	'06년	'04년	'06년	'04년	'06년
일반도서	1.4 (단행본 0.8 + 문고/신서 0.6)	1.4 (단행본 0.7 + 문고/신서 0.7)	7.7	9.7	2.9	2.8	1.6	1.5
잡지	2.1 (주간지 1.4 + 월간지 0.7)	2.0 (주간지 1.2 + 월간지 0.8)	4.7	5.0	3.8	3.5	2.9	2.9

* 자료 : 『제60회 독서여론(世論)조사』, 마이니치(毎日)신문, 2006.10.26.
『제52회 학교독서조사』, 마이니치(毎日)신문, 2006.10.27.

(3) 독서시간

1995년부터 2004년까지 독서율은 지속적으로 감소추세를 보이고 있고, 특히 초등학생의 독서시간이 큰 폭으로 줄어들고 있는 것은 우려할 만한 상황이다. 2006년에는 독서시간이 초등학생의 경우 2분, 고등학생의 경우 1분이 늘기는 했지만 거의 변동이 없는 것으로 보인다. 성인의 경우 평일 37분, 주말 34분으로 지난 2004년 조사에 비해 평일은 변화가 없는 반면, 주말은 7분이나 늘어난 것으로 나타났다. 이는 주5일제 등으로 주말 시간이 좀 더 자유로워졌기 때문인 것으로 분석된다.

(단위 : 분)

〈표 3〉 독서시간

	성인	학생			
		전체	초등학생	중학생	고등학생
평일	37	45	54	41	42
주말	34	51	58	49	46

* 독서시간 : 만화, 잡지, 신문을 제외한 '일반도서' 접촉시간을 기준으로 함

〈그림 4〉 독서시간 변화추이(성인)

(단위 : 분)

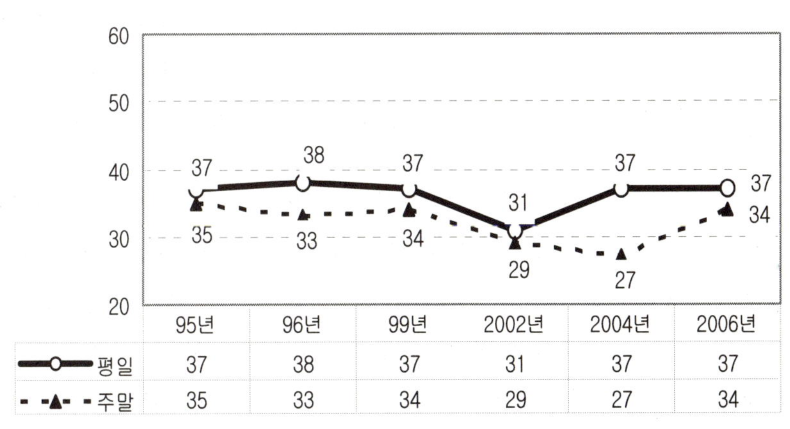

학생들의 평일 독서시간은 45분, 주말 독서시간은 51분으로 모두 평일보다는 주말 독서시간이 상대적으로 많은 것으로 나타났다.

〈표 4〉 독서시간 변화추이(학생) (단위 : 분)

	전체	학교급별		
		초등학생	중학생	고등학생
2006년	45	54	41	42
2004년	47	52	41	46
2002년	48	62	38	43
1999년	44	55	38	40
1996년	53	68	48	44
1995년	58	75	51	48

* 1995년~1996년 조사는 평일/주말을 구분하지 않은 하루 평균 독서시간이며, 1999년~2006년의 경우 '평일'을 기준으로 함.

(4) 기타 매체 접촉시간

2004년에 비해 성인, 학생 모두 〈인쇄매체〉, 〈영상매체〉, 〈음향매체〉 접촉시간이 하락하였으며, 성인의 경우 인터넷, 게임, 핸드폰/PDA의 사용을 중심으로 한 〈정보·오락매체〉 접촉시간이 증가하였다.

일반도서 및 만화, 잡지, 신문을 포함한 〈인쇄매체〉 접촉시간과 다른 매체의 접촉시간을 비교해본 결과, 성인의 경우 〈인쇄매체〉 접촉시간(평일 71분, 주말 50분)보다는 TV, 비디오 등 〈영상매체〉 접촉시간(평일 97분, 주말 138분)이 많은 것으로 나타났다. 학생의 경우도 〈인쇄매체〉보다는 〈영상매체〉나 인터넷 등 〈정보/오락매체〉 접촉시간이 많으며, 특히 주말의 경우 〈영상매체〉나 〈정보·오락매체〉의 접촉시간이 〈인쇄매체〉 접촉시간보다 훨씬 많은 것으로 조사되었다.

〈표 5〉 매체접촉시간(성인) (단위 : 분)

		'6년		'04년	
		평일	주말	평일	주말
인쇄 매체	일반도서	37	34	37	27
	만화	5	6	8	9
	잡지	8	7	9	7
	신문	21	13	22	15
	소계	71	50	76	58
영상 매체	TV	91	125	104	140
	비디오	6	13	11	18
	소계	97	138	115	158
음향 매체	라디오	24	12	32	19
	음악듣기	35	30	38	32
	소계	59	42	70	51
정보 오락 매체	인터넷하기	64	60	56	59
	게임하기	17	22	21	25
	핸드폰/PDA	36	34	-	-
	소계	117	116	77	84

〈표 6〉 매체접촉시간(학생) (단위 : 분)

		'06년		'04년	
		평일	주말	평일	주말
인쇄 매체	일반도서	45	51	47	49
	만화	21	24	31	33
	잡지	6	6	7	6
	신문	-	-	8	8
	소계	72	81	93	96
영상 매체	TV	88	148	101	157
	비디오	7	15	18	31
	소계	95	163	119	188
음향 매체	라디오	13	13	14	13
	음악듣기	50	59	61	73
	소계	63	72	75	86
정보 오락 매체	인터넷하기	74	121	81	115
	게임하기	-	-	64	95
	소계	74	121	145	210

(5) 여가활용 시 독서의 비중

2004년 조사(5.9%)에 비해 '책읽기'(9.4%) 비중은 증가하였으며, '인터넷'의 비중은 2004년 10.9%(2위)에서 '06년 9.2%(3위)로 한 단계 낮아졌다.

성인의 경우 '책읽기'는 'TV시청'에 이어 '인터넷'과 함께 두 번째 비중을 차지하고 있는 것으로 나타났다. 초등학생의 경우 'TV시청'과 '컴퓨터게임'이 여가생활에서 1, 2위를 차지하고 있으며, '책읽기'는 여가활동 중 세 번째 비중을 차지하였다. 중·고등학생의 경우 '책읽기'는 학생들의 여가활동에서 다섯 번째 비중을 차지하여 초등학생보다 비중이 낮게 나타났다.

〈표 7〉 여가활용 시 독서의 비중

(단위 : %)

순위	성인		순위	초등학생		순위	중학생		순위	고등학생	
1	TV시청	21.1	1	TV보기	18.7	1	TV보기	16.7	1	TV보기	14.8
2	책읽기	9.4	2	컴퓨터 게임(집)	14.1	2	컴퓨터 게임(집)	14.4	2	컴퓨터 게임(집)	11.0
3	인터넷하기	9.2	3	책읽기	11.7	3	인터넷하기	11.3	3	인터넷하기	13.1
4	수면/휴식	7.3	4	각종 운동	9.1	4	음악 감상	8.6	4	음악 감상	9.3
5	신문/잡지 읽기	6.6	5	인터넷하기	7.8	5	책읽기	7.1	5	책읽기	6.2
6	친구,동료 모임/대화	5.3	6	만화책읽기	5.9	6	수면/ 휴식	6.2	6	수면/ 휴식	6.7
7	체력단련/ 운동	4.9	7	음악 감상	5.6	7	친구들과 어울림	6.0	7	친구들과 어울림	6.6
8	영화관람	3.4	8	친구들과 어울림	5.5	8	각종 운동	5.0	8	각종 운동	4.4
9	컴퓨터 게임(집)	3.3	9	수면/ 휴식	4.0	9	만화책읽기	4.3	9	만화책읽기	2.9
10	등산/낚시	3.0	10	그림 그리기	3.8	10	케이블/위성 방송보기	3.3	10	케이블/위성 방송보기	3.9

(6) 인터넷/핸드폰 이용과 독서시간 증감 여부

2006년 조사에서 처음으로 "인터넷/핸드폰 이용이 늘어나면서 독서시간에 어떤 변화가 생겼는가"를 성인들에게 물어본 결과, 독서시간에 '별다른 변화가 없다'는 응답이 59.1%로 과반수를 넘었으며, 독서시간이 '줄었다'(33.5%)는 응답이 '늘었다'(1.6%)는 응답보다 상대적으로 훨씬 많은 것으로 나타났다.

(7) 주5일 근무제와 독서시간의 상관성

2004년 조사에 이어 "주5일 근무제 실시로 독서시간에 어떤 변화가 있는지(또는 있을 것으로 예상되는지)"를 성인 대상으로 질문한 결과, '별 변화가 없다'는 응답이 77.9%로 압도적으로 높았으며, '증가'(14.0%) 또는 '감소'(8.1%)했다는 의견은 매우 낮게 나타났다.

3) 독서경향

(1) 도서 분야 선호도

지난 조사 결과와 비교해 특징적인 것은 〈문학도서〉의 선호도가 2002년 45.7% → 2004년 42.5% → 2006년 35.8%로 계속 하락한 반면, 〈실용도서〉는 2002년 18.8% → 2004년 22.6% → 2006년 25.6%로 지속적인 상승세를 보여 문학의 침체를 실증하고 있다.

성인들이 평소 즐겨보는 도서 분야로는 '일반소설' 19.1%, '수필·명상' 7.2%, '추리소설' 3.6% 등 〈문학도서〉가 35.8%로 가장 많고, 그 다음으로는 〈실용·취미도서〉 25.6%, 〈교양도서〉 20.0%의 순이었다. 〈문학도서〉 선호도는 2004년(42.5%)보다 6.7%포인트 하락한 반면[일반소설 2004년 22.2% → 2006년 19.1%], 〈교양도서〉는 4.5%포인트, 〈실용·취미도서〉는 3%포인트 각각 상승하여 대조를 보였다.

〈표 8〉 도서 분야 선호도 (단위 : %)

		성인	중고생		
			전체	중학생	고등학생
사례수		1,000	2,000	1,000	1,000
문학도서		35.8	42.5	39.2	46.1
	일반소설	19.1	23.5	21.2	25.9
	수필/명상	7.2	5.9	5.1	6.7
	추리소설	3.6	9.3	9.2	9.5
	다큐멘터리	2.0	1.4	1.5	1.2
	수기/전기	1.9	1.1	1.1	1.2
	시	1.8	1.3	1.1	1.6
	성인동화	0.2	-	-	-
문학 이외 교양 도서		20.0	10.5	9.5	11.6
	종교	6.4	0.6	0.4	0.9
	경제/경영	4.8	1.1	0.7	1.5
	역사/지리	2.7	3.0	3.1	2.9
	철학/사상	2.5	1.3	0.6	2.0
	예술	1.4	1.3	0.9	1.7
	과학/기술	1.3	2.9	3.6	2.2
	법/정치	0.9	0.3	0.2	0.4
실용·취미 도서		25.6	19.8	21.3	18.5
	건강/다이어트	4.2	2.1	2.0	2.1
	여성/육아	3.6	-	-	-
	재테크/부동산	3.3	-	-	-
	스포츠	2.7	2.6	2.7	2.5
	어학	2.3	0.6	0.5	0.8
	연예/오락	2.2	6.9	7.7	6.2
	취미	2.2	3.1	3.4	2.8
	여행	2.1	1.0	0.7	1.3
	컴퓨터	1.9	1.5	1.7	1.4
	요리	1.1	2.0	2.6	1.4
만화 무협지		6.4	24.0	27.4	20.6
	무협지/판타지 소설	4.2	13.1	15.5	10.7
	만화	2.2	10.9	11.9	9.9
기타		0.7	0.9	1.1	0.8
선호분야 없음		11.7	2.1	1.6	2.6

※ 중·고등학생의 경우, 보기문항에 '성인동화', '여성육아', '재테크, 부동산'이 포함되지 않음

〈실용·취미도서〉에서는 '건강/다이어트', '여성/육아', '재테크/부동산', 〈교양도서〉에서는 '종교', '경제/경영' 관련 서적을 선호하는 것으

로 나타났다. 이외 〈만화/무협지류〉를 즐겨본다는 응답자는 6.4%였다.

중·고등학생의 경우도 '일반소설' 선호도가 가장 높으나 '일반소설' 다음으로는 '무협지/판타지소설', '만화', '추리소설', '연예/오락' 등의 순으로 선호도가 높게 나타나고 있어 중·고등학생의 독서경향이 〈교양도서〉보다는 '오락물' 위주로 치우치고 있는 경향을 보였다. 초등학생의 경우 남녀 학생별로 차이를 보여 남학생은 '학습용/오락용 만화'와 '과학'도서 선호도가 높은 반면, 여학생은 '만화'보다는 '어린이소설'과 '전래동화'의 선호도가 높은 것으로 나타났다.

〈표 9〉 독서 선호분야(초등학생) (단위 : %)

	전체	성별		학년별		
		남	여	4학년	5학년	6학년
사례 수(명)	1,000	500	500	334	333	333
만화(학습용)	15.7	17.7	13.7	17.9	16.7	12.3
어린이 소설	11.3	7.8	14.7	8.9	11.5	13.4
만화(오락용)	11.1	15.0	7.2	10.2	10.7	12.4
위인전	9.5	10.8	8.1	10.3	8.6	9.6
전래동화	9.2	7.6	10.8	14.5	8.3	4.7
과학	7.2	10.4	3.9	8.2	7.1	6.1
역사	7.1	8.9	5.3	6.0	7.8	7.6
국내 창작동화	6.4	3.8	8.9	6.3	7.3	5.4
취미	6.2	5.0	7.4	4.9	6.4	7.3
연예/오락	5.0	4.6	5.4	2.0	4.6	8.5
외국동화	4.8	3.2	6.4	3.6	4.3	6.4
동시	1.7	1.1	2.2	2.5	1.8	0.8
성인소설	1.4	0.8	2.0	0.9	1.5	1.9
철학/논리	1.3	1.3	1.2	1.4	1.4	1.1
종교	0.8	0.7	0.8	1.2	0.4	0.7
예술	0.7	0.5	1.0	0.8	0.8	0.6
수필	0.2	0.2	0.1	0.0	0.4	0.2
기타	0.7	0.5	0.8	0.6	0.4	1.1

(2) 도서 구입 목적

응답자 특성별로 보면, 2004년 조사결과와 마찬가지로 남성이 여성에 비해 '업무' 목적으로 구입한다는 응답이 높게 나타났으며, 20대 이하 연령층에서는 '재미·오락'을 위해 도서를 구입한다는 응답이 상대적으로 높게 나타났다. 또한, 30대와 40대 층에서는 '자녀교육'을 목적으로 최근에 도서를 구입했다는 의견이 다른 집단에 비해 상대적으로 높은 것으로 조사되었다.

성인들의 도서 구입 목적을 조사한 결과 '교양'(25.8%), '실생활에 도움'(21.4%), '재미/오락'(16.7%), '학습(14.1%)', '업무'(8.0%), '자녀교육'(7.1%) 등의 순으로 나타났으며 2004년 조사와 큰 변화가 없었다.

10. 독서능력 및 흥미의 발달

사람에게 있어 놀랍고도 흥미로운 점은 죽을 때까지 계속 발달을 해나간다는 것이다. 발달(development)이란 체계적인 과정을 따라 이루어지는 일련의 변화를 의미하며, 경험 및 학습 또는 훈련과 같은 외적인 작용에 의해 연령적 변화와 함께 유전인자에 의한 내적 작용으로 나타나는 생리적 변화를 모두 포함한 질적인 변화를 뜻한다. 즉 개체 출생으로부터 성숙에 이르기까지 계속되는 적극적이고 진보적인 변화 전체를 말하는 것이다. 인간에게 있어서 발달은 어린이가 제각기 타고난 소질과 항상 변화하는 생활환경을 상호 연결하면서 눈에 띄게 급속한 변화의 과정을 밟으며 점차로 개성을 뚜렷하게 나타내 가는 모습으로, 개체가 가지고 있는 여러 요인들과 환경의 여러 요인들이 서로 상호 작용해서 이루어진다. 이에 발달은 개체가 그 생명활동에 있어서 그 환경에 적응하여 가는 과정이라 말할 수도 있다.[6)]

따라서 발달은 인생의 긴 과정에서 지속적으로 일어나는 변화이며 이 변화가 계획된 순서대로 체계적으로 일어나므로 인간의 미래를 예측할 수도 있다. 그리고 인간을 포함한 동물은 모두다 그 종 특유의 발달의 형에 따라 발달하는 원리가 있다. 그러므로 이런 발달의 원리를 알고 있다면 독서는 물론이고 다양한 분야들을 어떻게 접목해 능력과 흥미를 증진시킬 수 있을지 알 수 있을 것이다. 그

---

6) 양재한 외 공저(2007), 『어린이 독서지도론』, 태일사

런데 발달은 특히 아이들에게 있어 급격하고, 단계마다 어떤 조치를 취하는가에 따라 달라질 수 있는 요소가 많기 때문에 이 장에서는 특히 아이들에게 초점이 맞추어진 내용을 살펴보려 한다.

1) 독서의 발달 단계

(1) 독서능력의 발달

다음은 Chall(1996)이 구분한 독서발달 단계와 우리나라 10년 공통 기본 교육과정을 고려하여 천경록이 구안한 독서능력 발달 단계이다.

① 독서 맹아기(출생 - 유치원 시기) : 글을 읽기 전 단계로 음성 언어를 사용하는 시기

② 독서 입문기(초등 1, 2학년) : 음성 언어에서 문자 언어로 나아가는 시기로 글로도 의사소통을 할 수 있다는 것을 깨닫는 시기이다.

③ 기초 기능기(초등 3, 4학년) : 해독에서 독해로 나가는 시기로 독서의 기초 기능을 익히는 시기이다. 이때 학습 독서가 시작되는 시기이며 묵독이 중심이 되는 의미 중심의 글 읽기를 시작하는 단계이다.

④ 기초 독해기(초등 5, 6학년) : 초급의 사고 기능을 익히는 단계로 사실과 의견 구분하기, 정보를 축약하기, 생략된 정보를 추론하기, 이어질 내용 예측하기, 비유적 표현의 의미 이해하기, 표현의 적절성 판단하기 등과 같은 기초 독해 기능을 기르는 단계이다.

⑤ 고급 독해기(중 1, 2학년) : 고급의 사고기능을 발휘하는 시기로 글쓴이의 의도나 목적을 파악하며 글 읽기, 내용의 통일성을 생각하며 글 읽기, 글의 구조 파악하기, 글의 일관성을 평가하기, 추론하기 등 작가의 관점, 태도, 글의 동기 등에 대해 비판적 시각으로 글을 읽는 시기이다.

⑥ 독서 전략기(중 3, 고 1) : 독해 기능을 구체적인 독서 목적에 맞추어 자기의 독서 상황을 점검하고 조절하면서 전략적으로 글을 읽는 시기이다.

⑦ 독립 독서기(고 2, 3 이후) : 독자가 각자의 교양, 학문이나 직업의 필요에 따라 전문적인 상황에서 필요한 책과 글을 스스로 선택하여 자발적으로 글을 읽는 시기이다.

(2) 독서 흥미의 발달

① 민담기(~6세) : 옛날이야기, 초현실적인 이야기(동화), 그림책 - 허구와 실제, 대상과 자아를 아직 구별하지 못하므로 잘 다듬어진 좋은 글을 골라주어야 하며, 문자보다 그림에 대한 관심이 더 크기 때문에 아이의 상상력을 자극할 수 있는 수준 높은 그림이 함께 있는 것이 좋다.

② 우화기(7~8세) : 초현실적인 설화, 우화, 일화 - 과거와 현재의 시간 개념이 형성되어 있고, 자아 중심적 사고를 하지만 선과 악에 대한 판단 기준이 서 있는 시기이다. 일화 중심의 짤막하게 다듬어진 창작동화에도 흥미를 보인다.

③ 동화기(9~10세) : 생활동화, 신화, 전설, 민담 등 - 자기중심적 사고에서 벗어나 자신과 타인을 구별하고, 사회적 가치를 기준으로 비판할 수 있는 시기이다. 등장인물이나 이야기 구조가 복잡해져도 줄거리를 파악할 수 있으며, 허구와 사실을 분명하게 인식할 수 있다.

④ 아동문학기(11~12세) : 공상과학, 모험, 탐정, 발명, 영웅이야기 - 자아에 눈을 뜨기 시작해 부모보다 친구에게 주로 의존하는 시기다. 활발한 사회화 과정을 거치기 때문에 시야가 넓어지고 흥미도 다양해진다.

⑤ 소년문학기(13~15세) : 전기, 소년 소녀문학, 대중문학 등 - 사춘기로 생리적 변화에 수반되는 다양한 심리적 특성을 보여 이성에 대한 관심, 충동적이고 과격한 행동, 어른들의 세계에 대한 막연한 호기심과 수치심의 양면성이 혼재되어 청소년을 주인공으로 한 하이틴 소설이나 만화에 많은 관심을 보인다. 처음으로 대중문학을 접하게 되는 시기이기도 하다.

⑥ 청년문학기(16~17세) : 대중문학, 역사이야기, 고전문학 등 - 소년문학기의 정신적 방황이 자아의 정체성을 확인하는 과정을 거쳐 어느 정도 안정을 찾게 되는 시기이다. 건실한 인격체로 성장하기 위한 마지막 관문이기 때문에 독서에 대한 흥미도 다양하게 나타난다.

⑦ 전문독서기(18세~) : 대중문학, 순수문학, 사색서, 종교서 등 - 완전한 자아가 성립되고 사회에서 일정한 위치를 확보한 상태이기 때문에 이시기에는 직업과 취향에 따라 독서 분야가 결정된다.

이어서 각 연령별 발달 특징과 독서지도에 대한 시사점은 다음과 같다.

2) 0~2세 영아

(1) 인지와 언어발달

① 지각의 발달 - 영아는 태어날 때부터 빨강, 초록, 흰색의 구별이 가능하며 2~3개월이 되면 사람의 얼굴을 가장 오래 응시하고 빨강, 하얀, 노란색의 순서로 응시를 한다.

② 대조적인 색 패턴을 좋아하므로 배경과 대조되는 단순하고 밝은 색깔의 그림책을 소개할 수 있다. 다시 말하면 파스텔조의 그림보다 흰색 바탕에 까만 글씨 같은 대조를 좋아한다.

③ 3개월쯤부터 쿠잉이 시작되고 6개월이 되면 옹알이를 하기 시작한다. 10개월부터 1년 사이에 한 단어 말을 할 수 있게 된다. 그 후 18개월에서 20개월이 되면 두 개의 단어를 결합하여 자신의 의사를 전보식 문장으로 표현하게 된다.

④ 12~18개월부터 사물의 이름을 말하고 얘기된 사물을 지적할 수 있다. 또한 사물의 이름 등을 즐겁게 명명할 수 있다.

⑤ 의성어를 흉내 내면서 반복하고 책 옹알이를 한다. 운율 있는 노래를 들려주면 재잘댄다. 따라서 반복적 운율이 있는 책을 좋아한다.

⑥ 12개월부터 영아의 일상생활이 담긴 친근한 내용의 사실적 이야기에 흥미를 가지며, 단순한 줄거리가 있는 이야기책을 좋아한다. 예를 들어 가족들의 이야기나 영아의 일상적인 생활 습관을 다룬 것, 신체 부위를 가르치는 책들을 좋아 한다.

(2) 사회·정서 발달

① 부모와의 접촉과 따뜻한 관계를 통해서 기본적인 신뢰감을 형성하는 시기이다.

② 물건과 자기 신체를 구별하게 되면서 신체적 자아가 나타난다. 15개월이 되면 영아 자신이 자기 몸을 알게 된다. 그리고 15개월~24개월경에 영아들은 자신의 이름을 통해 자신을 알게 되고, 나, 내 것을 주장하기 시작한다.

③ 3개월경이 되면 즐거움과 불쾌 정서가 분화되는데 불쾌 정서가 약간 빨리 나타난다. 5~6개월에는 불쾌 정서가 분노·혐오·공포로 분화된다. 10~12개월쯤에는 쾌정서가 의기양양함과 애정으로 분화된다. 18개월이 되면 질투가 불쾌에서 분화되고, 24개월경에는 기

쁨이 분화된다. 스로우페(Sroufe, 1979)는 7개월에 노여움, 9개월에 공포, 18개월에 수치심, 36개월에 죄책감을 느낀다고 보고하였다.

(3) 신체 및 운동발달

① 2~3개월에는 안아 올리면 머리를 똑바로 세우고 가눌 수 있으며, 눈에서 25cm 거리의 물체를 명확히 본다.

② 4~6개월이 되면 원하는 물건을 손을 뻗어 잡을 수 있고 손에 쥔 것은 모두 입으로 가져간다. 혼자 앉을 수도 있다. 소리가 나는 그림책을 좋아하기 시작한다. 오감을 통한 경험을 직접 해볼 수 있는 책이 좋다.

③ 7~9개월이 되면 물체를 떨어뜨리고 던지기 시작하며, 물건을 입에 넣고 깨문다. 기어 다니기 시작한다. 책장을 넘길 수 있다.

④ 9~12개월이 되면 걷기 시작하고 손을 다루는 기술이 발달한다. 따라서 빳빳하고 두꺼운 종이로 된 책이 넘기기 쉬우므로 권할 만하다. 책을 깨물거나 입으로 빨기도 하므로, 세탁할 수 있는 헝겊이나 부드러운 비닐로 된 책도 가까이 두면 좋다.

(4) 책을 고를 때 유의사항

① 외형

- 재질 : 책을 넘기기 좋게 빳빳하고 두꺼운 종이로 된 책(단 모서리는 날카롭지 않은 것), 자꾸만 뭐든지 입으로 가져가는 시기에는 헝겊으로 된 책이나 비닐로 된 책도 좋다. 장난감처럼 가지고 놀 수 있는 책이 좋다.
- 크기 : 어린이들이 책을 넘기거나 가지고 놀 수 있을 정도가 되려면 너무 큰 책은 힘들 것이므로, 손으로 조절하기 쉬운 크기로 작은 것부터 다양할 수 있다.

▸ 그림 크기 : 단순한 모양으로 커다란 그림(주로 개념이나 사물을 보여주는 책일 때)이 좋다.

▸ 책 모양 : 장난감처럼 다양한 과일, 동물, 차의 모양일 수 있지만 평범한 네모 모양도 무난하다.

▸ 색 : 배경과 대비되는 단순하고 밝은 색을 좋아하지만, 흑백대비도 아이들의 시선을 잡는다.

② 내용 - 감각기관을 통해 노는 것을 좋아하며 그를 통해 지능이 발달되는 시기이므로, 소리 나는 책(동물 울음소리, 차 소리 등)이나, 비비면 냄새나는 책, 만져서 촉감을 느낄 수 있는 책(까칠까칠, 푹신푹신, 부드러운 등등), 운율·반복·리듬감이 있는 책, 일상생활과 밀접한 내용을 다룬 책(가족관계, 생활습관, 동물 등), 자장가나 동요 동시가 그림책으로 되어 있어서 노래를 불러줄 수 있는 책도 좋다.

3) 3~4세 유아

(1) 인지와 언어발달

① 지각의 발달

▸ 유아들은 특정한 자극에 대해 선택적으로 주의를 집중하는 능력이 늘어난다.

연령이 증가하면서 복잡한 자극을 좋아하게 되고 시각적인 탐색 능력이 체계적으로 발달한다. 즉 3~4세에는 주로 내부적 요소를 탐색하지만 4~5세가 되면 외부 윤곽에 대한 탐색이 급격하게 증가된다. 자포로즈페츠(Zaporozphets, 1965)에 의하면 6~7세가 되어야 내부 윤곽도 탐색하면서 체계적으로 외부 윤곽을 탐색한다고 한다.

② 피아제에 의하면 전조작기 중에서 전개념기(3~4세)에 속하는 유아들은 주변 세계에 대하여 호기심이 증가하면서 주변 세계를 열심

히 탐색하게 된다. 따라서 "이게 뭐야?", "왜 그래?"라는 질문을 많이 하게 된다. 이때 유아들에게는 간단한 개념을 익히는 책이나 정보를 주는 그림책들이 그 호기심을 충족시킬 수 있을 것이다.

③ 이 시기는 상징 기능이 발달하면서 어휘력도 급증하게 된다. 이 시기의 유아들은 주로 상상놀이를 통하여 주변 세계에 대하여 배우게 되는데, 이러한 상징놀이는 상상력과 창의력을 기르며 사회성과 인지능력도 촉진 시켜준다.

④ 자기중심적인 사고를 한다. 이것은 유아들이 다른 사람의 관점을 이해 못하고 모든 사람이 자기처럼 생각한다고 여기는 것이다. 따라서 상대방의 입장을 고려해서 이야기할 수도 없다. 4세 된 남자아이가 어머니 생일 선물로 자신이 가장 아끼는, 닳고 닳은 곰 인형을 주는 것이 그 좋은 예이다. 자신이 가장 좋아하는 것을 어머니도 가장 좋아할 것이라고 믿는 것이다.

⑤ 물활론적(animism) 사고를 한다. 이것은 무생물도 살아 있으며 자신처럼 감정과 의도를 가지고 생각할 수 있다고 여기는 것이다. 즉 곰 인형이나 의자도 사람처럼 살아 있다고 본다. 피아제는 이런 물활론적 사고도 발달 단계가 있음을 밝혔다. 첫 단계는 사람에게 영향을 주는 것(예로 해, 자전거, 전등, 나무 등)은 무엇이나 생명이 있다고 본다. 두 번째 단계는 4~6세 유아들의 경우, 움직이는 모든 것은 살아 있다고 생각하는 것이다. 예를 들어 나무는 장소를 바꿔가며 움직일 수 없으므로 생명이 없으나, 자동차는 움직이기 때문에 살아 있다고 생각한다. 세 번째 단계는 대략 6~8세 때 나타나는데 스스로 움직이는 것만 살아 있다고 본다는 것이다. 예를 들면 자전거와 자동차는 스스로 움직이지 못하므로 생명이 없으나, 해·구름·바람 등에 대해서는 물활론적 사고를 한다. 따라서 유아들은 동물

이나 장난감이 의인화된 환상 그림책을 즐긴다.

⑥ 실재론적(realism) 사고를 한다. 실재론은 정신적 현상과 물리적 현상이 미분화된 전조작기 유아의 독특한 사고이다. 유아의 실재론적 사고가 가장 잘 나타나는 것이 꿈이다. 이 시기 유아는 꿈이 실제로 일어난다고 믿는다. 4세경의 유아는 자신의 꿈이 다른 사람에게도 보이며, 하늘로부터 창문을 통해 들어오는 것이라고 생각한다. 또한 꿈꾸고 있는 동안 꿈이 자기 주위에 남아 있다고 생각한다. 유아들은 꿈과 현실을 명백하게 구분을 못한다. 따라서 상상한 것과 현실 상황도 엄격하게 구분할 수 없다. 유아가 거짓말하거나 엉뚱한 얘기를 하는 것도, 가끔씩은 꿈과 현실 혹은 환상과 현실이 구별되지 않아서일 때가 있다. 5~6세 유아는 어느 정도는 꿈과 실제적 사건을 구별할 수는 있으나, 아직도 꿈을 꾸는 동안에는 꿈이 자신의 몸 밖에 있다고 생각한다. 윌리엄 스타이그의 『치과의사 드소토 선생님』을 읽어준 후 책 속의 환상을 얼마나 현실과 구분하는지 그 반응을 물어보았을 때, 만 6세 유아도 구분을 못하는 경우가 있었다.

⑦ 주변의 글자에 대해 많은 관심을 가진다. 어렸을 때부터 옛날 이야기를 듣거나 그림책을 많이 본 유아는, 인쇄된 글자에 대해 더 많은 관심을 가지게 된다. 그림책을 보다가 우연한 기회에 같은 글자를 찾기 시작하면서 글을 읽고 싶어 하게 된다. 또 글을 읽음과 동시에 자신의 이름을 쓰고 싶어 하며, 자신의 생각을 괴발개발 쓰려고 하여 글씨를 만들어 쓰기(invented writing)도 한다. 학교에 들어가기 전부터 자연스럽게 읽기와 쓰기를 배운 유아들은, 대체로 풍부한 이야기 읽기 경험을 한 유아임이 밝혀지고 있다. 또 3~4세 시기의 책 다루기 경험이 5~6세와 초등학교 시기의 성공적인 읽기·쓰기

발달과 상호 관련이 있음이 보고되고 있다. 따라서 이 시기부터 좋은 그림책을 부모와 함께 보는 경험은, 정서적 안정감뿐 아니라 언어 발달에도 직접적으로 좋은 영향을 미침을 알 수 있다. 쉬케단츠(Schickedanz, 1986)는 영아기부터 유치원기 유아가 책을 읽음으로써 다음과 같은 것을 배운다고 제시하였다. 즉,

· 책과 인쇄물의 기본 속성을 이해할 수 있게 되는데 보통 책에는 시작과 끝이 있고, 보통 앞장에서 뒷장으로, 왼쪽에서 오른쪽으로, 위에서 아래로 읽어가도록 되어 있다는 것을 배운다.
· 인쇄된 글자는 의미를 전한다.
· 인쇄된 글자와 말은 서로 관련성이 있다.
· 책의 언어(문어)와 말(구어)이 다르다는 것을 안다.
· 책 읽기는 즐거움을 준다는 것을 안다.
· 학교 상황에서 예상되는 행동의 상호작용 유형, 즉 학교의 문화를 알게 된다.

또한 유치원기 유아(3~5세)의 책 읽기 활동의 발달적 경향을 살펴보면 다음과 같다.

· 이야기 내용을 정확하게 다시 말할 수 있는 능력이 점점 증가한다.
· '책을 읽는 것은 그림을 읽는 것이다'라는 사고가 바뀌어서, 그림을 참조하지 않고도 인쇄된 글자를 알게 된다.
· 인쇄된 글자를 알고 흥미를 느끼게 되면 유아는 문자와 말의 관련성에 대해 더 정확하게 이해할 수 있다.
· 그림과 이야기의 의미에 대한 흥미가 글의 약정적 특징에 대한 흥미로 바뀐다.

2) 사회·정서 발달

① 프로이트(Freud)의 발달 단계 중 남근기(phallic stage)에 속하는 시기로서 성기의 차이에 대해 관심을 가진다. 그리고 어떻게 아기가 생기는지에 대해서도 관심을 갖기 시작한다. 사춘기 전에 자연스럽고도 건강한 성교육을 시킬 수 있는 시기이다.

② 자아개념이 발달하면서 자립심이 발달한다. 혼자서 한 일에 대해 성취감을 느끼고 싶어 하기도 한다. 3세경부터 자율성에 대한 욕구가 강해지면서 "내가 할 거야"라는 얘기를 많이 하게 된다.

③ 자기 것에 대한 집착과 소유욕이 강해진다(4세경).

④ 자아상(self-image)을 가지게 되는 데 부모의 영향이 절대적이다. 『내가 아빠를 얼마나 사랑하는지 아세요?』와 같은 부모의 사랑을 확인할 수 있는 책도 좋다.

⑤ 이 시기에는 동생을 보게 되는 경우도 생긴다. 동생에 대한 질투심, 동생 때문에 오는 소외감을 해결하기 위해서는, 동생이 태어나기 전부터 관련된 그림책을 보여 주며 얘기해 주는 게 좋다. 그림책을 통해서 준비할 수 있도록 도와주면 언니나 위 형제로서 돌보아 주는 것을 자연스럽게 습득할 수 있다.

⑥ 2~3세 유아는 어려움에 처해 있는 또래를 도와주거나 장난감을 나누어 주기도 하고 위안을 주려고 노력한다. 그러나 자발적인 자기희생적 행동은 드물게 나타난다. 이타적 행동은 4~6세경부터 증가하기 시작한다.

(3) 신체 및 운동발달

① 영아기에 비해 키와 몸무게의 성장 속도는 느리나 꾸준히 성장을 한다. 그리고 신체 부위별 성장 속도가 다르기 때문에 외모도 변하게 된다. 즉 2세경에 배가 나오고 살이 통통하고 다리도 짧았던

몸매가, 6세가 되면 배가 들어가고 살이 빠지며 근육이 발달한다.

② 영아기에 습득한 운동 기술이 정확하고 빠르게 통합되어 세련된 동작으로 발달한다. 매우 활동적이 된다. 대근육과 소근육이 발달하고 신경 계통이 성숙하면서 운동 기술이 눈에 띄게 발달한다. 즉, 뛰고, 달리고, 자전거를 타고, 가위로 종이를 자르고, 옷을 입고 신발 끈을 매는 등 다양한 활동을 할 수 있게 된다.

3세경에는 눈과 손의 협응력이 늘어나서 옷의 단추를 풀 수 있고 신발을 신을 수 있다. 4세경에는 혼자서 손발을 씻고 이를 닦을 수 있으며 옷을 입고 벗을 수 있다. 신발 끈도 매고 젓가락도 사용하며 가위로 윤곽을 따라 자를 수 있다. 5세경에는 사각형과 삼각형을 그리고 자신의 이름을 쓰며, 1~5까지 숫자를 모방해서 그린다. 6세에는 글자를 쓰며, 여러 가지 모양의 도형을 모방해서 그린다.

(4) 책을 고를 때 유의사항

간단한 이야기가 있는 그림책을 좋아하므로 그림과 내용의 조화도 중요한 요소이다.

① 외형 - 아이들에게 매력적으로 보일 수 있도록 제본된 책으로 다양한 모양이 가능하고, 재질도 꼭 딱딱하거나 두꺼울 필요가 없으며, 부드러운 책도 좋다. 책의 크기도 다양하고 책 모양도 다양할 수 있다. 그림 크기는 반드시 커다랗지 않아도 되고, 색은 책 내용의 분위기에 맞는 색으로 다양하게 고를 수 있다. 때때로 유아들은 흑백도 좋아한다. 꼭 파스텔톤일 필요 없다. 시작부터 끝까지 아이들의 시선을 붙들며 상상력을 이끌어내고, 책 내용과 잘 어울리는 그림이어야 한다.

② 내용 - 가족 간의 따뜻한 사랑을 느낄 수 있는 내용이나 심리

적 안정감을 느낄 수 있는 내용과, 일상생활과 관련이 있고 사실적인 이야기뿐 아니라 환상적인 이야기도 좋아한다. 반복적인 요소가 많고, 운율, 리듬, 의성어 의태어가 많은 책을 좋아하고, 개념을 익히는 책이나 정보를 주는 책도 알고 싶은 호기심을 충족시켜준다. 또한 자아개념이 발달하는 시기이므로 자립심과 자율성을 다룬 책도 좋고, 동생을 새롭게 보는 경우도 많으므로, 관련된 내용을 다루거나 형제간의 우애를 다루는 내용도 필요하다.[7)]

7) 임성관(2008), 『책 좋아하는 아이 만들기』, 시간의 물레에서 재인용.

제2장 독서지도의 이론과 실제

친구를 선택하듯이 좋은 책을 선택하라.

– W. 딜런

1. 독서지도의 제 영역들

시대의 흐름에 따라 독서지도 분야도 많이 바뀌었다. 과거 책을 함께 읽고 글쓰기나 토론에 집중되어 있던 방법이, 현대에는 자료의 범위가 신문이나 멀티미디어로 확장이 된 것은 물론, 독후 활동이라는 방법에 있어서도 문학적인 측면과, 음악·미술·연극적인 측면 등으로까지 넓어졌다. 따라서 현재의 독서지도를 한 마디로 정의한다면 '멀티미디어를 읽어내고, 그에 대한 감상을 다시 멀티미디어로 표현하는 작업'이라고 할 수 있겠다.

그러므로 독서지도를 실시하기 위해서는 멀티미디어로 대표되는 매체를 먼저 알아야 한다. 여기서 '안다'라고 하는 것은 단순히 그런 매체가 있다는 것을 알고 있는가 혹은 모르고 있는가의 선에 그치는 것이 아니라, 그 속성을 제대로 알고 적절히 활용할 수 있는 수준에까지 올라가야 한다는 뜻이다. 왜냐하면 그래야 비로소 지도를 할 수 있기 때문이다.

그래서 이 장에서는 먼저 멀티미디어에 포함되는 여러 매체 가운데, 책을 제외하고 독서지도 장면에서 가장 많이 활용되는 신문과 영상(시청각 매체)을 중심으로, 그것들을 어떻게 봐야 하는가에서부터 전반적인 내용을 살펴보고자 한다. 또한 독후 활동 측면에서는 최근 각광을 받고 있는 책 만들기 및 북 아트에 대해서 살펴보려 한다.

1) 신문을 어떻게 볼 것인가?

(1) 신문을 본다? 읽는다?

누구는 신문을 본다고 말하고 누구는 신문을 읽는다고 한다. 표현을 달라도 아마도 그것은 신문의 기사를 읽는다는 것으로 해석을 할 것이다. 역전에서 만나자고 하면 누구나 알듯이 말이다. 사람들은 이처럼 신문을 보기도 하고 읽기도 한다. 그런데 신문은 새로운(新) 것을 듣는(聞) 것으로 표기 한다.

좀 더 자세히 풀어 보면 이 세상의 여러 곳에서 사는 다양한 사람들의 새로운 이야기를 듣는 것이다. 누구에 의해서 듣는가? 신문사에 의해서 듣는다. 그렇다면 신문사는 여러 사람들의 새로운 이야기를 모아서 모든 사람들에게 전달하는 역할을 하는 것이다. 아주 중요한 일이다. 그런 일을 하는 신문사나 기자들, 그리고 신문을 만들고 있는 사람들의 중요성과 아울러 신문으로 교육을 하자고 하는 주장들을 우리는 어떻게 보고 있는가? 좀 더 자세하게 이야기하면 우리는 그들을 어떻게 관찰하고 있는가? 이런 시각으로 보면 신문이 다르게 보인다.

좀 더 깊숙하게 이야기 해보자. 보는 것이라면 그 의미가 여러 가지다. 본다는 뜻의 한자를 살펴보자.

그저 눈이 있어서 건성으로 보는 것도 보는 것이다. 그것을 看이라고 한다. 주마간산을 생각해 보라(看). 그다음에는 배우면서 보는 것이 있다. 견학이다(見). 그 다음으로는 좀 더 자세히 보는 것(視). 그렇다, 시찰한다고 할 때 쓰는 말이다. 우리가 학교에서도 사용하고 주의 깊게 관찰한다고 하는 것은 오감을 동원해서 보는 것이다.

그런 것을 찰이라고 한다(察). 여러 가지를 늘어놓고, 비교하고 견주어서 보는 것. 박람회 같은 것인데 그것을 覽이라고 한다. 이렇게 보는 것에도 종류와 급수가 다르다.

그렇다면 신문을 어떻게 볼 것인가? 아니 초점을 좁혀서 나는 신문을 어떻게 보고 있는가? 위의 것 중에서 어디에 해당하는가? 더구나 신문으로 아이들을 가르친다고 하는 사람들은 신문을 어떻게 보아야 할 것인가? 바로 이 문제가 오늘의 초점이다. 그저 看하는 수준인가? 視하는 수준? 察하는 수준? 覽하는 수준? 이제 답이 보인다. 학생들에게 신문을 주면서 어떻게 보라고 해야 할까? 하나씩 살피면서 범위를 좁혀 가보자.

먼저 看은 아니다. 그저 지나가는 간판 보듯이 신문을 보기가 그렇다. 최소한 신문 활용 교육을 한다면 말이다.

그렇다면 視수준인가? 시찰하듯이 신문을 본다면 마치 검열관 같은 기분으로 보는 것일 텐데 이것 역시 좀 그렇다. 신문을 관리·감독하는 입장이라면 이렇게 볼 것이다. 그러나 학생들에게는 아니다. 교육을 시찰한다면 가르치는 사람은 분명히 아니다.

다음은 察수준인데 관찰하듯이 보는 것이다. 즉 과학시간에 우리가 가진 오감을 통해서 관찰하듯이 그렇게 보는 관점이다. 이 문제는 잠시 후에 본격적으로 다루어 본다.

覽의 수준인데 도서실에서 신문을 열람하듯이 신문을 본다면 그것도 신문 활용 교육이라는 관점에서는 좀 먼듯하다. 좀 더 고급스러운 관점으로 해석한다면 신문의 기사 내용을 서로 다른 신문과 비교하면서 보는 것인데 우리나라의 형편상 그런 기사와 내용을 찾기란 그리 쉬운 일은 아니다. 특히 국제 문제의 기사에서는 거의 통일하다. 그래서인지 우리의 국제적인 기사 감각은 상상을 초월하고 있다는 것이 개인적인 생각이다.

그렇다면 관찰하듯이, 우리의 오감을 이용해서 본다는 것은 무엇일까? 이제 그 이야기를 시작해 본다,

(2) 왜? 오감이 필요한가?

인간의 오감은 늘 살아서 움직인다. 지금 이 순간에도 눈이 움직이고, 촉감을 살아 있고 청각과 후각이 동시에 움직이고 있다. 감각이란 예민함이 생명이다. 무딘 것을 우리는 감각이라고 하지 않는다. 예민해야 하고 살아 있어야 한다. 그래야 감각으로서의 기능과 역할을 다하는 것이다. 신문을 이렇게 볼 수 있을까? 이제 그 방법을 생각해 보자. 이 방법이 가능하다면 새로운 신문 읽기의 대안으로 자리 잡을 것이다.

① 청각으로 읽는다. - 같은 날의 기사를 뉴스와 비교 하면서 읽는 방법이 있다. 문자로 된 기사와 라디오나 텔레비전으로 방송되는 기사 내용을 보면 차이가 있다. 하나는 문자로 전달하고 있고 하나는 화면으로 전달하고 있다. 아이들은 영상세대임에 틀림없다. 아이들에게 신문 기사를 주고 소리 내어 읽어보라고 해보자. 그리고 나서 그 느낌을 말하게 해보자. 광고도 좋고, 사설도 좋고, 칼럼도 좋다. 분명 아이들이 이렇게 이야기 할 것이다. 광고는 편안하다. 무슨 말인지 알기 때문이다. 사설은 읽기가 어렵다. 왜냐하면 무슨 말인지 모르겠다. 칼럼은 일반 기사와 다른데 읽으면서 무슨 뜻인지 이해하기가 어렵다.

청각의 역할을 생각해 보자. 우리의 귀를 통해서 들어온 소리가 무슨 뜻인지 모르면 그것은 소음이다. 소리란 내가 알아듣고 의식할 수 있고 판단 할 수 있어야 소리다. 그러나 내가 소리 내어서 내 귀로 들여보내는 것조차도 내가 알지 못하는데, 남은 이해할 수 있을까? 자신이 소리 내어 읽어서 이해하지 못하는 기사가 얼마나 많은가를 먼저 살펴보게 하자. 신문이 다르게 보일 것이다. 이것은 가르치는 교사나 지도자도 마찬가지다.

② 후각으로 읽는다? - 후각은 냄새를 담당하는 기관이다. 신문의 사진을 보자. 땀 냄새가 나는가? 의혹의 냄새가 나는가? 부정의 냄새가 나는가? 광고의 향수 냄새가 나는가? 이렇듯이 사진속의 실제 모습을 상상하면서 신문을 읽어야 한다. 마치 내가 그 현장에 있는 듯한 상상을 놓쳐서는 안 된다. 후각은 또 다른 상상력을 자극한다. 그 상상력은 글읽기의 핵심이다, 글을 읽어가면서 추론하는 과정이 필요한데, 우리가 향수 냄새를 맡으면서 상상하는 것과 같은 이치일 것이다. 후각으로 읽을 만한 기사 많이 있다. 광고에서, 사진에서, 스포츠 면에서 그리고 사설의 내용이나 국제 기사를 추론하는 과정에서 우리는 상상력의 후감을 이용할 수 있다.

③ 시각, 촉각, 미각 - 우리가 가장 많이 사용하는 감각기관이다. 시각은 더 이상의 논의를 거부한다. 그러나 여기서 이야기 하는 시각은 당연히 관찰하는 시각이다.

촉각! 아침에 받아보는 신문의 감촉을 아는가? 거기서 풍기는 지면의 냄새. 최고의 고수는 신문의 기사를 읽으면서 감촉만으로도 내용을 인지할 것이다. 이 단계 정도 가면 그야말로 고수다.[8)]

---

8) 이정균(2005), 「신문을 어떻게 볼 것인가?」, 신문활용교육의 활성화 및 활용 방안 세미나 자료집.

2) 신문활용교육(NIE)이란 무엇인가?

NIE는 말 그대로 신문을 교육에 활용한다는 의미로, 매일 다양한 분야의 최신 기사를 담고 있는 살아 있는 교과서인 신문을 교육 장면에 적용해 활용한다는 뜻이다. 그러려면 먼저 신문을 알아야 하고, 적정 방법을 통해 활용을 해야 할 것이다. NIE는 아이들을 신문과 친숙하게 만들고, 교육적 효과를 높일 수 있으며, 지역 사회와 국가, 나아가 외국에 대한 관심도 키울 수 있는 좋은 방법이다.

그렇다면 신문을 왜 교육 자료로 활용하는 걸까? 첫째, 신문은 사회를 그대로 반영하는 최신 정보원 역할을 한다. 섹션화 되어 있는 지면은 주제별로 쉽게 접근할 수 있는 장점도 갖고 있다. 둘째, 신문의 기사들은 정확한 문법구사와 문장구성(6하 원칙, 기승전결)에 의해 쓰였다. 때문에 정확한 문법을 익힐 수 있는 매체가 되기도 한다. 셋째, 신문에는 글자 이외에도 다양한 숫자, 가지각색의 그래프, 사진 및 그림 자료들이 포함되어 있다. 이 모든 것들 역시 교육 자료로 활용 가능하다. 넷째, 신문에 실린 다양한 분야의 여러 기사들은 독자에게 무궁무진한 아이디어를 제공해 준다. 따라서 읽는 것 자체만으로도 많은 것을 얻을 수 있다. 특히 매일 바뀌는 수많은 정보들은 신문을 살아있는 교재로서 더욱 가치 있게 하는 부분이다. 다섯째, 신문은 사설을 비롯해, 다양한 분야에서 활동한 전문가들에 의한 칼럼, 논단 등 전문적 지식 정보를 제공해준다. 여섯째, 소시민들의 삶도 포함하고 있는 등, 다양하고 유능한 인재들의 직·간접적 체험을 만날 수 있다.

이처럼 신문은 매일 매일 다양하면서도 생생한 소식을 담고 있는 매체이기 때문에, 최근의 독서지도 장면에서 적극적으로 활용되고 있

다. 특히 논술에서 신문의 중요성은 더욱 클 수밖에 없다고 하겠다.

3) 신문활용교육(NIE)의 방법

신문은 담고 있는 다양한 주제와 소식만큼이나 여러 요소를 포함하고 있다. 따라서 신문활용교육에서는 그것들을 주제에 맞게, 대상에 맞게 그야말로 활용을 한다. 물론 '활용'의 범위를 놓고 각자의 입장에서 여러 이야기를 할 수 있겠으나, 그 활용이 어떤 측면이든 상관이 없겠다.

4) 영상세대와 시청각 매체 교육

(1) 새로운 그들의 등장

1990년대, 일련의 문화적 논의들은 이른바 신세대라 불리는 새로운 소비주체들의 등장을 알리는 담론으로 시작되었다. 본격적으로 후기 자본주의사회의 궤도에 진입해 가고 있던 그 즈음에, 우리나라에도 개발독재라는 피땀 어린 고도성장이 얼마간의 물질적 풍요와 삶의 여유를 가져다주었고, 사람들은 이제 문화란 걸 본격적으로 거론하기 시작했다. 이러한 토대의 변화 속에서 새로운 문화의 주체이자 대상이기도 한 그들이 등장하게 되는데, 그들은 힘으로 억압되었거나 금욕이란 이름으로 자제를 요구받던 이전 시대의 짐에서 벗어나 한층 주체적인 욕구들을 말하고 향유하고 또 그 권리들을 당당하게 요구하는 문화(소비) 주체들로서 형성되기 시작했다. 그들이 바로 신세대들이란 이름으로 불린 것이다.

그러나 이들은 단순히 시대가 낳은 물질적 풍요와 여류로부터 생산된, 그저 축복 받은 수혜자이지만은 않다. 문화적 담론으로 거론

되기 시작한 그 출발점에서부터 한 계층으로서의 소비주체이기도 했지만, 그들은 또한 전 세대들과는 확연히 구분되는 이질적인 사고 구조와 정서적인 토대를 가지고 있었다. 그들은 본격적인 감각 주체이자 강력한 개성주의자들이었고 보다 독립적인 표현주의자들이었다. 그래서 그들에게 있어 '보고 보여진다는 것'은 더욱 중요한 의미를 가지게 되었다. 이러한 모든 특성들은 어렸을 때부터 시청각 매체와 친숙했던 그들의 삶의 형태와 조건에 의해서 구조화되고 정립된 것이라 할 수 있는데, 바야흐로 그들은 고도로 축적되기 시작한 대량 정보와 가치들이 여는 새로운 세상의 적자들이었던 것이다.

(2) 시청각 매체의 힘 – 몸으로 말하는 아이들

그렇다면, 그들이 지배적 삶의 형태를 변화시킨 시청각 매체의 특정적 요인을 문자매체에 견주어 살펴볼 때 어떤 차이점을 가지는 것일까. 우선 문자매체는 구조상 비교적 소수를 대상으로, 집약되고 갈무리된 정보를 제공·생산하며, 정적인 사고와 개념적인 인식의 수단으로서 활용된 근대 계몽사회의 제1매체였다. 그 함축적이고 개념적인 틀은 의식과 이성이란 이름으로, 가끔은 사회와 삶에 대한 신중함과 진지함이란 얼굴을 하면서 개성보다는 집단성을, 표현 보다는 책임을 강조하는 지적 엘리트주의를 낳았고, 이러한 사고패턴은 모더니즘이라는 이름의 문화적인 엘리트 양식으로 표현되었다. 그렇지만 이러한 문자 매체도 시대와 사회구조의 급격한 변화를 거치면서 새로운 매체에 제1매체라는 지배적인 지위를 내주어야만 했고, 그 자리를 차고 앉은 것이 바로 시청각 매체이다.

무엇보다도 시청각 매체는 시시각각으로 엄청나게 쏟아지는 현대사회의 대량 정보를 빠른 시간 내에 일별하고 흡수하고 선택하는데

가장 효과적인 매체로 기능했다. 문자 매체로서는 도저히 감당하고 수용하기 어려운 정보와 가치의 범람을 시청각 매체는 가장 능률적인 방식으로 수용할 수 있었던 것이다. 시청각 매체 고유의 인식론적인 파워와 감각적인 쾌락이 그 우위를 점유하는데 결정적인 역할을 하게 되는데, 이를 삶의 영역에서 주요하게 접해온 새로운 세대들에게 있어 세상을 바라보고 소통하기 위한 제1의 통로가 되어버린 것이다. 즉, 그들은 이제 언어화하던 자신의 삶을 몸으로 직접 느끼고 감각적으로 체험하면서 다시 세상을 행해 자신을 표현한다.

(3) 시청각 매체를 활용한 교육의 필요성

오늘날 시청각 매체를 활용한 교육의 필요성이 더욱 강조되고 부각되는 이유는 무엇보다도 바로 위에서 언급한 것처럼 그 매체적 특성의 효율성과 지배성에서 비롯된, 수용주체로서의 아이들 자체의 변화라고 할 수 있다. 즉 교육대상이면서 교육목표이기도 한 아이들의 변화가 매체적 활용을 보다 다변화하고 적극적으로 도입하도록 요구한다고 할 수 있다. 따라서 교과서와 판서로 대표되는 문자매체만으로는 제한적이고 비능률적인 교육을 할 수 밖에 없게 되어버린 것이다. 물론 이러한 추세의 강조가 문자매체만이 고유하게 가지는 장점과 특성들을 소중하지 않다거나 불필요하다고 성급히 결론내리는 폄하가 되어서는 안 되겠지만, '보는 것이 곧 믿는 것이다'라는 믿음을 가장 신뢰하고 있는 요즘의 아이들에게 기존의 문자 매체만으로 설득하기란 매우 어려운 일이며, 또한 부당한 접근이라는 점은 누구도 부인할 수 없다.

그렇다면 시청각 매체의 적극적인 활용이 제공할 수 있는 장점들을 구체적으로 논의해 보자. 일단 첫째는 아이들의 시선을 좀 더 적극적으로 교육에 끌어들이고, 또 그에 대해 말하고 생각하도록 이끌 수 있다는 점이다. 그들의 경우, 대개의 체험이 시청각 매체를 통해 간접적으로 형성되었을 뿐만 아니라, 보다 생생한 인식을 위해 요구되는 체험이 폭발적으로 증가한 오늘날, 매체에 의해 구체적으로 형상화된 영상은 오히려 문자매체에서 제한된 개념적 인식을 보완해 주는 힘을 발휘한다. 예를 들자면 국어교과의 경우 묘사의 멋을 설득시키고, 서사의 힘을 신랄하게 각인시킬 수 있다. 이는 감각의 보완적 관계에서 비롯된 아름다움을 보다 생생하게 경험시키고 삶의 영역에서 발생하는 사실과 진실을 즐겁게 발견하도록 유도한다. 때론 사막의 적막함을, 미시세계의 오롯한 생명력을, 인간의 허위와 타락을, 삶의 신비와 생명의 소중함을 다른 어떤 매체보다도 가장 극적으로 보여줄 수 있기 때문이다. 이렇게 함으로써 아이들은 선뜻 언급하기 힘든 세상에 대해 보다 주체적으로 말하고 표현할 수 있는 기회를 얻게 된다.

둘째로 교육적 목표에 의해 선별된 자료들을 공동의 장에서 제공받고 함께 언급해 보는 기회를 가짐으로써 매체 자체에 대한 보다 적극적인 사고와 반성을 유도하게 하고, 나아가 그 매체를 평가하고 활용할 수 있는 힘을 길러준다. 수많은 시청각 매체에서 부정적인 판단과 비뚤어진 인식을 섭취할 수도 있는 여러 환경적인 우려를, 적극적인 매체교육을 통해 제도적인 교육의 영역 안으로 과감히 끌어안음으로써 불식시키고, 그렇게 함으로써 오히려 긍정적인 선별을 해내고 비평할 수 있는 능력을 배양시킬 수 있게 되는 것이다. 이것은 대량의 정보를 섭취하는 과정에서 발생할 수 있는 수많은 편견과 오독의 위험성을 감소시키고 개인과 공동체에 유익한 섭취가 되도록 이끄는 적극적인 대응의 기회를 갖게 됨을 의미한다.

(4) 본격적인 시청각 매체 활용을 위한 필수 조건

시청각 매체를 활용한 교육방식이 본격적으로 논의되고 현장에 적용된 것은 이미 오래전 일이다. 그럼에도 불구하고 실제 교육 현장에서의 활용도는 매우 낮고 어디까지나 보조적인 차원에 머무르고 있는 현실이다. 다소 장황하고 지루해짐에도 불구하고 매체의 특성과 아이들의 변모, 그리고 매체교육의 장점들을 다시 언급해 가며 이 글을 길게 풀어온 이유는 본격적인 의미에서 적용되고 활용되어야 함을 강조하기 위한 수단이었다. 즉 언제까지 보조자료 제시란 의미로 국한시키고, 그래서 일회적이고 파편적으로만 풀어낼 수밖에 없다면 앞에서 언급한 효과는 기대하기 힘들다.

이제 본격적인 시청각 매체 활용을 위한 필수 조건을 간결하게 언급하고자 한다. 우선 첫째는 편집기를 포함한 여러 시청각 기자재를 내실 있게 갖춤이 요구된다. 제한된 실제 수업 시간에서 효과를 기대하고 활용하고자 한다면 필수적으로 요구되는 최소한의 물적 토대이다. 그리고 둘째로는 매체 고유의 특성을 적극적으로 교육적인 방식에서 적용시키고 활용할 수 있게 하기 위해 교사의 전문적인 매체 교육이 요구된다. 가장 효과적인 교육 소프트웨어의 구축은 전문성 있는 교사가 교육목표와 필요성에 맞게 직접 마련함으로써 이루어지며, 이를 위해 매체 관련 연수는 보다 현실적이고 전문적인 것이 되어야 할 것이다.

그리고 무엇보다도 가장 중요한 것은 시청각 매체에 대한 본질적인 사고의 전환이다. 아이들에게는 매체를 통해 보는 것이 바로 세상의 교과서이고 가장 익숙한 문화이다. 이것은 문에 들어서기 전에 마음먹는 의지만큼의 중요성을 가지는 매체교육의 핵이며 발상의 전환을 여전히 오늘날에도 요구된다.

5) 책 만들기 및 북 아트

최근 독서지도 분야는 물론 심리치료에서도 책 만들기 및 북 아트를 활용하는 사례가 늘고 있다. 독서지도 분야에서는 독후활동의 일환으로 책을 만들어 글을 쓰거나 그림을 그리는 등, 해당 수업 목표에 맞는 책으로 연결을 짓고 있는데, 가장 큰 장점이라면 역시 전시 효과가 있다는 점이다. 아이들이 만든 작품들은 기관이나 집에서도 전시를 할 수 있고, 학교 과제물로도 제출을 할 수도 있으니 말이다.

또한 심리치료 분야는 미술치료에서 활용도가 높은데, 책을 만드는 과정 자체에도 의미를 둘뿐만 아니라 만들어진 작품에 또 다른 작업을 하면서도 심리치료를 기한다.

아무튼 몇 년 전부터 관심을 받기 시작해 이제는 보편화가 된 책 만들기 및 북 아트에 대해 간단히 살펴보자. 이 분야에 대해서는 필자의 지식이 얕아 영국의 폴 존슨 교수가 주도했던 '북 아트 프로젝트'를 바탕으로 어린이 북 아트 교육을 위해 우리나라 최초로 설립된 '책 만들며 크는 학교' 홈페이지(http://www.makingbook.net)에서 대부분의 내용을 인용했음도 밝힌다.

(1) 책 만들기 활동이란?

① 책을 통해 배운 것을 책으로 표현하는 활동입니다.

이제껏 책은 언제나 누군가가 만들어주는 것이었을 뿐, 내 손으로 직접 만들어볼 수 있는 것은 아니었습니다. 책에서 얻은 수많은

지식과 찡한 감동과 상상은 책이 아닌 다른 것으로 표현되었지요. 글은 종이 위의 문자로, 그림은 스케치북 위의 모양으로, 아이디어는 줄친 공책 위의 과제물로 각각 흩어졌습니다. 글과 그림과 아이디어가 한데 어우러져 있는 책을 통해 배워놓고도 왜 책을 통해 하나로 표현하려고 하지 않았을까요?

책 만들기 활동은 주어진 책을 읽고 정보를 습득하여 새로운 지식 체계를 세우는 데에서 한 걸음 더 나아가, 기존의 지식을 바탕으로 자신이 직접 책을 만들어봄으로써 좀 더 적극적으로 책을 즐길 수 있게 해줍니다(reading+writing+making).

② 아이디어 기획부터 작품 완성까지 스스로 해내는 통합 활동입니다.

책은 하나의 주제를 가지고 다양한 각도에서 접근하되, 그 주제를 일관성 있게 보여 주어야 합니다. 따라서 한 권의 책을 만들려면 차원 높은 지적 작업이 요구됩니다. (1) 계획하고 → (2) 자료를 수집하고 정리하며 → (3) 글과 그림의 자리를 적절히 배치하고 → (4) 그곳에 직접 글과 그림으로 표현하여 → (5) 완성된 책의 형태로 만들어 내야 합니다.

이러한 통합적인 작업 과정은 단순히 책 만들기에만 적용되는 것이 아닙니다. 우리 생활의 모든 부분에 적용할 수 있으며, 이 다음에 아이들이 성장했을 때에도 아주 중요한 생활 도구가 될 것입니다.

③ 다양한 역할 체험을 해볼 수 있는 활동입니다.

한 권의 책을 만들기 위해서는 작가, 화가, 디자이너, 편집자, 제작자, 인쇄사, 제본사 등 여러 사람의 손을 거쳐야 합니다. 책 만들기 활동을 하면서 아이들은 여러 분야의 작업을 두루 경험하게 됩니다. 작가가 되어 글을 쓰고 화가가 되어 그림을 그립니다. 또 편집자와 디자이너가 되어 책을 구성합니다.

처음부터 끝까지 혼자 작업할 때에는 모든 과정을 도맡아 처리해야 하지만, 두세 명씩 모둠을 지어 작업할 때에는 각자 자신 있는 분야의 담당자가 되어 서로 협의하기도 합니다. 그러면서 다양한 역할 체험을 하는 것입니다.

④ 책 방식(Book Way)으로 사고하고, 책 방식으로 표현하는 활동입니다.

책 만들기 활동은, 우선 종이를 자르고 접고 오려 기본적인 책의 형태를 만든 다음 자신의 생각을 잘 정리하여 그 안에 표현하는 작업입니다. 지정된 책의 공간에 맞도록 글을 쓰고 그림을 그리는 훈련이지요. 책을 구성하는 활동은 단순히 종이 위에 글자를 배열하는 것과는 다릅니다. 체계적으로 구성하는 능력이 필요하지요. 하지만 재미있고 신나게 책을 만드는 동안 아이들은 자연스럽게 한 차원 높은 사고 체계를 세워 나가게 됩니다.

(2) 교육프로그램으로의 책 만들기 활동

영미권과 유럽권에서는 19세기 이래로 북 아트(Book Art)라는 장르가 정착되었고, 오늘날에도 그 전통이 전해 내려오고 있습니다. 북 아트란 '수공예 책을 만드는 예술 분야'로, 책을 제작하는 초기 작업(종이 만들기)부터 책의 내용을 구성하고 완성하는 마무리 작업까지 책의 전 과정을 전부 인간의 손으로 해내는 것입니다. 이러한 전통을 아동교육에 접목시킨 것이 바로 '북 아트 프로젝트(the Book Art Project)'로서, 책 만드는 과정을 교육 프로그램으로 체계화한 것입니다.

현재 영국에서는 책 만들기 활동을 NC(National Curriculum : 국가 교육

과정)의 하나로 채택하여 일선 교육 현장에서 활발히 시행하고 있습니다. 미국에서도 유치원과 초등학교의 정규 교과 활동에 포함되어 있고, 박물관의 문화 프로그램으로 활용하고 있습니다.

(3) 교육 효과

① 글쓰기가 즐거워져요!

서너 장에 불과한 책을 만들더라도 기본적인 이야기가 없으면 책은 만들어질 수 없습니다. 특히 스스로 작가가 되어 글을 쓰게 되므로 흥겹고 즐거운 기분으로 글을 씁니다.

② 집중력과 창의력이 길러져요!

그림과 글을 적절히 배치하고 자신이 나타내고자 하는 것을 가장 잘 표현할 수 있는 수단을 찾아나가면서 집중력과, 창의력, 사고력이 길러집니다.

③ 책이 주는 새로운 기쁨을 맛볼 수 있어요!

책읽기와는 달리 자신의 손으로 책을 만드는 능동적인 작업이기 때문에 창조의 기쁨을 맛보게 됩니다. 책의 제작 과정을 직접 체험해 봄으로써 책을 더욱 소중히 여기고 훨씬 친밀하게 받아들입니다.

④ 책임감과 협동심을 배울 수 있어요!

모둠 작업을 통해 아이들 스스로 역할을 나누고 서로 협조하여 한 권의 책을 완성하는 동안 저절로 책임감과 협동심이 싹틉니다.

⑤ 성취감과 자신감을 가질 수 있어요!

혼자 힘으로 한 권의 책을 완성해 냈다는 성취감은 아주 대단합니다. 그 성취감은 곧 자신감으로 이어져 무슨 일이든 도전해 보고자 하는 자세를 갖게 됩니다.

⑥ **오래 기억할 수 있어 학습 효과도 좋아요!**

'자신의 지식과 경험을 바탕으로 해서 자신의 손으로 직접 만든 내 책'은 아이들이 그 내용을 오랫동안 기억하기 때문에 학습 효과가 아주 뛰어납니다. 또한 다른 친구들에게 자신의 책을 소개하고, 다른 친구들의 작품 설명을 들으면서 말하기·듣기 능력도 길러집니다.

(4) 책 만들기 및 북 아트 활동을 다룬 책들

- ▸『메이킹 북 : 한 장의 종이로 만드는 팝업 북 31가지 / 폴 존슨 지음 / 김현숙 옮김 / 아이북』
- ▸『나의 가족과 친구들 / 폴 존슨 지음, 김진 옮김 / 아이북』
- ▸『나의 동물원 이야기 / 폴 존슨 지음, 나유진 옮김 / 아이북』
- ▸『페스티벌 / 폴 존슨 지음, 김명옥 옮김 / 아이북』
- ▸『세계의 옛이야기 / 폴 존슨 지음, 나유진 옮김 / 아이북』
- ▸『세계의 신화와 전설 1·2 / 폴 존슨 지음, 성양환 옮김 / 아이북』
- ▸『역사 여행 / 폴 존슨 지음, 성양환 옮김 / 아이북』
- ▸『북 아트를 통한 글쓰기 / 폴 존슨 지음, 김현아 옮김 / 아이북』
- ▸『스스로 만드는 책 / 돈나 쿠트르 외 지음, 김현우 옮김 / 아이북』
- ▸『메이킹 북 프로젝트 / 폴 존슨 지음, 나유진 옮김 / 아이북』
- ▸『나만의 책 글 그림 완성하기 / 폴 존슨 지음, 김현아 옮김 / 아이북』
- ▸『어린이 북 아트 1·2급 / 김나래 지음 / 종이나라』
- ▸『어린이 북 아트 / 김현경 지음 / 한국교육출판』
- ▸『알파벳 북 아트 / 황우정 지음 / 함께가는길』
- ▸『사회 북 아트 글쓰기 / 곽계현 지음 / 문화숲속예술샘』
- ▸『김나래의 어린이 북 아트 / 김나래 지음 / 마루벌』

2. 독서지도를 위한 자료 선정

자, 그럼 이번에는 독서지도를 위한 만남 시 중간에서 매개체 역할을 해주는 자료들을 어떻게 선정해야 하는지 살펴보자. 여기서는 다시 책을 중심으로 다루겠으나, 어차피 원리에 있어서는 같기 때문에 다른 자료에 확대 적용해도 무방하겠다.

1) 누구를 위한 책읽기인가?

독서지도를 하려는 사람은 우선 책을 읽고 독서지도를 받게 될 주체가 누구인지를 알아야 한다. 학원이나 학교 등 기관에서 이루어지는 형태가 아니고 지도를 받는 대상의 집에서 이루어지는 등 학부모님이 의뢰를 해서 만남이 성사된 경우, 많은 지도사들은 수업료를 내고 적극적으로 방향을 피력하는 부모님의 말을 들어야 할 것인지, 아니면 아동의 상황에 맞추어야 하는지 딜레마에 빠지고는 한다. 그러나 늘 독서지도의 주체는 그 대상이 되어야 한다. 일반적으로 아이들과의 만남이 많기 때문에 주체는 아동 및 청소년들이 되어야 한다는 말이다.

2) 독서능력과 흥미 파악하기

대상의 독서능력과 흥미가 고려되지 않은 강제와 강요로 인한 책읽기와 독서지도는 효과를 볼 수 없다. 어떤 분야이든 전제가 되어야 할 요소는 흥미이다. 흥미는 열심히 하고 싶은 동기를 불러일으키고, 그 동기는 다시 노력과 성과로 이어지기 때문에 반드시 흥미를 먼저 파악할 필요가 있다. 책에는 전혀 관심을 두지 않는 대상에게 만화책으로 유도를 해보라는 조언을 하는 이유를 생각해 보라. 그렇다면 2)번의 내용이 쉽게 이해될 것이다.

3) 책을 판단하는 능력 기르기

책에 대한 스스로의 판단 능력을 길러주자. 한 해 출판되는 책이 1억 권이 훨씬 넘고, 그 가운데 아동 및 청소년을 대상으로 한 책이 절반 이상을 차지하고 있기 때문에, 사실 자신에게 맞게 도움이 되는 책을 골라 읽기는 매우 어려운 상황이라 볼 수 있다. 따라서 그 책이 좋은 것이든 나쁜 것이든, 어른들의 앞선 판단으로 대상들이 스스로 판단할 수 있는 기회를 빼앗지 말자. 나쁜 것도 접해 봐야 그것이 나쁘다는 것을 알 수 있으므로, 스스로의 능력으로 기를 수 있도록 하자.

4) 감동을 위한 책읽기

가치와 감동을 느낄 수 있는 책읽기를 할 수 있도록 하자. 너무 많은 자극에 노출되어 있는 현 시대 상황에서는 가치를 어디에 두고, 무엇에 감동을 느껴야 하는지 모르는 사람들이 있다. 점점 각박해진다는 표현을 쓰는데, 우리 사회가 추구하는 가치 속에서 개인 나름대로의 가치를 부여할 수 있는 책, 감동을 느낄 수 있는 책읽기를 지향할 수 있도록 하자.

5) 관심 분야 넓히기

다양한 책읽기를 위해서 다양한 분야에 흥미를 갖도록 하자. 물론 어릴 때부터 한 분야의 전문가가 되는 것도 나쁘지 않다. 그러나 우리가 살아가려면 다양한 분야에 대한 지식이 있어야 하므로, 한 가지 분야에 관심을 더 깊게 가지면서도 다른 분야들에도 고른 관심을 가질 필요가 있다. 그러니 흥미의 끈을 이어가면서 여러 분야로 관심의 폭을 넓혀 주도록 하자.

6) 읽은 책 목록 만들기

주제별 배분을 위한 책 목록을 만들자. 학년이 올라갈수록 편독 현상이 생기는 것을 자주 본다. 이는 흥미 분야가 점점 어느 한 쪽으로 집중되는 결과인데, 그를 막기 위해서는 읽은 책의 분야를 기록할 수 있는 목록을 만드는 것이다. 그래서 분야와 장르별로 기록을 하면서 살펴보면, 내가 더 선호하고 반대로 관심을 두지 않는 곳이 무엇인지 쉽게 알 수가 있다.

7) 주제 나누기

독서지도를 위해 주제를 나누는 방법은 매우 다양하다. 예를 들어, 교과목과 학습과정에 맞추어 나누는 방법도 있고, 1년 열두 달 특성에 맞추어 나누는 방법, 성장 및 발달 단계에 맞추어 나누는 방법, 흥미 분야에 맞추어 나누는 방법 등 매우 다양하다. 따라서 정한 주제에 따라 적정 자료를 고르면 된다.

다음은 분야에 따라 자료를 고를 때의 고려점이다.

〈지식·과학책을 고를 때의 고려점〉

(1) 정확히 알고 올바로 전달하고 있는가?

(2) 수준에 맞게 풀어쓰고 단순화했는가?

(3) 내용의 전개방식이 독창적인가?

(4) 그림은 중요하게 다루어지고 있는가?

(5) 과학 하는 방법을 보여주고 있는가?

〈만화책을 고를 때의 고려점〉

(1) 담고 있는 주제는 건전한가?

(2) 소설이나 동화, 드라마의 재판은 아닌가?

(3) 상업적인 목적의식이 뚜렷하지 않은가?

〈위인전기를 고를 때의 고려점〉

(1) 내용은 철저한 고증을 거쳤는가?

(2) 어느 시대의 사람인가?

(3) 제목은 흥미로운가?

8) 어떻게 어떤 방법으로 제시할 것인가?

독서지도에서는 어떤 책을 누가 고르는가도 매우 중요하지만, 더 중요한 것은 그렇게 고른 자료들을 어떤 방법으로 제시하느냐이다. 따라서 독서지도사들은 자료를 효과적으로 나눌 수 있는 방법적인 면을 늘 고민해야 한다.

3. 독후활동 살펴보기

1) 아이들의 마음 열기

사회가 여러 부분에 걸쳐 개방화되고, 한 둘만 낳아 잘 기르자는 풍조로 가정 내의 자녀들이 줄었으며, 내 아이가 어디서든 '기' 죽지 않았으면 하는 부모님들의 배려(?)로, 우리가 자랄 때와는 비교할 수 없을 정도로 자기표현이나 주장이 강한 어린이들이 많은 것이 사실이지만, 아직도 학교 및 공공도서관의 독서교실, 공부방 등의 자리에서 만나 본 우리나라 대부분의 어린이들은 자기표현에 있어 소극적이고 걱정이 많은 편이다. 이는 모르는 사람들 앞에 선다는 두려움에서 오는 결과이기도 하겠지만, 실수를 하면 절대로 안 된다는 완벽주의에서 오는 두려움이 아닐까 싶기도 하다. 결국 이런 태도는 독서교실 등의 프로그램을 진행해야 하는 독서지도사들에게는 부담으로 작용할 수밖에 없는데, 첫 만남에서부터 긴장을 풀어줌으로써 자기 자신을 좀 더 솔직히 드러내고, 진행되는 회기마다 적극적으로 참여할 수 있는 기회를 마련해 줄 필요가 있겠다. 이에 독서지도 장면에서 가장 먼저 실시할 수 있는 활동은 '마음 열기'이다. 몇 가지 활동을 배워보자.

(1) 자기소개

① 메모를 통한 소개

말과 글의 차이는 꽤 크다. 말은 한 번 뱉어내면 다시 담을 수 없지만, 글은 다시금 고칠 수 있다. 소개의 경우도 말로만 하는 것과, 말로 발표를 하기 전 일정 시간을 주고 먼저 메모를 하도록 했을 때의 경우는 사뭇 다르다. 적지만 자신의 장점 등에 대해 생각해 볼 수 있는 시간이 보다 조리 있는 발표를 가능하게 하고, 나아가 내용까지 충실하게 해, 결국 어린이 자신의 자신감도 생기게 한다. 그 방법도 어려워하는 어린이들에게는 교사가 몇 개의 항목을 미리 정해주는 방법의 힌트를 주는 것이 좋겠다. 특히 자신의 장점이나 잘하는 것 등을 10가지 이상 적을 수 있도록 하고, 그 내용은 평소 자주 사용하는 수첩의 제일 앞면에 붙인 뒤, 기분이 우울하거나 자존감이 떨어질 때 한 번씩 읽어보는 방법을 권유하면 좋겠다. 이 방법을 사용할 때 주의할 점은 친한 친구의 경우라도 그 친구에 대해 100% 알고 있는 것이 아니기 때문에, 발표한 내용에 대한 비판은 절대 하지 않기로 사전에 약속을 하는 것이 좋다. 발표한 내용에 춤이나 노래 등에 대한 부분이 있으면 분위기를 업그레이드시키는 차원에서 자연스럽게 권해보는 것도 교사의 센스이다. 소개를 시키는 순서는 원하는 사람부터 자연스럽게 하는 것이 좋겠으나, 지원자가 선뜻 나서지 않는 등 시간만 흘러가는 경우 먼저 교사가 한 뒤 다음 사람을 정하고, 그 사람이 발표 후에 이어서 다음 사람을 지목하는 방법으로 진행하면 된다.

② 별칭 짓기

별칭은 말 그대로 자신의 이름 대신 불릴 수 있는 별도의 이름이다. 다른 사람들이 이름이나 신체의 특징, 특별한 사건을 통해 지어 부르는 별명과는 달리, 자기가 좋아하는 것을 선택할 수 있다. 따라서 듣기 싫다기보다는 자꾸만 불리고 싶은 것이 바로 별칭이다. 그런데 이런 별명이나 별칭은 결국 그 사람의 모습을 반영할 수밖에 없다.

어린이들의 경우 동물이나 식물, 음식, 유명 연예인 등의 별칭을 선택하는 경우가 많은데, 개성을 나타내는 별칭으로 자기를 소개함으로써 상호간에 친밀감을 느끼며 마음의 문을 열 수 있다. 수업이 진행되는 동안 별칭으로만 호칭을 하기로 약속을 정할 수도 있는데, 이때 중요한 점은 별칭을 갖고 놀리지 않도록 해야 한다는 것이다.

③ 짝꿍 인터뷰하기

신문의 '인물소개'란을 취재하는 기자가 되어 일정 시간동안 참여자들을 인터뷰한 뒤 발표할 수 있도록 하는 활동이다. 한 사람 당 질문은 5가지 정도로 정해주고, 질문의 내용은 마음대로 결정할 수 있도록 한다. 정해진 시간 동안에 많은 사람을 인터뷰한 사람에게 '기자 상'을 주고, 돌아가면서 차례로 소개하고 싶은 사람을 소개해주도록 한다. 앞에서 이미 소개를 한 사람의 경우 빠진 내용이 있으면 보충할 수 있는 기회를 주고 모든 사람이 소개될 수 있도록 한다. 펜과 종이만 있으면 쉽게 할 수 있는 활동이다.

(2) 마음 열기

① 가치관 경매

우리는 누구나 이 세상을 살아가기 위한 나름대로의 신호등인 가치관을 갖고 있다. 이 '가치관'이라는 것은 때로 그 사람을 평가하는 잣대가 되기도 하는데, 마땅한 평가기준이 없는 것이기도 하다. 그야말로 스스로에 의해 좌우되는 경우가 많다. 그렇다면 과연 현세대를 살아가는 우리 아이들은 어떤 가치관을 갖고 살아갈까? 시시때때로 변하는 것이 또 아이들의 가치관이기는 하지만 어느 정도의 관념을 알아 볼 수 있는 소중한 기회가 되기도 한다.

순번	목록	순위	배당금	낙찰가
1	행복하고 단란한 가족			
2	일생동안 돈 걱정 없이 사는 것			
3	병 없이 오래 사는 것			
4	친구와의 우정			
5	진정한 사랑			
6	얼짱과 몸짱			
7	공부를 잘 할 수 있는 두뇌			
8	만족스럽고 행복한 결혼			
9	정의롭게 나설 수 있는 용기			
10	맡은 바 일을 잘 해내는 책임감			
11	남을 즐겁게 하는 유머 감각			
12	발명왕 에디슨 같은 창의성			
13	타인에게 인정과 칭찬을 받는 것			
14	멋지게 연출할 수 있는 감각			
15	대중을 지휘할 수 있는 리더십			
16	삶의 의미에 대한 이해			
17	변치 않는 믿음과 종교			
18	부정과 속임수가 없는 세상			
19	개미와 같은 부지런함			
20	주변의 간섭이 없는 자유로움			

② **인생선**(나의 기억)

인생선(Life Line)은 아주 간단하면서도 심층적인 내용을 통해 마음을 열어 보일 수 있도록 하는 방법으로, 어린이들과의 수업 시에는 '나의 기억'이라는 용어로 바꾸어 이해를 돕는 것이 좋다.

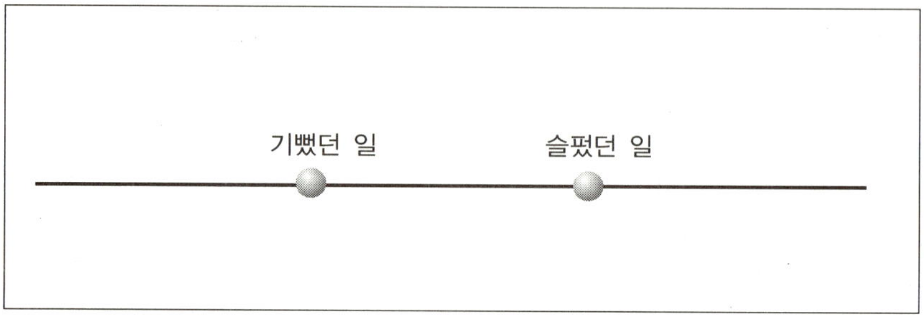

기뻤던 일　　　슬펐던 일

㉠ A4용지 한 장을 반으로 접어 먼저 한 면을 사용하도록 한다.

㉡ 반으로 접은 용지 중앙에 일직선을 하나 긋는다.

㉢ 직선의 제일 마지막 부분은 자신의 현재 나이를 적도록 하고, 중간 중간 적당한 지점에 나이를 표시할 수 있도록 한다.

㉣ 일직선 위의 나이를 고려해, 지내오면서 느낀 기뻤던 일과 슬펐던 일이 있었던 지점을 표시하고, 그 내용을 구체적으로 써 보도록 한다.

㉤ 겪은 일이 여러 가지인 경우 모두 표시해 보도록 하고, 그런 사례가 없었던 어린이들은 가장 좋았던 기억이나 나빴던 기억 등으로 강도를 낮춰줄 수 있다.

2) 창의력 기르기

(1) 글자 없는 그림책을 활용

사랑이(구 아가월드)에서 나온 '사라 페리'의 『만약…』이라는 책은, 앞서 살펴본 것처럼 우리가 갖고 있는 고정관념에서 약간은 벗어난 (때로는 지나칠 정도로) 그림과, 처음부터 생각할 거리를 던져주는 듯한 '만약'이라는 단어를 앞세운 내용들의 구성으로, 아주 훌륭한 그림책이라고 할 수는 없겠지만, 적어도 아이들의 창의력을 키워주는 데에는 더없이 좋은 샘플을 제공해 준다고 하겠다. 간혹 억지스러운 부분과 도저히 이야기를 전개시켜 나갈 수 없을 것 같은 부분도 있기는 하지만, 그 구성 내용이 많기 때문에 교사는 적절한 장면을 선택해 이야기 나눌 수 있는 기회로 삼는 것이 좋겠다.

만약 사람에게 꼬리가 있다면…

'만약 사람에게 꼬리가 있다면…', '만약 고양이가 훨훨 난다면…', '만약 지렁이에게 바퀴가 달려 있다면…', '만약 음악 소리를 만질 수 있다면…', '만약 치약이 애벌레라면…', '만약 발가락이 이라면…' 과연 어떤 일들이 벌어질까? 어른들이 보시기에는 너무 엉뚱한 면이 있어 터무니없게 느껴질 수도 있지만, 상상력의 고삐가 매어져 있지 않은 어린이들에게는 그야말로 상상력에 날개를 달아줄 수 있는 기발한 물음들일 수 있다.

(2) 마인드맵(생각 그물)**을 활용 하기**

마인드맵은 마음속에 떠오르는 생각을 순서나 원칙 없이 종이 위에 그물처럼 적은 것으로, 순간적으로 마음속에 떠오르는 생각들이 달아나기 전에 종이에 기록하는 것이므로 생각을 붙잡아 두는 데 목적이 있다. 독서를 통한 마인드맵 활동을 할 경우 글감이나 주제를 종이의 한 가운데에 쓰도록 하고, 눈을 감고 잠시 생각을 해보도록 하며, 마음속에 떠오른 생각들을 적어 나가는데, 생각과 생각은 선이나 화살표를 이용해 연결하도록 한다.

(3) 상황 설정을 활용하기

누구도 원치 않는 제3차 세계대전이 한 사람의 실수로 벌어지고 말았습니다. 온 세계가 방사능과 불길에 휩싸여 이 지구상의 모든 생물들이 죽어가고 있습니다. 그런데 초토화된 지구의 상황 속에서도 꼭 10사람만이 살아남아 숨을 쉬고 있었습니다. 그 때 마침 지구의 지하 깊숙한 연구실에서 예전부터 지구 최후의 날을 대비하여 연구를 거듭해왔던 한 과학자가 7명이 들어갈 수 있는 캡슐을 만들었기 때문에, 살아남은 10명 중에서 7명이 최후까지 살아남을 수 있게 되었습니다. 그러면 어떤 사람이 제외되어야 할까요? 생존하지 못할 3명을 여러분이 결정해 보세요.

생존자	가능	불가능	이유
(1) 변호사			
(2) 변호사의 아내(임신 중)			
(3) 여자대학생			
(4) 축구선수			
(5) 똑똑하고 예쁜 여배우			
(6) 동남아시아에서 유학 온 의과대학생			
(7) 유명한 소설가			
(8) 과학자			
(9) 45세의 목사			
(10) 무장한 경찰관			

3) 동요와 동시를 활용한 독서지도

(1) 시 감상을 글로 쓰기

감상은 감상으로만 그쳤으면 하는데, 어른들은 그 마저도 허락하지 않는다. 그래서 다시 글로 쓰기를 원하는데, 굳이 말하지 않아도 알겠지만 아이들은 정말 싫어한다. 그러니 다른 방법을 찾아야 하는데, 필자가 써 본 방법은 시의 주인공이나 시인이 되어 보는 것이다. 그래서 시인의 눈으로 주변을 관찰하며 하루를 보낸 뒤, 그 내용을 일기나 생활문으로 쓰게 하는 것이다. 혹은 시의 주인공과 시인에게 편지를 써볼 수도 있다.

(2) 삼행시 쓰기

필자는 삼행시를 무척 좋아한다. 사실 삼행시는 구조만 놓고 보면 시조와 흡사하다. 주어진 단어를 앞머리로 해서 간결하면서도 유기적으로 내용을 연결해야 하니, 꽤 어려운 작업임에 분명하다. 그래서 레크리에이션처럼 아이들과 자주 하는데, 이 활동도 꾸준히 반복하게 되면 문장력은 물론 글을 유기적으로 연결하는 능력도 생긴다.

(3) 모방 시 쓰기

어떤 제목만 던져 주고 시를 한 편 쓰라고 하면, 쓱쓱 써 나갈 수 있는 사람은 극히 적을 것이다. 하지만 누군가 쓴 시를 주며 살짝 내용을 고쳐보라고 하면, '까짓, 그 정도야'라는 마음이 들면서 쉽게 해낼 것이다. 모방 시 쓰기는 그런 효과를 얻기 위한 것으로, 비록 순수 창작은 아니지만 시 쓰기를 어려워하는 아이들에게 적용하면 큰 부담을 느끼지 않으면서 참여시킬 수 있다. 처음부터 글을

잘 쓰는 사람이 어디 있는가? 현재 유명세를 떨치는 작가들도 처음에는 당대의 유명 작가들 작품을 베껴 쓰며 공부를 했다고 하니, 이 방법으로 시작을 해보자. 구체적인 방법을 한 가지 더 제안하자면, 만약 대상이 초등 저학년이면 의성어와 의태어가 많이 들어간 동시를 한 편 고르자. 그런 다음 그 의성어와 의태어만 다른 것으로 바꾸어 보게 해도 된다.

(4) 상상을 통한 변형 놀이

다음 동시를 읽고 30센티미터 자를 자유롭게 변형해 봅시다.

30센티미터 자를 산 까닭

신형건

가려운 등을 긁을 수 있지
손톱에 끼인 때도 파낼 수 있지
발뒤꿈치만 조금 들면
천장에 친 거미줄도 걷어내지
귀찮은 파리를 쫓을 수 있지
피리 부는 흉내도 낼 수 있지
노래하면 손장난을 맞출 수 있지
얏! 얏! 신나는 칼싸움도 할 수 있지
바람에 날리지 않게 시험지를
꾹 눌러 둘 수 있지
장롱 밑에 들어간 것도 꺼낼 수 있지
그래, 힘들었으니 좀 쉬라고
그냥 놔둘 수도 있지
야아, 이 좋은 생각이 이제야 떠오르다니!
얄밉게 구는 네 등짝을 힘껏
후려칠 수도 있잖아!

그리고 또 뭐가 있더라…
분명히 있을 텐데… 뭐지?
뭐지… 뭘까?

『거인들이 사는 나라 / 신형건 시, 김유대 그림 / 푸른책들』

(5) 전래동요를 통한 우리 놀이

우리 집에 왜 왔니, 여우야 여우야, 무궁화 꽃이 피었습니다 등의 놀이는 우리 부모님들이 어렸을 때 한번쯤은 해보셨을 놀이들입니다. 노래를 부르며 놀이를 같이 해보도록 하세요.

우리 집에 왜 왔니 왜 왔니 왜 왔니
꽃 찾으러 왔단다 왔단다 왔단다
무슨 꽃을 찾으러 왔느냐 왔느냐
○○꽃을 찾으러 왔단다 왔단다
가위 바위 보

여우야 여우야 뭐하니?
잠잔다.
잠꾸러기!
세수한다.
멋쟁이!
밥먹는다.
무슨 반찬?
개구리 반찬!
죽었니 살았니?
살았다!

4) 신문활용교육(NIE)

(1) 이름표 만들기

이름은 나를 가장 손쉽게 표현할 수 있는 수단이다. 자기 PR시대이니 만큼 이름표는 자신을 적절히 드러낼 수 있는 방안이므로 글, 사진, 그림 등이 많은 신문으로 멋진 이름표를 만들어 보도록 하

자. 사진이나 이름 글자 정도면 오려 내도록 하고 나머지는 직접 꾸미도록 하는 것이 좋은데, 이름 글자가 어려운 친구들이 있다면 시간 절약을 위해서라도 독서지도사가 미리 찾아가면 좋겠다. 구체적인 수업 안은 다음과 같다.

(2) 명함 만들기

명함은 어른들이 주고받는 일종의 자기소개 도구인데 이를 활용해 어린이들에게 명함의 기능과 목적, 구성요소 등을 지도할 수 있다. 우선 사전에서 '명함'의 뜻을 찾아 본 다음, 교사가 준비해 온 여러 종류의 명함들을 직접 보면서 자신만의 명함을 디자인 해보고 적정 자료를 신문에서 찾아내어 나만의 명함을 만들어 보는 것이다. 구체적인 수업 안은 다음과 같다.

(3) 신문 모자이크

신문만큼 다양한 색깔을 얻을 수 있는 매체가 또 있을까? 그 다양한 색깔을 조합해 멋진 모자이크 작품을 만들 수 있다. 스케치북 뒷면의 그림을 이용해도 좋고 색칠공부를 위해 제작된 책을 이용하면 조금 더 쉽게 할 수 있으며, 직접 그림을 그려도 좋다.

(4) 신문지 공예

신문지 공예는 신문지를 이용해 생활용품이나 장식품을 만드는 것으로, 신문이라는 풍부한 재료에다 부자재 값도 많이 들지 않아 친환경적, 경제적 공예로 훌륭하다는 평을 받고 있다. 휴지걸이, 꽃병, 발, 여치 집, 연필꽂이 등 다양한 것들을 직접 만들어 보도록 하자. 이런 작업이 어려울 경우 신문을 구기거나 오려내어 풍선이나 철사 등을 이용해 만들기를 해봐도 좋다.

(5) 신문 스크랩

학생 자신이 관심 있는 분야(예 : 스포츠, 만화, 광고, 사회, 문화 등)의 기사를 스크랩하도록 과제를 준다. 매일 계속되도록 지도하고 좀 익숙해진 후에는 스크랩한 기사 옆에 자신의 감정이나 의견을 적어 넣도록 하고 신문명, 발행일을 적는 습관을 들이도록 지도한다. 관심 있는 분야에 대한 기사를 지속적으로 접하게 됨으로 기사를 읽고 생각하는 능력 향상을 기대할 수 있다.

(6) 시사만화 말 잇기

신문에 매일 게재되는 시사만화는 상당히 함축적인 내용을 담고 있다. 이를 오려서 맨 마지막 칸의 말이나 그림 전체를 지워 학생들에게 나누어 준 뒤, 빈칸에 맞는 그림이나 글씨를 채우게 하여 원작과 비교해 보고 학생 자신이 그렇게 생각한 이유를 말하게 하여 시사문제에 대한 호기심도 일깨워 줄 수 있다.

(7) 신문으로 독서하기

신문 읽기도 엄연히 하나의 독서이다. 그렇기 때문에 하루 동안의 소식과 사건들을 매일 전해 주는 신문을 읽는 것만으로도 독서의 효과를 누릴 수 있다. 하지만 역시 어린이들에게는 신문 활용에 대한 적절한 교육이 전제되어야 함은 물론이다. 마침 어린이들을 위한 좋은 신문도 발간이 되고 있어 그것을 활용해도 좋겠고, 일반 신문들을 활용해 보다 세상과 가까워지는 기회를 제공해 주는 것도 좋겠다. 세상을 비추고 있는 지면의 창을 통해 또 다른 교육적 효과를 꾀하는 셈인 것이다. 그 구체적인 활동지는 다음과 같은데, 활동지를 구성할 때 너무 많은 발문은 삼가는 것이 좋다. 학습지와 같은 느낌으로 받아들일 수 있기 때문이다. 가장 간단한 신문 읽기 단계에서부터 논술로까지 이어지는 구성을 적절히 활용하면 좋겠다.

제목 :

〈스스로 학습법 길잡이〉

1. 위 글상자 안에 제목을 정해 쓴다.
2. 오늘 신문에 실린 사람(중요한 사건)의 사진을 오려 붙인다.
3. 이 사람이(또는 사건이) 오늘 신문에 실린 이유를 적어 본다.
4. 이 사람에게 묻고 싶은 이야기(또는 이 사건에 자기 자신의 느낌과 생각)를 써본다.

사진과 기사 오려 붙이는 곳

① 이 사람이(또는 사건이) 오늘 신문에 실린 이유를 적어 보세요.

② 이 사람에게 묻고 싶은 이야기(또는 이 사건에 자기 자신의 느낌과 생각)를 써보세요.

③ 이 사람에게 하고 싶은 이야기(또는 이 사건을 보고 바라는 말)를 써보세요.

(8) 벤다이어그램으로 신문 읽기

☆ 내가 읽은 두 기사의 공통점과 차이점을 찾아보자.

1. 기사 제목		
2. 기자		
3. 찾은 신문		
차이점	공통점	시사점

나의 생각

(9) 신문으로 단어 유창성 키우기

제　　목	단어 연결하기	창의(기사)
활동목표	연상하여 유창성과 정교성, 융통성의 계발	
활동대상	전 학년	
활동방법	1. 기사의 제목이나 광고 문구 중 마음에 드는 낱말을 10개 정도 골라 오려 봅시다. 2. 오려낸 낱말들을 각각 2개씩 짝지어 아래의 빈칸에 붙여 보세요. 3. 짝지어진 두 낱말을 보고 떠오르는 연상을 이용하여 두 낱말을 연결시키는 단어를 적어 봅시다. 4. 어떻게 관련지어지는지 그 이유를 말해 봅시다.	
활동내용	- (　　　　　　) - (　　　　　　) - - (　　　　　　) - (　　　　　　) - - (　　　　　　) - (　　　　　　) - - (　　　　　　) - (　　　　　　) - - (　　　　　　) - (　　　　　　) - - (　　　　　　) - (　　　　　　) -	

(10) 신문 기사에서 찾은 6하 원칙

먼저 신문에서 마음에 드는 기사를 하나 스크랩 해 아래에 붙인 뒤, 기사 내용을 6하 원칙에 따라 정리해 봅시다.

누가 (Who)	
언제 (When)	
어디서 (Where)	
무엇을 (What)	
어떻게 (How)	
왜 (Why)	

5) 사고력 논술 활동

양과 질

☆ 1단계 – 관심트기 ☆

만약 100만원 상당의 인라인 스케이트를 선물로 받을 수 있다면, 최신 기능을 모두 갖춘 100만 원짜리 하나를 갖고 싶은지, 아니면 기능은 부족하지만 10만 원짜리 10개를 갖고 싶은지, 즉 양을 선택할 것인지 질을 선택할 것인지 이야기 해보고, 그 이유는 무엇인지 대답해 보세요.

양을 선택하는 경우 -

질을 선택하는 경우 -

☆ 2단계 – 이해트기 ☆

다음 글을 읽고 물음에 답하세요.

"아버지 친구와 아들 친구"

옛날 어느 마을에 한 청년이 친구와 어울려 술을 마시고 남의 집 과일을 따먹거나 닭을 몰래 잡아먹자, 청년의 아버지는 아들의 못된 버릇을 고쳐 주려고 매일 타일렀다.

"애야. 밤낮으로 나쁜 친구들과 어울려 다니면 쓰겠느냐? 이제 제발 그런 친구들 하고는 어울리지 않도록 해라."

"제 친구들이 어때서요? 아주 좋은 친구들이에요."

"못 된 짓이나 하는 친구가 어찌 좋은 친구란 말이냐? 정말 좋은 친구는 친구의 괴로움이나 어려움을 같이 나누는 친구란다."

"제 친구들은 모두 그래요. 얼마나 좋은 친구들인데요."

아들은 큰소리로 자신 있게 대답했다.

"그래? 그럼 아버지의 친구가 진짜 친구인지, 네 친구가 진짜 친구인지 한 번 알아보자."

"그러세요. 제 친구가 진짜 친구란 걸 아실 거예요."

아버지는 아들의 잘못된 생각을 고쳐 줄 좋은 기회라고 생각했다. 그래서 아버지는 돼지 한 마리를 잡고 술도 한 독 준비했다. 아버지는 아들에게 삶은 돼지를 가마니에 싸서 지게에 짊어지게 하고 자기는 술독을 졌다. 그런 뒤에 아들을 앞장세우고 아들의 가장 친한 친구 집을 찾아가자고 했다.

"네 친구가 정말로 친한 친구인지 알아 볼 테니 너는 아무 말 말고 잠자코 있어야 한다."

이윽고 두 사람은 아들과 가장 친한 친구 집 앞에 도착했다. 아들은 큰소리로 친구를 불렀다. 아들의 친구가 나오자 아버지는 아들의 친구에게 이렇게 말하였다.

"얘야. 간밤에 우리 집에 도둑이 들었단다. 그런데 도둑을 쫓으려다 잘못하여 그만 도둑을 죽이게 되었구나. 여기가마니에 싼 도둑놈의 시체를 잠시 너희 집에 숨겨다오, 어떻게 해야 할지 잠시 생각해 볼 동안에 송장을 맡아 줄 수 없겠니?"

"아, 아저씨는 무슨 말씀이십니까? 그리고 얘, 어쩌자고 죽은 송장을 이리로 메고 왔니? 일은 네가 저지르고 왜 친구까지 괴롭히려 그래?"

아들의 친구는 한마디로 거절했다. 아버지와 아들은 할 수 없이 그 곳을 떠났다. 아버지는 아버지 친구분 댁으로 가면서 아들에게 말했다.

"얘야, 이제 그 애가 어떤 친구인지 알겠지? 이번에는 아버지 친구 집으로 가보자."

두 사람은 아버지 친구 댁으로 갔다. 아버지께서 친구를 부르자 친구분께서 나오셨다. 아버지는 조금 전에 아들의 친구에게 한 것과 똑같은 이야기를 했다. 그러자, 아버지의 친구 분께서는 아버지 손을 덥석 잡고는

"아니, 어쩌다 그런 일을 당했나? 아무 염려 말고 어서 들어오게. 어서 들어가서 나하고 의논해 보세."

이리하여 두 사람은 아버지 친구 댁으로 들어갔다. 방안으로 들어가 앉자, 아버지는 아들에게 지고 온 가마니를 펴라고 했다.

"아니, 이 사람! 이게 어찌 된 일인가? 도둑의 송장이라더니 이건 돼지가 아닌가?"

아버지 친구 분이 놀라서 말했다. 그 때 청년의 아버지가 아들을 보고 말하였다.

"너 이놈, 이제 알겠니? 진짜 친구가 어떤 친구인지. 이 친구처럼 기쁠 때나 슬플 때나 같이 하는 그런 친구가 진짜 친구인 것이다."

라고 타이르고는 친구에게는 이렇게 말하였다.

"자, 여보게, 우리 이 돼지고기를 안주로 하여 마음껏 술을 마시세. 내 못난 아들놈에게 좋은 친구의 본보기가 되 주었으니 한턱 내는 거야."

아버지는 즐거운 마음으로 친구와 술잔을 나누었다.

『초등학교 5학년 2학기 국어 말하기듣기쓰기/
14. 전해오는 이야기들 pp.112~116』에서

▸ 아버지가 아들의 버릇을 고치고자 한 이유는 무엇입니까?

▸ 아들과 아버지의 친구 가운데 진정한 친구를 알아보기 위해 아버지가 사용한 방법은 무엇입니까?

▸ 결국 아들의 친구와 아버지의 친구 가운데 진정한 친구로 판가름 난 것은 누구의 친구입니까?

☆ **3단계 – 생각트기** ☆

위 글 「아버지 친구와 아들 친구」의 내용과, 아래의 글 「친구의 양과 질」을 잘 읽어본 후 질문에 대답해 보세요.

친구의 양과 질

인간관계가 넓다는 말은 양(量)의 문제가 아니다. 친구가 많고 적음보다 친구와 얼마나 '깊이 사귀는가' 하는 질(質)이 문제이다. 돈과 권력이 있을 때는 많은 사람들이 모여들어 파벌을 만들던 정치가도 일단 문제가 생겨 모든 것을 잃고 나면 아무도 찾아오지 않는다. 이처럼 자기가 절박한 상황에 처했을 때 비로소 인간관계의 질이 드러난다. 그러므로 친구가 많이 없다고 해서 고민할 필요는 없다. 겉으로 보기에는 아무리 친구가 많은 것처럼 보여도 속마음을 털어놓고 이야기할 친구는 한 명도 없는 사람도 있기 때문이다.

『바보들은 항상 같은 생각만 한다 / 스가노 타이조 지음 / 알음』 중에서

▸'아버지 친구와 아들 친구'에 담긴 이분법을 찾아 논리적으로 반박해 봅시다.

▸결국 위의 두 글에서 이야기하는 진정한 친구, 즉 질적인 친구는 어떤 친구를 말하나요?

☆ **4단계 – 내삶트기** ☆

▸이제 여러분 주위의 친구들을 생각해 봅시다. 과연 내 주변의 친구들은 양적인 친구라고 생각하나요, 아니면 질적인 친구라고 생각하나요? 아울러 나 역시 그 친구들에게 어떤 친구로 받

아들여질 것이라 생각하는지 대답해 보세요.

▸ 세상을 살아가다 보면 물론 질적인 측면이 더욱 가치를 인정받는 것은 사실이지만 양적인 면이 중요하게 느껴질 때도 있습니다. 자신에게 있어 양적인 측면이 더욱 중요한 부분과, 질적인 측면이 중요한 부분은 무엇이 있는지 대답해 보세요.

양적인 면이 중요한 부분 -

질적인 면이 중요한 부분 -

4. 독서지도의 실제

1) 유아를 위한 독서지도 프로그램

순서	주제	활용 자료	활동 내용
1	만남	안녕 안녕	인사놀이
2	친구	야, 우리 기차에서 내려	기차놀이
3	이름	이름 보따리	연극놀이
4	가족	엄마를 화나게 하는 10가지 방법	부모님께 감사 편지 쓰기
5	창의력	색칠 동화	내가 만드는 동화
6	동시	화분, 가위 바위 보	몸짓 표현 놀이
7	NIE(신문활용교육)	털북숭이 신문이 나왔어요	신문에는 무엇이 있나?
8	전통문화	새색시	예절 교실, 전통문양 색칠하기
9	애완동물	좋아질 것 같아	내가 좋아하는 동물 '좋아 좋아' 게임
10	만화 (애니메이션)	오늘이	애니메이션 시청
11	나만의 책 만들기	팝업 북	자동차 책 만들기
12	음악	동물의 사육제	소리가 다른 악기
13	창의력 발상훈련	연상화 그리기	무엇이 될까?
14	전래동화	똥 벼락, 팥죽할멈과 호랑이	착한 일에 대한 경험 나누기
15	위인	꿈의 궁전을 만든 우체부 슈발	몸으로 표현하는 사물
16	나	너는 특별하단다	비디오 시청

2) 초등 저학년의 독서능력 및 흥미 발달을 위한 독서지도

순서	프로그램	준비물
1	우리 처음 만난 날 - 자기소개 (소개판, 얼굴가면, 별칭 짓기, 이름놀이)	필기도구
2	네가 궁금해 - 나의 기억, 내 마음 속, 문장완성검사, HTP·KFD검사	필기도구
3	창의력 기르기 - 연상화 그리기, 변형놀이(자·보자기), 만약…	크레파스(색연필)
4	주제별 독서지도 - 인체(우리 몸의 구멍 : 감각 체험, 우리 몸을 지켜라!)	색연필, 전지
5	NIE - 신문으로 놀자(신문 넘기기, 접기 : 모자, 배, 옷, 감촉 느끼기, 구기기, 찢기, 공 만들기, 신문의 활용도 알아보기, 신문 이름표 만들기)	신문, 풀, 가위
6	독서토론 및 생각 키우기 - 누구를 태울 것인가, 당나귀의 경주, 원숭이 사로잡기	필기도구
7	창의력 기르기 - 창의력 모양 만들기 1·2, 난화 상호 이야기 만들기	크레파스(색연필)
8	주제별 독서지도 - 전래동화(똥벼락 : 역할극, 찰흙으로 똥 만들기)	필기도구, 찰흙
9	NIE - 신문의 구성 살펴보기, 신문으로 독서하기, 사진에게 말 걸기	신문, 풀, 가위
10	독서토론 및 생각 키우기 - 전쟁 (도서 : 전쟁, 비디오 : 전쟁과 축구)	필기도구
11	창의력 기르기 - 팝업 크리스마스카드 만들기 (The Night Before Christmas!)	색도화지, 가위, 풀, 색연필 등
12	주제별 독서지도 - 계절(십이월의 친구들 : 몸으로 표현하는 계절, 계절 생일 카드 만들기)	도화지, 가위, 풀, 계절 그림, 색연필 등
13	NIE - 오늘의 운세를 활용한 12지 이야기 (열두 띠 이야기)	신문, 풀, 가위
14	독서토론 및 생각 키우기 - 만화자료의 활용	필기도구
15	창의력 기르기 - NIE(나를 자랑하는 광고 포스터)	신문, 스케치북, 풀, 가위, 색연필 등
16	주제별 독서지도 - 환경(미스 럼피우스 : 환경 난타)	각종 재활용품
17	NIE - 신비한 글자 나라, 단어 연결하기	신문, 풀, 가위
18	독서토론 및 생각 키우기 - 내가 쓰는 동화 (글자 없는 그림책, 사진과 그림으로 꾸며보는 동화)	필기도구
19	창의력 기르기 - 우리들의 패션쇼 (엉뚱이 소피의 못 말리는 패션)	신문, 스케치북, 풀, 가위, 색연필, 옷 등
20	주제별 독서지도 - 요리(고사리손 요리책 : 요리 퀴즈)	음식관련사진 등
21	NIE - 시장 놀이(옷걸이로 분류한 물건들, 경제교실)	신문, 풀, 가위, 전단지

3) 초등 고학년을 위한 사고력 논술 1단계 프로그램

순서	프로그램	준비물
1	2분 스피치, 정보 이어가기, 발음 연습 및 전형 자기 소개서 작성 해보기	관련 자료
2	독서토론 - 아버지의 편지, 주제별 토론 - 사람답게 살아가기	관련 책 및 자료
3	사고력 논술 - 가상과 현실	필기도구
4	월간 NIE 시사 논술, 이야기 요약법	신문
5	2분 스피치, 정보 이어가기, 찬·반 토론 - 인터넷 용어 사용 및 확산	관련 자료
6	독서토론 - 아무도 미워하지 않는 자의 죽음, 주제별 토론 - 참 자유	관련 책 및 자료
7	사고력 논술 - 강자와 약자	필기도구
8	월간 NIE 시사 논술, 이야기 요약법	신문
9	2분 스피치, 정보 이어가기, 찬·반 토론 - 얼짱 문화, 바람직한가?	관련 자료
10	독서토론 - 어린이를 위한 북한 그림 이야기, 주제별 토론 - 남과 북 문화의 통일 방안	관련 책 및 자료
11	사고력 논술 - 진짜와 가짜	필기도구
12	월간 NIE 시사 논술, 이야기 요약법	신문
13	2분 스피치, 정보 이어가기, 찬·반 토론 - 해외어학연수 바람직한가?	관련 자료
14	독서토론 - 바이 바이, 주제별 토론 - 외국 노동자에 대한 차별	관련 책 및 자료
15	사고력 논술 - 비관주의와 낙관주의	필기도구
16	월간 NIE 시사 논술, 이야기 요약법	신문
17	2분 스피치, 정보 이어가기, 찬·반 토론 - Day 문화, 바람직한가?	관련 자료
18	독서토론 - 어린이 세계 종교, 주제별 토론 - 학교 내 종교의 자유	관련 책 및 자료
19	사고력 논술 - 이론과 실천	필기도구
20	월간 NIE 시사 논술, 이야기 요약법	신문

4) 초등 고학년을 위한 사고력 논술 2단계 프로그램

순서	주제	프로그램
1	나	책 말하기, 단어 스무 고개, 면접·구술 백서
2		통합 논술
3		자료 토론(도서 '꽃들에게 희망을'), 글쓰기 학습 1 - 줄거리 구성의 원리
4		논술 및 첨삭
5	가족	책 말하기, 단어 스무 고개, 면접·구술 백서
6		통합 논술
7		자료 토론(도서 '해피 버스데이'), 글쓰기 학습 2 - 내용 전개 방법
8		논술 및 첨삭
9	우정	책 말하기, 단어 스무 고개, 면접·구술 백서
10		통합 논술
11		자료 토론(도서 '친구라는 소중한 선물'), 글쓰기 학습 3 - 개요 짜기
12		논술 및 첨삭
13	사랑	책 말하기, 단어 스무 고개, 면접·구술 백서
14		통합 논술
15		자료 토론(도서 '나의 그녀'), 글쓰기 학습 4 - 서론 쓰기
16		논술 및 첨삭
17	꿈	책 말하기, 단어 스무 고개, 면접·구술 백서
18		통합 논술
19		자료 토론(도서 '아홉 살 인생'), 글쓰기 학습 5 - 본론 쓰기
20		논술 및 첨삭
21	모험	책 말하기, 단어 스무 고개, 면접·구술 백서
22		통합 논술
23		자료 토론(도서 '15소년 표류기'), 글쓰기 학습 6 - 결론 쓰기
24		논술 및 첨삭

5) 초등학생의 글쓰기 능력 향상을 위한 프로그램

순서	날짜	프로그램	준비물
1	4월 4주	인사 및 소개문 쓰기, 강의 내용 소개	필기도구
2	5월 1주	원고지 쓰기의 실제	필기도구, 원고지
3	5월 2주	글쓰기의 기초	필기도구
4	5월 3주	좋은 글쓰기 - 일기문	필기도구
6	5월 4주	좋은 글쓰기 - 생활문	필기도구
7	6월 1주	좋은 글쓰기 - 독서 감상문	필기도구
8	6월 2주	좋은 글쓰기 - 편지문	필기도구, 편지지, 봉투
10	6월 3주	좋은 글쓰기 - 동시, 삼행시, 시조	필기도구
11	6월 4주	좋은 글쓰기 - 설명문	필기도구
12	7월 1주	좋은 글쓰기 - 논설문(신문사설)	필기도구
14	7월 2주	좋은 글쓰기 - 관찰 기록문	필기도구
15	7월 3주	좋은 글쓰기 - 견학 기록문(기행문)	필기도구
16	7월 4주	좋은 글쓰기 - 기사문, 광고문	필기도구
18	8월 1주	좋은 글쓰기 - 초대장, 안내문	필기도구
19	8월 2주	좋은 글쓰기 - 노랫말 쓰기(작사, 개사)	필기도구
20	8월 3주	좋은 글쓰기 - 희곡과 시나리오	필기도구
28	8월 4주	소감문 쓰기 및 강의 평가, 롤링 페이퍼	필기도구

6) 청소년을 위한 사고력 논술 프로그램

회기	주제	프로그램	준비물
1	미디어	3분 말하기, 면접·구술 백서, 찬·반 토론 : CCTV 설치, 필요한가?	필기도구
2		자료 토론(영화 '트루먼 쇼', 도서 '텔레비전을 버려라')	해당 자료
3		NIE 사고 논술, 벤다이어그램으로 살펴보는 시사	필기도구, 신문
4		논술 및 첨삭	필기도구, 자료
5	환경	3분 말하기, 면접·구술 백서, 찬·반 토론 : 참살이 열풍, 바람직한가?	필기도구
6		자료 토론(영화 '에린 브로코비치', 도서 '요람에서 요람으로')	해당 자료
7		NIE 사고 논술, 벤다이어그램으로 살펴보는 시사	필기도구, 신문
8		논술 및 첨삭	필기도구, 자료
9	사형제도	3분 말하기, 면접·구술 백서, 찬·반 토론 : 사형제도, 필요한가?	필기도구
10		자료 토론(영화 '데드맨 워킹', 도서 '사형수 최후의 날')	해당 자료
11		NIE 사고 논술, 벤다이어그램으로 살펴보는 시사	필기도구, 신문
12		논술 및 첨삭	필기도구, 자료
13	복수	3분 말하기, 면접·구술 백서, 찬·반 토론 : 복수는 정당한가?	필기도구
14		자료 토론(영화 '친절한 금자씨', 도서 '복수')	해당 자료
15		NIE 사고 논술, 벤다이어그램으로 살펴보는 시사	필기도구, 신문
16		논술 및 첨삭	필기도구, 자료
17	소외	3분 말하기, 면접·구술 백서, 주제 토론 : 고령화, 그 대책은?	필기도구
18		자료 토론(영상 '왕따 동영상', 도서 '비폭력, 폭력의 강을 건너는')	해당 자료
19		NIE 사고 논술, 벤다이어그램으로 살펴보는 시사	필기도구, 신문
20		논술 및 첨삭	필기도구, 자료

7) 주부를 위한 자녀독서지도 1

순서	주제	내용
1강	오리엔테이션, 독서지도 및 어린이 독서교육환경	우리 아이들과 독서교육
2강	주제별 책 읽기	그림책, 환타지 외
3강	독서지도의 계획	무엇을 어떻게 가르칠 것인가?
4강	영역별 독서지도의 실제 1	창의력(상상력), 놀이
5강	영역별 독서지도의 실제 2	동요·동시
6강	영역별 독서지도의 실제 3	음악(소리)·미술
7강	영역별 독서지도의 실제 5	책 만들기·북아트
8강	영역별 독서지도의 실제 6	NIE(신문활용교육), MIE(다매체교육)
9강	영역별 독서지도의 실제 7	원고지 쓰기, 갈래별 글쓰기
10강	영역별 독서지도의 실제 9	토론과 사고력
11강	영역별 독서지도의 실제 10	통합논술의 이해
12강	영역별 독서지도의 실제 12	독서상담 및 종강

8) 주부를 위한 자녀독서지도 2

순서	주제	내용
1강	오리엔테이션, 독서교육 및 어린이 독서교육환경	우리 아이들과 독서교육
2강	주제별·매체별 자료 제대로 읽기 1	도서 분석
3강	주제별·매체별 자료 제대로 읽기 2	신문 분석
4강	주제별·매체별 자료 제대로 읽기 3	영상 분석
5강	주제별·매체별 자료 제대로 읽기 4	교과 분석
6강	주제별·매체별 자료 제대로 읽기 실습	모둠별 발표
7강	통합적 독서교육의 필요성 및 계획	무엇을 어떻게 가르칠 것인가?
8강	통합적 독서교육을 위한 제 활동들	놀이, 글쓰기 관련, 미술 활동, 북 아트 외
9강	통합적 독서교육안 살펴보기 1	유아
10강	통합적 독서교육안 만들기 실습 1	유아
11강	통합적 독서교육안 살펴보기 2	초등
12강	통합적 독서교육안 만들기 실습 2	초등
13강	통합적 독서교육안 살펴보기 3	중등
14강	통합적 독서교육안 만들기 실습 3	중등
15강	참여 소감 나누기 및 수료식	종강 및 정리

제3장 독서상담의 이론과 실제

당신에게 가장 필요한 책은
당신으로 하여금
가장 많이 생각하게 하는 책이다.
– 마크 트웨인

1. 독서상담의 대상

요즘 '상담'이 인기다. 그래서 생활 주변에서도 '상담'이라는 단어가 들어간 것을 자주 보거나 들을 수 있고, '상담'을 공부할 수 있는 대학원 등의 교육기관들도 인기가 많다고 한다. 그야말로 '상담' 열풍이라 할 수 있는데, 그러나 전자와 후자의 '상담'에는 큰 차이가 있다는 점을 아는 분은 드물다는 생각이다. 즉, 똑같이 '상담'이라고는 하지만 그 의미는 매우 다르다는 말인데, 주택상담, 투자상담, 결혼상담이라고 할 때의 상담에서 가장 중요한 점은 상담을 해주는 사람이 필요로 하는 사람에게 정확한 정보만을 주면 된다는 것이다. 반면 심리상담에서의 상담은 다른 무엇보다 상담가와 내담자 간의 정서적인 교류가 중요하다. 이렇듯 두 개념의 차이는 큰데, 독서상담은 이 가운데 실질적이며 정확한 정보를 주는 측면에 더 가깝다.

그렇다면 주로 독서상담을 요청해 오는 분들은 누구일까? 이미 짐작들 하셨겠지만 독서상담의 주 내담자는 학부모님이다. 그 가운데 양육을 담당하는 어머니인 경우가 90%를 넘는다. 이는 너무나 당연하게 받아들여지는 현실이기 때문에 그 이유에 대해 논할 필요도 없겠다. 하지만 이런 결과에는 아쉬움이 남는 것도 사실이다. 왜냐하면 한참 발달해 가는 아이들이, 청소년들이 직접 물으며 스스로의 길을 걸어가면 더 좋을 것이기 때문이다.

2. 독서상담의 영역

그럼 이번에는 독서상담에서 주로 어떤 것들을 물어 오는지 살펴보자. 먼저 질문의 영역은 책읽기 습관에 관한 것, 적정 자료에 관한 것, 글쓰기에 관한 것, 마지막으로 독후활동에 관한 것 등으로 나누어 볼 수 있는데, 그 안에는 또 몇 세부적인 질문들이 포함되므로 지금부터 한 영역씩 살펴보고자 한다.

1) 책읽기 습관에 관한 질문

요즘 아이들 중에는 만화나 무협지, 판타지 동화에 빠져 있는 비율이 높다. 그도 그럴 것이 한 번 손에 잡으면 쉽게 놓지 못할 정도로 재미가 있지 않은가? 그래서 다른 분야의 책들은 전혀 보려하지 않고, 오로지 거기에만 매어 있으니 부모님들로서는 걱정스러울 수밖에 없다. 때문에 어떻게 하면 줄글로 이루어진 책을 재미있게 볼 수 있는가에 대한 질문들을 많이 하신다.

또한 만화나 무협지는 아니지만 공룡이나 로봇, 공주나 곤충 등 한 주제에만 집착하며 다른 분야의 책은 등한시 하는 아이들도 있다. 전형적인 편독의 양상으로 이럴 때도 어떻게 하면 여러 분야의 책들을 고루 읽게 할 수 있는지에 대한 질문을 많이 해 오신다.

세 번째로는 책을 전혀 읽지 않는 유형이다. 물론 책읽기 말고도 재미있게 시간을 보낼 수 있는 방법은 많지만, 어디 부모님들의 바람은 그에 동의하는가? 당연히 그렇지 않다. 다른 무엇보다 책읽기

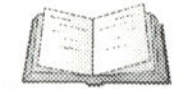

를 열심히 했으면 하는 바람뿐인데, 책을 전혀 좋아하지 않는 아이를 두었다는 가정이 의외로 많다. 그래서 어떻게 하면 책에 관심을 가질 수 있을지 구체적인 방법을 묻는 질문 또한 많다.

네 번째로 어떤 아이들은 어릴 때의 습관 때문인지 꼭 잠자리에 들면 책을 읽어 달라고 한다. 또한 스스로 읽으라고 하면 그럴 능력이 충분히 있음에도 불구하고 읽어달라고만 한다. 물론 부모님들이 따뜻한 음성으로 언제까지나 읽어주면 좋겠지만, 그럴 수만은 없는 일! 그래서 아이들이 스스로 책을 읽어낼 수 있는 방법들도 물으신다.

마지막은 책을 너무 빨리 읽어버리는 아이에 관한 질문이다. 분명 페이지가 있기 때문에 그 시간 동안 읽어낼 수가 없는데 어느새 다 읽었다고 하는 아이, 그렇다면 정말 제대로 읽은 것인지 확인을 하고 싶은 부모. 그렇게 시작된 신경전은 결국 아이가 책읽기 자체를 거부하는 사태로까지 번진다. 그래서 적절한 방법으로 책을 제대로 읽었는지 확인할 수 있는 방법에 대해서도 자주 물어 오신다.

2) 적정 자료에 대한 질문

아무런 고민을 하지 않아도 알아서 척척 우리 아이에게 꼭 알맞은 책을 때마다 넣어주는 사람이 있다면 얼마나 좋을까? 그럼 집에 앉아 맛있는 간식 먹으면서 읽기만 하면 될 텐데 말이다. 어쩌면 모든 부모님들이 하는 행복한 상상의 한 측면이 아닐까 싶은데, 1년에 1억 부가 넘게 출판되는 책의 양, 그 중 절반 이상이 아동을 위한 현실에서, 우리 아이에게 읽히면 좋을 책을 고르는 일은 매우 어려운 일이다. 그래서인지 부모님들은 특히 내가 지금 골라 읽히고 있는 책이 괜찮은 것인지에서부터 나이, 학년, 과제 해결, 탐사나 견학에 어울리는 책 등 목적에 따른 적정 책에 관한 질문을 자주 많이 하신다.

3) 글쓰기에 관한 질문

아이들에게는 영원히 하고 싶지 않은 일, 부모님들에게는 어떻게든 잘했으면 하는 일이 바로 글쓰기이다. 이처럼 입장 차이가 큰 과제가 바로 글쓰기인데, 하루가 멀다 하고 일기를 써야 하고, 한 달이 멀다하고 독후감을 써야 하며, 학기마다 일정 분량 이상의 독서록을 채워야 하는 초등학교 아이를 둔 부모님들은 다양한 문종에 따른 글쓰기 방법을 매우 궁금해 하신다. 나아가 중고등학생이 되면 이제 논술이라는 것이 또 커다란 무게로 다가오기 때문에, 그에 대한 질문도 끊이지를 않는다.

4) 독후활동에 관한 질문

마지막으로 독서상담의 큰 축은 독후활동이 차지한다. 독후활동은 독서를 한 뒤 글쓰기 등의 문학적 활동, 미술적·음악적·연극적 활동 등으로 연결 지어 독서를 통한 감상을 표현해 보는 것이다. 따라서 독후활동을 하려면 골라 읽은 책의 주제나 대상 아동의 연령과 흥미, 나아가 부모님의 입장에서 할 수 있는 영역이어야 한다는 고려점이 있는데, 아무래도 부모님들은 창의적인 아이디어를 생각해내는데 한계가 있어서인지 자주 물으신다.

3. 독서상담 기법

그럼 이제 위와 같은 상담을 받았을 때 어떻게 대답해 주어야 하는가 구체적인 방법을 살펴보자. 사실 독서상담은 비록 독서에 관한 것을 주 내용으로 하고, 그 깊이가 치료나 클리닉에 비해 얕다고 할 수 있지만, 어쨌든 상담이기 때문에 내담자들의 호소문제가 무엇인지 잘 듣고, 그 문제를 도와줄 수 있는 대답을 해주어야 한다. 또한 앞서 살펴본 것처럼 주로 묻는 사람들은 학부모들이기 때문에, 아이들의 상황에 대한 체크를 반드시 할 필요가 있다. 왜냐하면 상담을 해오는 사람들은 학부모님들이지만, 그들이 호소하는 상담 내용의 주체는 아이들이기 때문이다. 즉, 상담을 통해 어떤 결과를 주더라도 그를 이행할 사람들은 아이들이라는 이야기이다. 때문에 아이들의 상황 등을 점검하지 않으면, 아이들에게는 더 힘든 독서의 길을 안내한 셈이 된다. 그밖에도 여러 상황들을 면밀히 살펴볼 필요가 있다.

4. 독서상담의 실제

자, 그럼 이제 온라인상에서 행해지고 있는 상담 내용들을 하나씩 살펴보도록 하자. 아래의 내용은 현재 필자가 전문 상담가로 활동하고 있는 사이트 '자녀를 위한 학부모 커뮤니티 맘스쿨(www.momschool.co.kr)'의 상담실에 올라온 질문들을 추가·변형해 여러 유형으로 나눈 뒤, 필자가 답한 형식으로 정리한 것이다.

질문 1) 제목 : 제대로 하고 있는 건가요?

초등학교 2학년 여학생인데, 책을 잡고 자리에 앉으면 특별히 가리는 분야 없이 10권도 넘게 읽어냅니다. 그런데 제대로 읽고 있는 것인지 궁금합니다. 내용을 물어보면 큰 줄거리는 알지만 세부적인 것 까지는 모르거든요. 정독을 해야 할 것 같은데 그런 것 같지도 않고 말이죠. 그리고 글 쓰는 것을 싫어해야 일주일에 2·3번 정도만 독서 감상문을 쓰는데, 그래도 괜찮을까요?

답변 1) 독서능력과 흥미

안녕하세요. 초등학교 2학년 자녀를 두셨는데, 아이가 책을 정독하지 않고 너무 빨리 읽어버리는 것에 대한 걱정과 함께 올바른 지도 방법이 궁금하시군요.

우선 아이의 독서능력이나 흥미를 학년이나 나이를 기준으로 이야기 할 수만은 없다는 점을 말씀드리고 싶습니다. 이는 어렸을 때

부터의 독서습관과도 연관되는 부분인데, 단계에 따라 꾸준히 읽어 왔다면 6학년과 대등한, 혹은 그보다 더 뛰어난 능력을 갖고 있을 수 있답니다. 귀댁의 자녀도 보통의 2학년 친구들보다는 더 높은 능력을 갖고 있어 보입니다.

그래서 어머니 입장에서는 다양한 책들을 열심히 읽는 모습에 뿌듯하시겠는데, 다만 너무 빨리 읽으니 내용들은 다 이해를 했는지, 제대로 읽고 있는 것인지가 궁금하실 수 있습니다.

하지만 이 부분에서도 아이는 자신이 관심 있는 책을 선택해, 흥미 있는 부분을 더욱 집중해서 읽었을 것이며, 결국 기억에 남는 부분도 한정되어 있을 거라는 말씀 드리고 싶네요. 우리 어른들도 드라마를 보면 특히 인상적이었던 장면만 기억을 하는 것처럼 말입니다. 특히 귀댁의 자녀처럼 많은 책을 읽는다면 더욱 그럴 수밖에 없겠습니다.

그렇다면 이런 방법을 활용해 보시면 어떨까요? 어머니께서도 아이가 읽는 책들 중 몇 권을 같이 읽으신 뒤 토론이나 토의 등의 이야기를 나누어 보시는 겁니다. 그저 지은이나 주인공의 이름이나, 한 장면이 어떻게 전개되었는지 등을 묻는 것은 도움이 되지 않습니다. 한 장면으로도 다양한 주제와 연결을 시킬 수 있고, 우리 실생활과도 연결을 지을 수 있으니, 그런 질문과 함께한 이야기를 나누어 보시면, 아이에게 보다 큰 것을 남겨 줄 수도 있답니다. 책 안의 이야기를 바탕으로 하니 어느 정도는 확인도 되고, 그 안에만 머물지 않는 넓은 시각을 만들어 주기도 하고요.

아울러 매일 다양한 분야의 책을 5권에서 10권정도 읽히고 계시는 부분은 잘 하시 계신 것 같습니다. 그렇게 다양한 분야를 접해 주면 아이는 보다 넓은 시각을 가질 수 있을 테니까요. 이 부분에서도 깊이에 대한 고민이 있다 하셨는데, 그렇다고 한 분야의 책만을 계속 선택해 주시면 쉽게 흥미를 잃을 수도 있답니다. 어느 정도 시기가 지나면 자연스럽게 아이 스스로 흥미 분야에 대한 책을 더 집중해서 읽고 싶어 할 거랍니다.

마지막으로 독후감 쓰기는 최소한으로 아이가 부담스럽지 않은 정도로 시켜주시면 되겠습니다. 결국 독후감이라는 것이 독서 후의 감상을 내 나름대로 적는 것인데, 책을 읽으면 반드시 해야 하는 통과의례가 된다면 아이는 그게 싫어서라도 책 읽는 양을 줄일 수도 있지요. 이 역시 하나의 즐거운 활동이 될 수 있게 해주세요. 만화나 퀴즈, 마인드맵, 어떤 것도 좋답니다. 일주일 동안 읽는 책의 양이 많을 것 같은데, 어떤 책들을 읽었는지에 대한 목록을 정리해 두는 것은 차후 아이에게도 도움이 됩니다. 그러니 어머니께서 함께 도서관의 대분류 정도로만(문학, 사회과학, 예술, 역사 등) 해두면 어떨까 싶네요. 그리고 그 가운데 한 두 권 정도에 대해서만 원하는 방법으로 감상을 남기면 충분하겠습니다.

어머니, 독서의 목적에는 여러 가지가 있는데, 그 가운데 하나가 바로 감동과 즐거움이랍니다. 게임 등 흥미를 끌만한 요소가 많은 요즘 세상에 책을 즐겁게 읽을 수 있다는 건 대단한 습관이라고 생각됩니다. 그러니 우리 아이가 앞으로도 즐겁게 책 읽어 나갈 수 있는 환경 만들어 주십시오. 어쩌면 그것만으로도 충분할지 모릅니다.

더 궁금하신 사항 있으면 언제든 글 남겨 주세요. 감사합니다. ^^

질문 2) 해결 방법 좀 알려주세요!

아이 둘을 키우는 직장맘입니다. 초등 2학년인 딸아이가 스스로 책을 읽으려 하지 않네요. 그리고 책을 선택할 때는 워낙 그림을 좋아해서인지, 그림이 마음에 들며 줄거리는 짧은 것들 위주로 고릅니다. 학년에 맞는 책을 사주어도 동생 책을 가져다 읽습니다. 참으로 답답합니다.

책을 읽는 시간은 잠자리에 들기 전 10~20분입니다. 낮에는 워낙 시간이 안 되기 때문에 밤에라도 읽으려 노력합니다. 하지만 그것도 스스로 읽으라면 대강 읽으려 해서 저와 번갈아 가며 읽습니다.

제가 딸아이를 어릴 때부터 너무 관여를 해서일까요? 책을 읽건 공부를 하더라도 꼭 체크하며 지적하는 면이 있어 딸아이가 은근히 스트레스를 받나 봐요. 스스로 알아서 하는 모습이 안 보여 제가 더 그런지도 모르겠네요. 그래서 지금은 알아서 할 때까지 놔두고 있는 상태인데 잘 하려나 모르겠네요. 아직은 어리니까 그렇겠지 하는데, 저학년에 잡아주질 않으면 고학년 가서도 아예 포기를 할까 걱정이 됩니다.

이제는 일기도 일주일에 3번 정도 쓰는데 내용도 형편이 없습니다. 제가 오늘 중에 제일 재미있거나 생각이 제일 많이 떠오르는 내용을 꾸밈 있고, 상세히 더 붙여서 쓰라고 하면 벌써 인상이 굳어 있습니다.

책을 스스로 읽지 않아 모둠논술을 하고 있는데 수업은 정말 재미있다 하더라고요. 선생님이 말씀하시기를 수업 초반에는 내용을 끄집어내는데 시간이 걸리는데, 중간 정도 진행되면 잘 한다고 하며, 참으로 독창적인 아이라고 합니다. 제가 봐서는 글쎄요?

좋은 방법 있으면 도움 좀 주세요? 그리고, 남아 7세 아이인데 독서 습관을 어떻게 잡아 주어야 하는지도 알려 주시면 고맙겠습니다.

답변 2) 아이의 개성을 존중해 주세요!

안녕하세요, 직장맘님! 책주샘 임성관입니다. 초등학교 2학년인 딸아이가 책을 잘 읽으려 하지 않고, 그나마 읽는 책도 너무 쉬운 것만 고르는 것 같아 걱정이 되시는군요.

우선 질문하신 내용에 대한 답을 드리기 전에, 어머니께서 직장에 나가시나 본데, 언제부터 나가신 건가요? 그리고 직장에 나가시는 동안 아이는 누가 양육을 했고, 책은 어떻게 읽히셨는지 궁금합니다. 왜냐하면 독서능력이나 흥미도 갑자기 높아지는 것이 아니라 일정 단계를 거쳐야 하기 때문이지요. '학년에 맞는 책'을 사주셨다고 했는데, 어쩌면 그 책 자체가 아이의 독서능력에 맞지 않을 것 같기도 합니다.

또한 직장에 계시는 동안 함께 하지 못한 부분을 여러 가지 '확인' 해주는 것으로 표현 하신 것 같은데, 말씀하신 것처럼 아이에게는 큰 부담으로 느껴졌을 것도 같습니다. 매번 체크를 받아야 하고, 엄마의 기대에 부응도 해야 했을 테니까요. 그러다보니 아이는 어차피 해야 할 일에 있어 요령을 부릴 수 있겠습니다. 더구나 과제물과 학습지를 한 뒤에 책까지 읽어야 했다면 시간도 시간이지만 부담이 되었겠네요.

일기쓰기에 대한 부분도, 오늘 일과 중 제일 재미있었거나 생각이 많이 나는 일을 꾸밈없이 상세하게 쓰는 것이 일반적인 형태이기는 합니다만, 과연 아이에게 매일매일 재미있는 일이 벌어질까요? 그리고 매번 그렇게 상세하게 쓰고 싶을까요? 저는 이 부분에 있어서 아이들도 어른과 똑같은 마음이라는 점을 말씀 드리고 싶네요. 즉 아이들도 재미있는 거리를 전혀 느끼지 못한 날도 있을 테고, 내용을 간단하게만 쓰고 싶은 날도 있을 거라는 거지요. 어머니께서 기대하시는 좋은 내용이 무엇인지 궁금한데, 아이가 원하는 대로 기록해 보게 허락해 주시면 어떨까요? 일주일에 3일은 꼭 일기를 써야한다, 상세하게 덧붙여 써라가 아니라, 쓰고 싶을 때 편지, 시, 만화, 그림 등으로 자유롭게 표현해 볼 수 있게 하는 방법도 있답니다.

마지막으로 아이가 모둠논술은 정말 재미있어 한다고 하셨는데, 이런 면만으로도 어머니께서 선택해 사용하시는 독서관련 방법들이 아이에게는 흥미롭지 않음을 알 수 있습니다. 그 선생님께서 말씀하신 아이의 독창성을 끌어내 키워주시는 건 어떨까요? 그렇다면 아이도 강요받지 않으면서 즐겁게 책을 읽어낼 거랍니다.

7세 남아는 동생인 것 같네요. 다양한 분야의 그림책을 열심히 읽어 주시고, 스스로 읽게도 해주세요. 그 정도면 충분합니다. 혹시 더 궁금하신 점이 있으면 글 남겨주세요.

질문 3) 책에 흥미가 없습니다.

초등학교 3학년 남자 아이인데 책을 스스로 읽지 않는 등 흥미가 없어 보입니다. 남자 아이는 강제로라도 습관을 들여야 한다는데, 오히려 흥미만 더 떨어질 것 같아 걱정입니다. 거실을 도서관처럼 꾸며주고, 책도 읽어주며, 도서관에도 데리고 가는 등 할 수 있는 것은 다 해주는데도 시큰둥합니다. 그런데 이상한 것은 일기를 반에서 잘 썼다고 신문에도 실립니다. 언제나 책의 즐거움을 느낄 수 있을까요, 답답합니다. 어떻게 해주어야 할까요?

답변 3) 책을 좋아하는 아이로 만드는 방법

안녕하세요, 어머니! 책주샘 임성관입니다. 초등학교 3학년 남자아이가 책을 스스로 읽지 않고 흥미를 보이지 않아 어떻게 하면 흥미를 키울 수 있을지 궁금하시군요.

요즘 워낙 독서의 중요성을 강조하고, 특히 대학입시에서 논술의 비중이 크게 다루어지다 보니, 아주 어린 나이 때부터 독서능력과 흥미를 키워주고자 노력하시는 학부모님들이 많으십니다.

하지만 아이들은 그에 응하지 않아 부모님의 속을 썩이는 경우도 많은 것 같습니다. 대신 컴퓨터 게임이나 놀이에는 집중하면서 말입니다. 그렇다면 왜 그럴까요? 맞습니다! 앞 질문에 대한 대답에서도 비슷한 내용을 적었는데, 사람의 흥미는 다 다르답니다. 그래서 책을 좋아하는 사람도 있지만, 대신 운동이나 다른 활동을 좋아하는 사람들도 있지요. 아이들 역시 마찬가지입니다. 모두가 책읽기는 기본으로 좋아한 다음, 다른 활동들에도 관심을 기울여 주면 좋으련만, 그렇게 부모의 마음을 미리 헤아려 주는 아이들은 많지 않지요.

귀댁의 자녀도 그런 양상인 듯싶은데, 어찌 된 일인지 일기는 잘 쓴다는 평가를 받는가 봅니다. 그렇다면 이 아이는 책읽기에 대한 흥미는 없지만, 하루 중 겪었던 일들을 맛깔스럽게 글로 표현해 내는 능력은 있는 것 같습니다. 일기라는 것은 하루 일과 중 기억에 남는 일을 적는 것이기 때문에, 그것이 꼭 독서와 관련되어 있지는 않지요. 게다가 내가 너무 좋아하는 일들을 한 거였다면 얼마나 재미있고도 자세히 기억되겠습니까? 그러니 그런 면들을 살아있게 써 낼 수 있는가 봅니다.

아이들을 가장 잘 아는 사람은 그래도 부모님이십니다. 그렇다면 우리 아이가 어떤 것을 좋아하는지, 그동안 읽어 온 책들이 이 정도이기 때문에 어떤 책을 읽는 것이 적절할지 나름대로의 판단이 설 수도 있으실 겁니다. 그러니 현재 아이가 가장 관심 있어 하는 분야로 먼저 접근을 하세요. 어떤 기관에서 제시한 목록을 참고해 엄마로부터 선택되어지는 좋은 책이 아이들에게는 좋은 책으로 다가가지 않습니다. 오히려 재미있는 책이 정말 좋은 책으로 다가오지요. 그러니 처음에는 아이의 욕구와 수준에 맞춰 시작하시기 바랍니다. 그래야 아이는 조금씩 책에 대한 흥미를 보이기 시작할 것입니다. 조급하게 마음먹지 마시고 천천히 해 나가세요. 아직 3학년이면 충분합니다. 강제로 들인 습관이 얼마나 오래 갈 수 있을지, 진정성이 내포되어 있을지 생각해 보시기 바랍니다.

질문 4) 책읽기는 좋아하는데….

우리 아이는 초등 2학년 남자 아이입니다. 책에 빠져들면 밤이고 낮이고 시간 가는 줄 모르는, 책 없이는 못 살 정도로 좋아하는 그런 아이입니다. 그런데 문제는 글쓰기를 싫어한다는 겁니다. 그래서 1학년 때 독서논술 교실을 보냈는데, 선생님 말씀이 또래에 비해 지식은 많지만 자기만의 생각을 표출할 줄 모르고 창의력도 부족하다고 하시더군요. 마침 아이도 재미없어 하고 가기도 싫다 하여 수업을 끊고 집에서 엄마와 열심히 해보자고 했는데, 책을 읽고 무엇인가를 쓴다는 것은 무척 싫어합니다. 그러다 보니 아이와 서로 마음만 상하는 것 같고, 제가 너무 강요 하는 것은 아닌가 싶기도 합니다. 어떻게 해야 할까요? 그냥 책만 열심히 읽게 두어도 될지, 그러다보면 언젠가 스스로 표출이 될 지, 아니면 저와라도 해야 하는지 학원에 보내서 전문 선생님에게 맡겨야 하는지 궁금합니다.

답변 4) 표현은 훈련이 필요합니다!

어머니 안녕하세요, 책주샘 임성관입니다. 초등학교 2학년 자녀가 책읽기는 좋아하는데, 글쓰기 등의 활동에는 관심이 없어 고민이시군요.

말이나 글은 내 생각이나 감정을 외부로 표출시키는 표현의 한 형태로, 일정 시간이 지날수록 자연히 습득되고 향상되는 능력이 아닙니다. 그래서 표현능력을 키우기 위해서는 훈련을 해야 하지요. 실생활에서 경험을 하셨겠지만 말이나 글은 쓰면 쓸수록 잘하고, 잘 쓰게 되지요? 반대로 말도 잘 하지 않고, 글도 잘 쓰지 않는다면 실력이 늘지 않음을 아실 겁니다. 그래서 적절한 훈련을 적절한 때부터 시켜주실 필요가 있는데, 귀댁의 자녀는 글쓰기를 너무 일찍 시작한 것 같습니다. 사실 학교에만 들어가도 독서록 등의 글쓰기를 요구하기 때문에 아이들에게 글쓰기에 대한 부담을 전혀 주지 않을 수는 없는데, 그런 의무적인 글쓰기는 아이들의 능력과 흥미를 키우는 것이 아니라 오히려 반감시킵니다. 책을 읽으면 반드시 무엇인가를 써내야 한다고 생각해 보시면, 그게 얼마나 부담스

러운 일인지 아실 겁니다. 그러니 가능한 글쓰기에 대한 부담을 주지 않는 것이 좋습니다.

대신 다른 독후활동을 해보십시오. 독서지도에 대한 경험이 있으시다면 매우 다양한 독후활동이 있음을 아실 겁니다. 글쓰기도 그 가운데 하나이고, 그림그리기, 만들기, 노래나 동작으로 표현하기 등. 그 가운에 아이가 좋아하는 것으로 시켜 주셔도 좋습니다. 어차피 그 모든 것들이 표현이니까요. 글쓰기와 다른 점이라면 그런 활동들이 꼭 글로 남기지는 않는다는 것입니다.

한 가지 더 덧붙여, 유아나 저학년 아이들은 어휘력이며 문장력이 떨어지기도 합니다. 그러니 어른들이 원하는 만큼의 글쓰기가 이루어지기 힘들지요. 그런데 말은 잘 하는 편인 경우도 있더라고요. 혹시 그런 아이라면 책에 대한 이야기를 나눌 때 녹음을 해서 글쓰기로 연결을 지어 보세요. 녹음한 내용을 다시 들으며 글로 정리를 하는 것이지요. 그럼 입말도 살아 있어서 훨씬 살아있는 글이 나올 수도 있답니다.

어머니, 저는 독서교육 및 치료를 하는 사람으로서 우리 아이들이 책을 통해 보다 큰 행복을 느꼈으면 하는 마음입니다. 다양한 분야의 책을 읽는 것, 그 내용들을 글로 잘 정리해 내는 능력을 갖는 것도 중요하지만, 더 중요한 것은 책에 대한 관심을 갖고 스스로 골라 읽는, 그럼으로 인해 책이 정말 좋은 친구임을 아는 일이 아닐까 싶네요.

그러니 굳이 학원이나 다른 전문가에게 의뢰하시지 말고, 엄마가 함께 할 수 있는 여러 방법들을 찾아보세요. 요리 관련된 책을 읽으셨으면 간단한 음식을 함께 만들어 보고, 식물 관련 책을 보셨으면 가까운 들로 나가보는 것도 좋지요. 2학년이면 그런 활동들만으로도 충분합니다.

질문 5) 왜, 책을 읽어야 하나요?

저희 아들은 초등학교 4학년입니다. 그런데 스스로는 절대로 책을 읽지 않고 엄마가 읽어 주어야만 듣는 정도입니다. 토론교실에도 보내보고 NIE 수업도 시도해 봤지만 너무 강하게 거부를 해 더 이상 할 수가 없네요. 엄마가 읽어주는 방법 이외에는 정말 없을까요? 좀 알려주세요!

답변 5) 책을 거부하는 아이

안녕하세요, 어머니! 책주샘 임성관입니다. 4학년임에도 불구하고 엄마의 육성을 빌리지 않고는 책을 읽으려 하지 않는 아이 때문에 고민이시군요. 4학년이면 스스로 책을 읽을 수 있는 학년이니, 엄마의 힘을 빌리지 않았으면 하는 마음과, 그동안 해 오신 노력들이 조금이나마 발현되었으면 하는 마음이 함께 느껴지네요. 그러시지요?

그런데 어머니께 한 가지 여쭤보고 싶은 게 있습니다. 그동안 아이가 독서에 관심을 갖게 하기 위해 여러 노력을 하셨는데, 그런 프로그램들을 접하게 하실 때 미리 동의를 구하셨나요? 아니면 어머니의 생각에 따라 억지로 권하셨나요? 후자일 가능성이 큰 것 같은데, 그렇다면 어머니는 왜 그런 결정을 하셨나요? 독서의 중요성을 알기 때문에, 스스로 책을 읽는 습관을 형성시켜주기 위해서, 그 밖에 여러 이유가 있으실 수 있겠습니다.

하지만 아무리 좋은 프로그램이었다 하더라도 아이 스스로 동기 유발이 되어 있지 않으니 효과가 없었을 것입니다. 따라서 아이가 먼저 책읽기에 대한 동기 유발이 될 수 있게 해주실 필요가 있는데, 일반적으로 많이 권하는 방법은 관심 있는 주제로 접근을 하라는 것입니다. 그래야 흥미도 생기고, 흥미가 생겨야 또 스스로 읽고 싶은 마음도 생기기 때문이지요.

하지만 그 전에 아이의 성향을 짚어보고 싶습니다. 혹시 아이가 독서 이외의 활동에서도 비슷한 면을 보이나요? 그러니까 원하는 것만 하려하고, 그 이외의 것들은 엄마가 해줘야 겨우 하는 시늉을 하는 그런 모습요. 그럼 그럴 때마다 엄마는 먼저 알아서 해주시겠지요.

혹시 그렇다면 아이는 강한 거부를 통해 편리함을 얻을 수 있을 것 같네요. 따라서 하고 싶지 않은 일이 생길 때마다 반복되는 현상을 보여 주기만 하면 되고요. 음, 좀 좋지 않게 표현을 하자면 그런 패턴을 이용한다고 해야 할까요? 이유는 누구나 하고 싶은 일, 편리한 일을 하고 싶기 때문이지요. 그런데 그 일을 시키는 사람이 내 반응에 따라 확 달라지는 모습을 보인다면, 그 점을 잘 활용해 상황을 피하고 싶을 겁니다.

어머니, 일단 남겨주신 글만으로 몇 가지 상황으로 발전을 시켜봤습니다. 그러니 제가 드린 질문에 대한 답을 적어 주시면서, 보다 자세한 상황을 한 번 더 남겨 주시면 감사하겠습니다.

질문 6) 독후 질문에 대해 궁금해요

1학년 여아와 4학년 남아를 둔 엄마입니다. 저는 아이들이 책을 읽은 후 적절한 질문을 통해 독후 감동과 글쓰기를 풍부하게 해주고 싶은데, 질문 내용이 늘 빈약한 것 같습니다. 제가 주로 묻는 질문은 "이 책에서 무엇이 가장 인상 깊었니?", "어느 부분이 제일 재미있었어?", "네가 주인공이라면 이럴 때 어떤 기분이 들까?, 또는 어떻게 행동했을 것 같니?" 정도입니다. 다양한 책의 종류별로 독후에 어떤 질문을 하면 좋을지 구체적으로 알려주세요.

답변 6) 독후 질문 방법

안녕하세요, 어머니! 상담실지기 책주샘 임성관입니다. 책을 읽은 후 아이와 할 수 있는 질문 등의 독후활동이 궁금하시군요.

남겨주신 글을 보니 그동안 아이와 책을 읽고 소감 나누기 등의 활동을 열심히 하신 것 같습니다. 또한 단순 내용 확인성 질문이 아닌, 아이가 느낀 점들을 표현할 수 있게 해주신 것도 같고요. 그래서 아이가 책에 대한 관심과 흥미를 꾸준히 유지해 온 것 같네요. 역사만화나 위인전의 경우는 직접 엄마에게 퀴즈를 내보기도 한다니, 즐겁게 책을 읽고 있다는 느낌이 전해집니다.

그런데 늘 묻는 질문이 비슷해서 아이도 지루해 할 것 같고, 어머니 입장에서도 더 발전시켜 주지 못하는 것 같아 고민을 하시는군요. 하지만 제가 볼 때 질문은 그 정도로도 충분해 보입니다. 다만 독후활동으로 확장을 시켜주셨으면 하는 바람인데, 아시겠지만 독후활동은 매우 다양합니다. 예를 들어 느낀 점을 마인드맵으로 표현해 보거나, 글로 써보는 것, 혹은 그림으로 그려보는 것들도 있지요. 혹은 역할을 나누어 역할극을 해볼 수도 있겠습니다.

흔히 우리가 독서지도라고 하는 분야가 이 모든 것들을 포함하는데요, 내가 읽은 책에 따라서, 또 정한 주제에 따라서 이어지는 활

동 역시 차별을 기할 수가 있겠습니다. 그러니 이런 활동의 적절성은 단적으로 말씀드리기 어렵습니다. 그래도 일반적으로 쓰는 방법을 몇 가지 말씀해 드리지요.

(1) 역사만화나 위인전 - 아무래도 여러 시대를 포괄적으로 담고 있는 내용들이 많지요. 그래서 독후활동으로 내 연대표를 만들어 보기도 합니다. 태어나서부터 지금까지의 나를 한 번 표로 정리해 보는 거지요. 말씀하신 독서퀴즈 등의 방법도 아주 많이 쓰입니다. 퀴즈는 어려울 수도 있지만 재미도 있고, 또 잘 기억되는 특징도 있답니다.

(2) 문학류(동화 등) - 독서 감상문을 쓰거나 독서 감상화 그리기, 주인공이나 작가에게 편지쓰기, 결론 바꾸어 써보기 등의 활동은 물론, 대본으로 꾸며 역할극 해보기, 토론 등 정말 다양하게 연결지을 수 있지요. 그런데 저는 저학년인 경우 쓰기 등 앉아서 하는 활동보다는 움직임이 있는 활동을 주로 연결해서 한답니다. 그래야 지루하지 않고 효과가 더 크거든요.

(3) 만화류 - 요즘 아이들이 만화를 정말 좋아하지요? 그래서 많은 어머니들이 걱정을 하시는데, 만화라고 해서 다 나쁘지는 않습니다. 오히려 잘 활용하면 더 좋은 효과를 볼 수도 있지요. 따라서 우리 어른들은 아이들을 위한 좋은 만화들을 찾고, 그것들을 읽히려는 노력을 해야 합니다. 만화를 활용해서 할 수 있는 활동으로는 말풍선의 내용을 지운 뒤 아이들에게 내용을 넣어보고 제목도 지어보게 하는 것 등이 있습니다. 그야말로 내가 구성한 만화가 되는 셈이지요. 이런 활동은 창의력을 기르는 데 도움이 된답니다.

전체 종류를 말씀드리지 못하고, 아이들이 많이 보는 분야 위주로 몇 가지 활동만을 말씀드려 봤는데, 답변이 됐는지 모르겠네요. 혹시 더 궁금한 부분이 있으시면 언제든 글 남겨주세요. 감사합니다. ^^

질문 7) 맞춤법을 잘 틀리는 아이

안녕하세요, 저는 4학년 딸아이를 두고 있습니다. 그런데 조금 급한 성격 탓인지, 글만 쓰면 맞춤법이 엉망입니다. 저학년처럼 소리 나는 대로 쓰고, 글씨도 엉망입니다. 그래서 항상 고쳐 쓰게 하는데 근본적인 문제가 해결되지 않아서인지 자꾸 반복됩니다. 국어 학습지도, 논술도 해봤는데 별 효과는 보지 못했습니다. 어찌 해야 할 지 막막하네요.

답변 7) 맞춤법 바르게 쓰기

안녕하세요, 어머니! 책주샘 임성관입니다. 4학년 따님이 글씨를 엉망으로 쓰는 것은 물론 맞춤법 또한 많이 틀려서 걱정이시군요.

맞춤법은 국어는 물론 모든 공부의 기본이라 할 수 있는 부분으로, 맞춤법에 맞게 글을 쓰지 못하면 점차 공부에서 흥미와 자신감을 잃을 수도 있습니다.

따님의 성격이 급한 편이라고 하셨는데, 그것도 한 원인일 수 있겠네요. 왜냐하면 서두르느라 글자를 정확하게 보지 않고, 발음 또한 정확하게 하지 않을 것이기 때문입니다.

하지만 그렇다고 해서 맞춤법 공부를 너무 강요하면 부작용이 생길 수 있습니다. 글을 쓸 때 헷갈리는 단어들은 아예 쓰지 않으려 할 수도 있기 때문이지요.

만약 따님이 특정 단어를 계속 틀린다면, 올바른 글자를 써준 다음, 눈여겨보면서 소리 내어 발음하도록 해보십시오. 예를 들어 '뿌리를 뽑다'에서 '뽑다'를 잘 틀릴 경우, '뽑다, 뽑아서, 뽑으니, 뽑아라' 등 다양하게 발음하면서 써보게 하시면 좋겠습니다.

또한 분량이 많지 않고 흥미 위주의 책이라 하더라도, 아이가 정독하면서 글자 하나하나를 제대로 볼 수 있는 책을 권해주시는 것도 좋겠습니다. 혹 소리 내어 읽게 하실 거라면 녹음을 해두었다가 다시금 들려주시는 것도 괜찮습니다. 그러면서 잘못 발음한 부분을 스스로 고쳐 나갈 수 있게 해보세요.

궁금한 점이 해결되셨는지요? 혹 더 궁금한 사항이 있으시면 글 남겨주세요. ^^

질문 8) 조언 부탁해요~

8세 여아의 엄마입니다. 사업상의 이유로 아이가 6세 때 중국으로 왔습니다. 한창 한글을 배우고, 한국에서는 2개월 정도 유치원을 다녔습니다. 6세 전까지는 많은 학원을 다녔지만 한글은 못 떼었습니다. 지금은 여기서 2학년인데요, 학교에서는 중국어와 영어로만 수업을 합니다. 처음 오자마자 유치원도 말이 급하니까 중국어에만 매달렸어요. 그런데 시간이 지나면서 우리 아이가 어휘력이 많이 부족함을 느꼈어요. 그럴 수밖에 없는 환경이지만…. 한글을 사용하지 않으니까 방학 때 한글을 떼었어도 자꾸 잊어버리더라고요.

상담하고 싶은 부분은 독서를 비롯해 요즘 한창 논술, 논술하는데 중국어 수업에도 작문이 있고요, 영어 시간에도 더 학년이 올라가면 에세이가 있잖아요. 학교에서 해주지 못하는 부분을 제가 집에서 조금씩 훈련을 시키고 싶은데 뭘 어떻게 해줘야 하는지를 모르겠네요. 생각하는 사고의 범위를 넓히고 자신의 생각을 정리해 잘 표현하는 아이로 키우고 싶은데 어찌 해야 하는지 조언 부탁드립니다.

답변 8) 생각과 표현을 돕기 위한 훈련법

안녕하세요, 어머니! 책주샘 임성관입니다. 멀리 중국에서 질문을 주셨네요. 8세 여아가 다양하게 생각할 수 있고, 그 생각을 글로 잘 표현할 수 있는 방법이 궁금하시군요.

그런데 먼저 이런 생각을 해보셨으면 합니다. 아이가 6세 때 한글을 채 떼지 못한 상태에서 중국으로 갔고, 가자마자 다시 그곳 유치원에 적응을 하기 위해 중국어에 매진할 수밖에 없었다면, 아이도 무척 혼란스럽고 힘들었겠습니다. 어머니 말씀처럼 어떻게든 적응을 해야 하니 급하게 중국어에만 매달렸을 것 같네요.

때문에 한글은 자연스럽게 멀어지게 됐을 것이고, 그러다 보니 또 잊어버리게 됐겠지요. 어떤 기능이든 사용하지 않으면 쉽게 잊혀지기 마련이니까요. 하지만 어머니 입장에서는 한글은 한글대로, 중국어는 중국어대로, 또 영어는 영어대로 잘 했으면 하는 바람이 느껴집니다. 게다가 질문을 주신 것처럼 사고의 범위를 넓히고 자신의 생각을 잘 정리해서 표현도 잘하는 아이로 키우고 싶기까지 하시고요.

하지만 어머니, 아직 아이는 8세밖에 되지 않았다는 점을 다시금 생각해 주세요. 지금이야 그렇지 않지만, 불과 얼마 전까지만 해도 학교에 들어가 한글을 배우기 시작할 나이이지요.

또한 독서능력이나 흥미의 단계로 보자면 옛날이야기나 세계명작 동화라는 장르의 그림책을 즐겨 볼 때입니다. 그런데 지금 귀댁의 아이는 환경의 변화라는 큰 스트레스를 감내하고, 다양한 언어와 문화에 적응도 해야 하는 상황입니다. 게다가 어머니의 욕구에도 부응해야 하는 상황인 것 같네요.

어머니, 아이가 매일 똑같은 내용의 일기를 쓰고 있다면, 현재 그 아이의 생활모습을 관찰해 보시기 바랍니다. 아마 아이는 매일 그렇게 생활을 하고 있을 것입니다. 혹은 다른 감정들을 느낄만한 심적인 여유가 없을 것입니다. 어쩌면 주어진 상황에서 최선을 다하고 있을 수도 있다는 이야기지요.

또한 발달단계에서 보자면 사고력이 분화되고 체계적인 사고를 해서 잘 표현할 수 있는 나이는 초등학교 고학년 이상이 되어야 가능하답니다. 그러니 조금 여유 있게 생각하시면 어떨까 싶네요. 다만 지금의 시점에서 해주셨으면 하는 건, 우리나라 그림책을 많이 읽어주시어, 우리 문화와 우리말을 잊지 않게 해주셨으면 하는 것과, 읽은 책에 대한 자유로운 감상을 표현할 수 있게 물어 주시는 것입니다. 이때에는 주인공의 이름이나, 구체적인 상황보다는 전반적인 느낌, 마음에 와 닿은 장면 등을 물으시면 됩니다. 말도 하나의 표현이기 때문에 향후 생각을 표현하고 정리하는 데 도움이 될 것입니다.

어머니, 외국에서 생활하시느라 아이의 교육에 더 열정이 있으신 것 같네요. 부디 그 열정이 우리 아이의 상황과 상태에 맞는 정도로만 발현됐으면 합니다. 혹 부족한 부분이 있으면 다시 질문 주세요. 감사합니다. ^^

질문 9) 초등 5학년 남자 독서성향

초등 5학년 남자아이인데요, 성격이 아주 급한 편이라 상대방 말을 귀 기울여 듣지 못해요. 자기 말만 하고 싶어 하는 성격에다가, 전혀 정독이 되지 않아 걱정입니다. 올해 5월부터 정독 문제 때문에 논리 속독을 보냈더니 최근에 '샬롯의 거미줄'이라는 책을 대략 40분 만에 읽었다고 하네요. 정독 문제가 수학 문제를 대충 읽는 것과 관련 있는 것 같은데 어떻게 하면 좋을까요? 주의력과 정독 능력을 키우는 좋은 방법이 있을까요?

답변 9) 주의력 점검이 필요합니다.

안녕하세요, 어머니! 책주샘 임성관입니다. 5학년인 아드님이 책을 정독하지 않아 고민이시군요.

책이나 자료를 읽는 방법에는 여러 가지가 있지만, 정독은 저자가 말하고자 하는 바(주제)를 올바로 파악할 수 있는 가장 좋은 방법입니다. 특히 논술에서 중요한 것은 제시문이 주어졌을 경우 제대로 읽고 논제를 푸는 것이기 때문에, 정독을 통해 주제는 물론 내용을 파악하는 것이 중요하지요. 따라서 그럴만한 가치가 있는 책들은 정독을 통해 독해력을 키울 필요가 있는데, 아드님은 전혀 정독을 하지 않는군요. 따라서 사험을 볼 때 문제를 제대로 읽지 않는 현상으로까지 발전된 것 같습니다.

그렇다면 아이가 좋아하는 분야는 무엇인가요? 성격이 아무리 급하다 하더라도, 자신이 좋아하는 분야가 있을 테고, 그 분야를 할 때는 집중을 잘 할 것 같습니다. 예를 들어서 '메이플 스토리'라는 게임을 좋아한다면, 적어도 그 게임을 할 때만큼은 놀라운 집중력을 보이겠지요. 아드님은 어떤 분야를 좋아하나요? 분명 아이가 좋아하는 것이 있을 테고, 그 부분에서는 집중을 잘 한다면, 기질적으로나 혹은 다른 문제 때문에 집중을 잘 하지 못하는 것으로 보기는 어렵겠습니다. 대신 책이라는 것이 재미없는데, 엄마나 학교 선생님들께서 꼭 읽어야 한다고 말씀하시기 때문에 억지로 읽어야 하는 과제로 여길 수 있지요.

그런데 평소 성격이 급한 편이라고 하니 이 면은 고려가 되어야 할 것 같습니다. 주의집중력 등을 체크해보면 좋을 것 같은데, 혹시 집중도 잘 못하고 산만한 경향이라면 전문 기관에 가서 검사를 받아보시는 것도 권하고 싶습니다.

또한 정독문제 때문에 논리속독 학원을 보내고 계시다고 했는데, 이 부분은 좋은 선택이 아니라고 생각됩니다. 오히려 이런 학원은 어느 정도의 독서력을 갖춘 상태에서 보내야 더 효과를 볼 것이기 때문입니다. 현재 아드님처럼 집중을 하는 대신 책을 빨리만 읽어버리는 상태에서 속독은 더 좋지 않은 양상으로 발전시킬 가능성이 있어 보입니다. 그러니 우선은 아드님의 집중력과 산만함 정도를 체크해 보시는 것이 좋겠습니다.

정독은 수학문제뿐만 아니라 학업 전반에 영향을 미칩니다. 왜냐하면 결국 모든 시험 문제의 시작은 문제를 읽는 것에서부터이기 때문입니다. 수학공식이나 화학식을 아무리 많이 알고 있어도 문제를 제대로 읽고 묻는 바를 이해하지 못한다면 아무 소용이 없지요. 이런 면들은 학습장애와도 연결이 되오니 앞서 말씀 드린 점검을 꼭 해보셨으면 합니다.

혹시 궁금하신 점이 더 있으시면 언제든 글 남겨 주십시오. 감사합니다.

질문 10) 도와주세요, 어찌 해야 할 지….

저는 만 5세, 3세 된 아들 둘을 키우는 엄마입니다. 큰 애 3개월 때 남편이 미국으로 발령받는 바람에 나갔다가 올 6월에 들어왔어요. 그런데 제가 미국에 있으면서 향수병과 산후 우울증을 겪었습니다. 그래서 아이들에게 하루 종일 텔레비전만 틀어주고 저는 제 안에 갇혀 살았어요. 그러다 정신을 차릴 때쯤 다시 둘째가 생겨 너무 힘들게 지냈습니다. 아무도 없는 곳에서 저 혼자 아이들을 키우려니 너무 무식하게 키웠습니다. 솔직히 말하면 큰 아이의 5년 유아기를 제가 무참히 빼앗았습니다. 그래서인지 말도 더디고 책을 좋아하는 아이로 키우고 싶은데 책만 꺼내면 도망가거나 집중을 하지 않습니다. 책에 관심을 갖고 함께 책을 읽을 수 있는 아이로 키우고 싶은데 답답하고 너무 힘이 듭니다. 아이에게 지은 죄를 씻고 싶어요. 도와주세요, 어떻게 해야 할 지, 아이를 어떻게 유도해야 할 지 잘 모르겠어요. 작은 아이의 방해도 있으니 집중은 더욱 힘들답니다. 어쩌죠?

답변 10) 아이를 위하는 길

안녕하세요, 어머니! 책주샘 임성관입니다. 남겨주신 글 잘 읽었습니다. 큰 아이에게 책이라는 소중한 선물을 주고 싶으신데, 작은 아이의 방해도 있는데다 큰 아이는 집중을 하지 못하는 등의 어려움이 있으시군요. 그래서 참 고민이 많으신 것 같습니다.

그런데 큰 아이가 태어나 자란 과정을 보니 나름대로 어려움이 있었을 것 같네요. 왜냐하면 주 양육자인 어머니가 겪으신 향수병과 산후우울증의 영향이 아이에게도 전해졌을 것이기 때문입니다. 어머니께서도 말씀하셨듯이 하루 종일 아이에게 TV만 틀어주었고,

정작 어머니께서는 자신 안에 갇혀 살았으며, 비로소 정신을 차렸을 때에는 둘째아이가 생겨 거기에 집중을 하셨을 테지요. 이런 몇 가지 일들만 봐도 큰 아이는 어머니와 소통할 시간이나 공간이 거의 없었을 것 같습니다.

때문에 큰 아이는 말이 더딜 수밖에 없었을 것 같네요. 결국 말이라는 것도 한창 관심을 보일시기에 적절한 자극이 주어졌어야 하는데, 우울한 어머니께서 자극을 거의 주시지 않았을 것 같거든요. 그렇다면 현재 시점에서의 언어 발달도 점검을 해봤으면 하는 생각입니다. 더욱이 외국에 살다가 들어왔다면 우리말이 능숙하지 않을 수 있겠네요. 어른들에게는 별 차이가 아닌 듯 여겨질 일도 아이들에게는 큰 영향일 수 있으니, 특히 소통의 주 매체인 언어 발달이 어느 정도 수준인지 전문적인 기관에서 점검을 받아보시면 좋겠습니다.

나아가 좀 차분하고 책에도 관심을 가져 함께 읽을 수 있는 아이로 키우고 싶다는 바람을 이루시기 위해서라도, 먼저 아이가 보이는 행동과 성격적인 특성들이 왜 그렇게 형성되었을까에 집중을 해보셨으면 하는 생각입니다. 어머니께서는 '아이에게 지은 죄를 씻고 싶다'라는 표현을 쓰셨을 만큼 큰 아이에 대한 죄책감이 큰 편이라 생각되는데, 아이가 왜 그런 모습을 보이는지에 대한 점검과 이해가 선행되지 않은 채, 행동적인 면에서 엄마가 바라는 면으로 만들고자 하신다면, 이 역시 아이에게는 또 다른 어려움일 수 있습니다. 즉, 예전에는 너무 관심을 두지 못하신 것이 문제였다면, 이제는 엄마가 원하는 방식으로 관심을 보이시는 것이 문제일 수 있다는 이야기입니다.

어머니, 아이들이 보이는 문제들의 대부분은 애착에서부터 시작됩니다. 즉, 부모로부터 적절한 양육을 받았느냐 그렇지 않느냐, 부모로부터 충분한 사랑을 받았느냐 그렇지 않느냐, 나아가 부모와 처해진 환경을 믿고 있느냐 그렇지 않느냐의 문제라는 것이지요. 결국 이에 대한 처방은 부모가 아이에게 사랑과 신뢰를 심어주는 것 밖에는 없습니다. 어쩌면 쉬우면서도 어려운 일이지요.

지금 아이에게 필요한 것이 무엇일까요? 어머니께서 말씀 하신 죄를 씻는 방법이 무엇일까요? 그것은 엄마가 원하는 방식처럼 차분하고 책을 좋아하는 아이로 만드는 것이 아닙니다. 큰 아이를 중심에 두고 방법을 생각해 보시기 바랍니다. 도움이 필요하시다면 가까운 기관을 방문하시어 상담을 받아보시는 것도 좋겠습니다.

혹 더 궁금하신 점이 있으시면 글 남겨 주십시오. 감사합니다.

제4장 독서코칭의 이론과 실제

책은 독자에 따라 의식의
상태가 변화하는 풍경이다.
– E. 딤네

1. 독서코칭의 전략과 기술

1) 관심과 흥미에서 출발하라!

(1) 아이를 중심에 두고 먼저 관심과 흥미를 파악하라. 그러려면 잘 듣고 대화를 이어나가는 능력이 요구된다.
(2) 파악된 관심과 흥미에서 출발한 뒤, 관심을 확대하여 지속적으로 상호작용을 한다.
(3) 인정과 칭찬으로 동기를 듬뿍 부여한다.
(4) 자신이 잘 알고 있는 지식이나 경험과 연결하여, 그것이 내 것으로 체득될 수 있게 한다.

2) 발문하라, 그러면 열릴 것이다!

질문은 모르는 사람이 알고 있는 사람에게 묻는 것이고, 발문은 이미 알고 있는 사람이 모르는 사람에게, 혹은 알고 있는 부분을 확인하고 촉진하기 위한 목적으로 묻는 것이다. 따라서 독서코칭에서 선정한 자료를 읽고 상호작용을 위한 대화를 나눈다면, 그것은 발문이라고 하는 것이 맞겠다. 따라서 적절한 발문은 독서코칭에서 매우 중요한데, 발문이 갖고 있는 힘과 접근해야 할 측면을 살펴보기 전에 도로시 리즈가 경영학적 관점에서 제시한 '7가지 질문의 힘'을 살펴보자.

(1) 첫 번째 힘 - 질문을 하면 답이 나온다.
(2) 두 번째 힘 - 질문은 생각을 자극한다.

(3) 세 번째 힘 - 질문을 하면 정보를 얻는다.
(4) 네 번째 힘 - 질문을 하면 통제가 된다.
(5) 다섯 번째 힘 - 질문은 마음을 열게 한다.
(6) 여섯 번째 힘 - 질문은 귀를 기울이게 한다.
(7) 일곱 번째 힘 - 질문에 답하면 스스로 설득이 된다.

위 내용을 바탕으로 다음과 같은 발문을 통해 상호작용을 하시라.

(1) 아이가 책을 충분히 탐색하고, 핵심이나 초점을 둘 곳을 찾아낼 수 있도록 발문하라.
(2) 감정과 정서를 나눌 수 있는 발문을 먼저 하라.
(3) 이미 갖고 있는 지식이나 사실 등을 확인할 수 있는 발문을 하라.
(4) 비평이나 대안 등을 고려할 수 있는 발문을 하라.
(5) 교훈, 개인적·사회적 가치 등을 생각해볼 수 있는 발문을 하라.

3) 가능성과 잠재력을 확대할 수 있도록 도와라!

(1) 상상력·창의력을 자극하는 발문을 하라.
(2) 자기 관점에서 이야기를 수정하거나 새로 만들어 볼 수 있는 동기를 자극하는 발문을 하라.

4) 충분히 느낄 수 있도록 감각 이미지를 활용하라!

(1) 오감은 물론 육감까지 활용해 답할 수 있는 발문을 하라.

5) 주인공 및 등장인물에게 감정을 이입할 수 있도록 도와라!

(1) "만약 네가 ○○였다면 기분이 어땠을까? 너라면 어떻게 했을

것 같니?" 등의 발문으로 내가 마치 책 속의 등장인물이 되어, 감정을 이입할 수 있도록 해라.

6) 삶에 적용해보는 과정을 반드시 거쳐라!

(1) 먼저 책에서 인상 깊었던 장면에 대해 실제 함께 나누어 보라.
(2) 아이의 특성을 고려해 그 부분을 실천할 수 있도록 각색하라.
(3) 직접 실천해보도록 격려하고, 이후 과정을 살펴보며 결과에 대한 이야기도 나누어라.

7) 독서의 전략(독서과정)을 익히도록 도와라!

독서에도 전략이 필요하다. 따라서 독서코치는 적정 독서법과 전략을 제시해 줄 필요가 있다. 다음은 모티머 애들러와 찰스 도렌이 제시한 '신토피갈 독서법(Syntopical Reading)'인데, 이는 '주제 통합적 독서법'이라고도 불린다. 구체적인 방법은 다음과 같다.

(1) 주요 관련 자료의 수집과 분석
(2) 저자와의 타협(대화)
(3) 질문과 확인
(4) 논점(쟁점)의 확인
(5) 주제에 대한 논고의 확인

더불어 다음과 같은 전략도 제시할 수 있다.

1단계 : 책과 친해지기(책과 놀며 탐색하기, 책을 제대로 알기, 감상하기 등)
2단계 : 자신의 생각과 감정을 입히기(자문자답 해보기/감정에 따라 표현해보기 등)
3단계 : 상상과 창의를 통한 대안 찾기(만약 나라면 어떻게 했을까 등)
4단계 : 내 생활에 접목 해보기(나의 특성, 생활 방식에 맞게 변형 후 접목해보기 등)
5단계 : 충족된 부분과 부족한 부분 정리 후 향후 전략 세우기

2. 독서코칭을 위한 검사의 이해

1) 독서능력진단검사의 목적

독서능력을 진단하는 것은 어휘, 문장, 이해력의 수준을 체크하는 것이다. 이 검사는 어린이들의 책 읽기를 도와 줄 목적으로 만들어 졌다. 따라서 이 검사를 통해서 확인하는 것은 독서환경에 대한 것과 독서능력에 대한 면이다. 책 읽기에 대해 흥미를 가질 수 있도록 알맞은 책을 읽게 하여 책 읽기를 잘하도록 하고자 함이다. 독서능력진단과 환경진단을 통하여 아이의 실력을 평가하는 것이 아니라 참고 자료로써 아이에게 알맞은 책을 선정해 주는 역할을 하는 것이라 생각하면 된다.

2) 독서능력진단검사의 필요성

책은 우선 문학과 비문학으로 대별하여 살펴볼 수 있다. 아이들이 문학 작품을 읽으면, 그 속에서 삶에 대한 통찰력을 얻게 된다. 문학이 주/상/동/행/방/결(주인공/상황/동기/행동/방해/결말)로 이루어지는 픽션이라고 볼 때, 그 속에는 수많은 삶의 이야기가 담기게 된다. 그런 과정에 '동참'하는 동안 아이들은 삶의 여러 모습과 만나게 되고, 그 속에서 자신만의 고유한 세상을 이해하기 위한 준거 틀을 만들어 나가게 된다. 더불어 과학, 환경, 예술, 철학, 경제 등의 분야에 대한 지식을 습득할 수 있는 비문학 책들은 아이들의 배경지식을 확장하도록 하며, 이러한 배경지식 확장은 아이들이 '세상의

비밀'을(더 거창하게 말하면 우주의 비밀을) 풀 수 있도록 하는 데 밑거름이 되어 준다.

그래서 아이들이 책을 많이 읽기를 성인들은 원하며 아이들이 손에 집히는 책들을 '잘' 읽고 소화할 수 있는 '유능한 독자'이면 더 이상의 '지도'는 필요가 없다. 그러나 학생들의 현실을 보면 기능독서력(자기 학년에 맞게 읽고 쓸 수 있는 능력)을 갖추지 못한 경우도 많다. 이런 아이들에게는 '독서하는 방법'을 가르치는 것이 '좋은 책을 쥐어 주는 것'보다 우선되어야 하는 일이다.

독서코칭의 최종적인 목표는 좋은 독자를 만드는 일이다. 좋은 독자란 자발적인 독서 흥미를 계속 유지할 수 있고, 좋은 책을 스스로 골라 읽어서 이해와 감상을 바르게 하는 사람을 말한다. 아이들을 이런 독자로 기르기 위한 지도에 앞서 독서 능력 진단이 필요하고, 독서 능력 진단 결과에 따라 그에 맞게 독서 지도를 하기 위해서이다. 다른 각도에서 보면 책을 잘 읽도록 하기 위해서 아이의 읽기 준비도를 점검한다는 의미가 된다.

3) 독서능력진단검사 살펴보기

(1) 한우리 '노명완 독서종합검사(NRI)'

① 평가 문항

a. 독서능력구인

독서 과정에는 문자해독력, 어휘력, 문장과 문단 등 글의 구조 파악력, 독자의 독서 목적, 독자의 일반적 독서 수준, 글 내용의 요약이나 추론 또는 평가, 독서 상황 등 수많은 요인이 작용합니다.

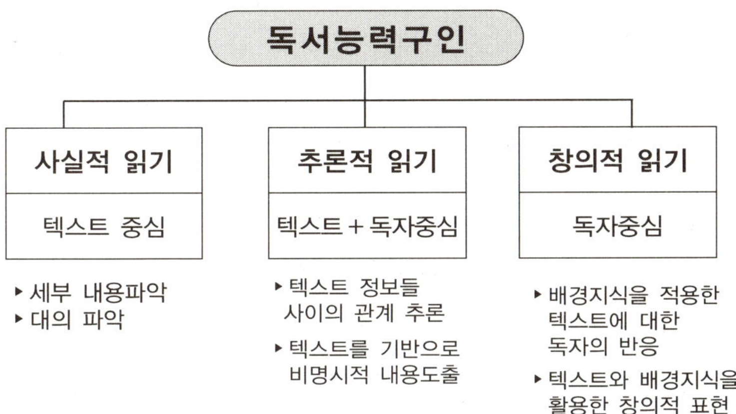

독서과정에 작용하는 이들 수많은 요인들은 크게 텍스트 자체 이해하기('텍스트' 중심), 텍스트에 근거한 독자의 추론('텍스트+독자' 중심), 그리고 텍스트와 관련되기는 하나 독자 나름의 창의적 사고('독자' 중심), 이 세 가지로 크게 구분할 수 있습니다. 「노명완 독서종합검사」에서는 이 세 가지를 '사실적 읽기', '추론적 읽기', '창의적 읽기'로 범주화하였습니다.

초등학교와 중학교의 각 학년별 검사(총9개 검사)는 모두 이 세 요인의 능력을 검사합니다. 그러나 학년 특성을 고려하여 그 비중을 달리하고 있습니다. 그래서 저학년에서는 사실적 읽기를 많이 넣었으나, 고학년으로 갈수록 추론적 읽기와 창의적 읽기의 비중을 높였습니다.

b. 독서태도구인

독서태도란 독서 행동에 대한 정의적 반응을 말합니다. 독서 행동에 대한 정의적 반응은 크게 '긍정적'이기도 하고 '부정적'이기도

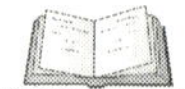

합니다. 독서에 긍정적 태도를 지닌 학생은 독서라는 행위를 좋은 것으로 알고, 또 독서를 하려는 심리적 반응을 보이기도 합니다. 그런 반면, 부정적인 태도를 지닌 학생은 독서 행동에 큰 가치를 부여하지 않고, 독서를 하려는 모습도 보이지 않습니다.

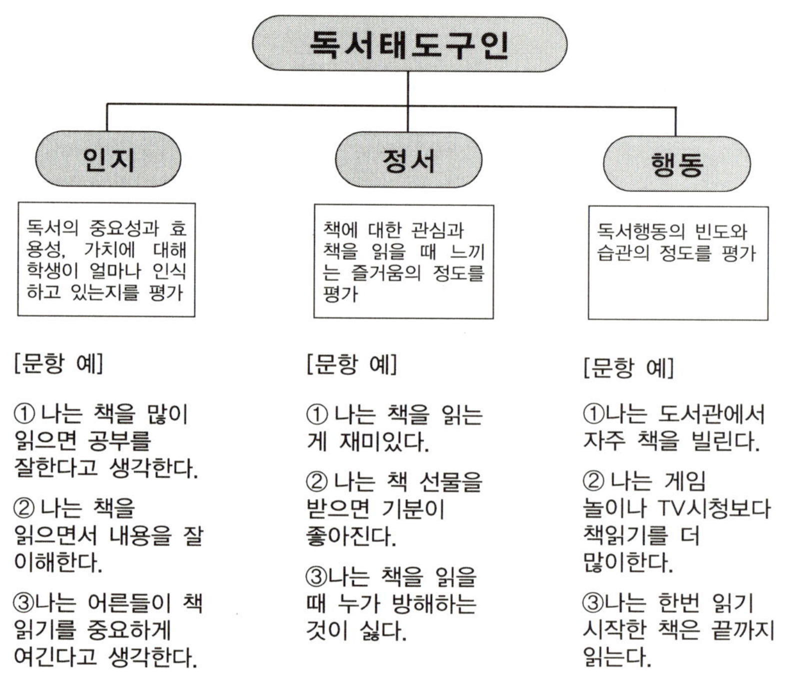

독서태도도 역시 수많은 여러 하위 요인들로 구성되어 있습니다. 그러나 「노명완 종합독서검사」에서는 이들 여러 하위 요인들을 크게 세 가지 범주로 재구성하였습니다. '인지', '정서' 그리고 '행동'이 그것입니다.

독서능력과 독서태도는 서로 밀접하게 영향을 주고받습니다. 그래서 독서능력이 높으면 독서태도가 좋아지고, 또 독서태도가 좋으면 독서능력이 높아집니다. 이는 '지식'이 많으면 '흥미'가 높아지고, '흥미'가 있으면 '지식'이 많아지는 것과 비슷합니다.

② 검사 결과

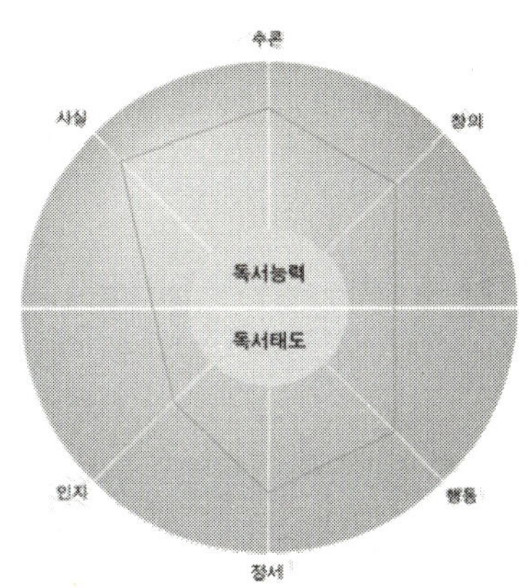

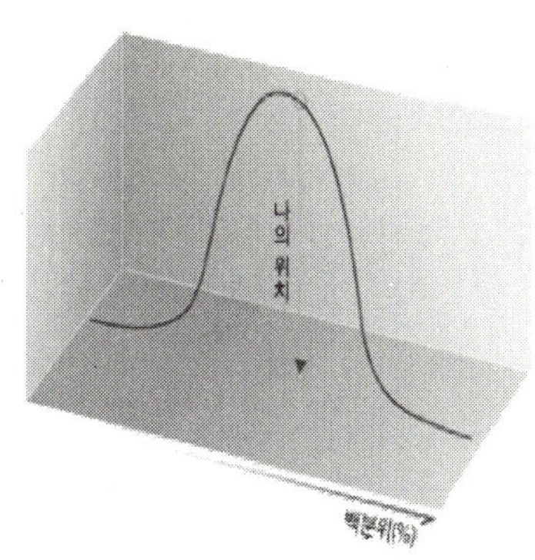

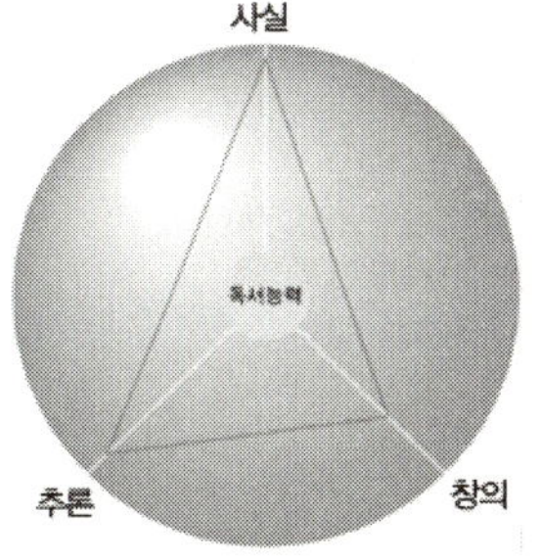

▶ 독서능력의 각 요인별 점수를 상대적으로 비교해 알려 줍니다.
면적이 넓을수록 학생의 성취 정도가 전체적으로 우수함을 의미합니다.
각 요인의 성취 정도가 서로 비슷할수록(그래서 정삼각형의 형태를 갖출수록) 독서능력이 균형잡혀 있다고 할 수 있습니다.

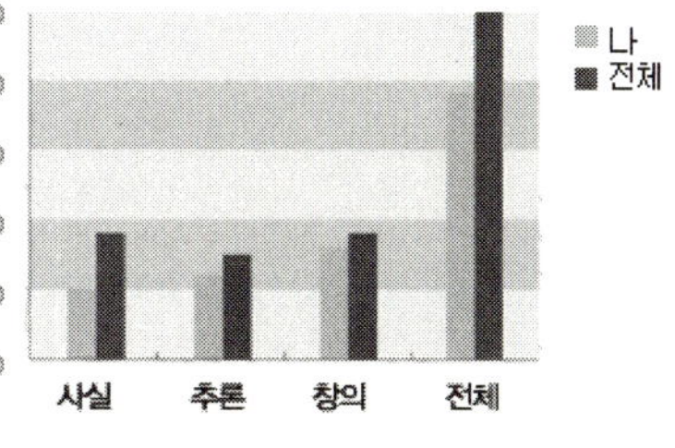

▶ 학생의 요인별 독서능력 점수를 전국 평균과 비교하여 한 눈에 살펴볼 수 있습니다.

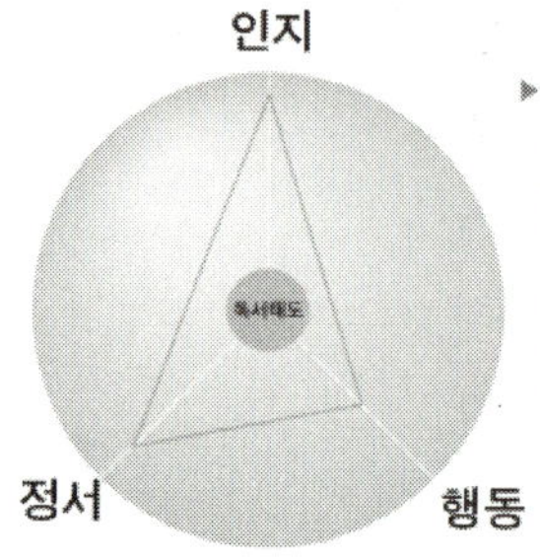

▶ 독서태도의 각 요인별 점수를 상대적으로 비교해 알려 줍니다. 면적이 넓을수록 학생의 성취 정도가 전체적으로 우수함을 의미합니다. 각 요인의 성취 정도가 서로 비슷할수록 독서태도가 균형잡혀 있다고 할 수 있습니다.

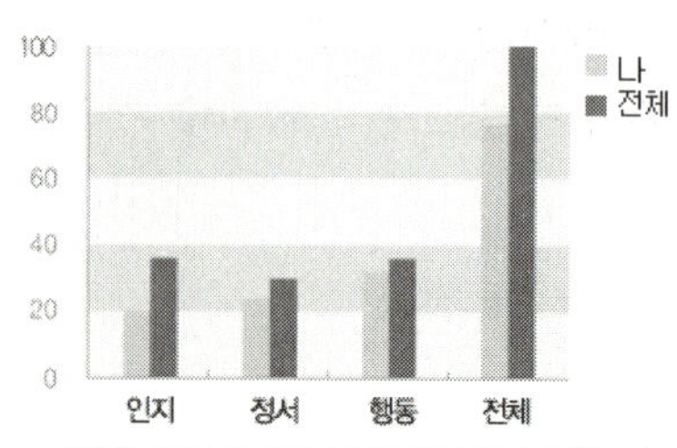

▶ 학생의 요인별 독서태도 점수를 전국 평균과 비교하여 한눈에 살펴볼 수 있습니다.

(2) 한국독서능력개발원(글애들) 독서능력진단 및 독서활동평가 프로그램(RQ)

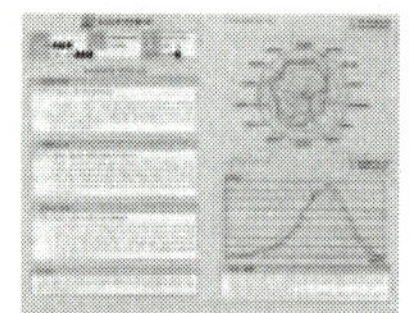

[Level Test] _ 독서 논술 능력 진단 테스트

아이가 현재 어느 정도의 학습 수준에 도달해 있는지를 파악하기 위하여 준비의 단계, 독해의 단계, 감상의 단계를 테스트합니다.

[Function Test] _ 독서 논술 기술 진단 테스트

아이가 현재 어느 정도의 학습 수준에 도달해 있는지를 파악하기 위하여 독서량, 읽는 속도, 문장 부호, 어휘 알기, 내용 알기, 요약하기 등을 테스트합니다.

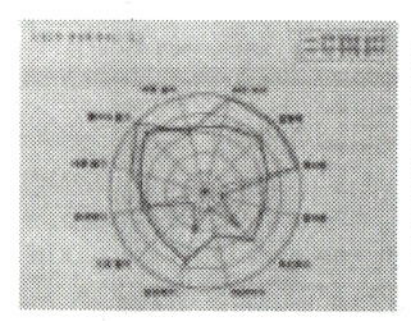

[Performance Test] _ 학습 역량 진단 테스트

지식을 학습하고 학습한 지식의 체계화, 고도화를 수행할 수 있는 역량을 알아보기 위하여 분석적 사고력, 비판적 사고력, 상상하기, 판단하기, 짜임알기, 창의력, 문제해결력 등을 테스트합니다.

① 진단지 소개

a. 독서 환경 및 흥미, 태도, 습관 진단

▸ 학생의 독서 환경, 독서에 대한 관심과 흥미, 태도, 습관 등을 진단하여 앞으로의 독서 지도와 상담을 위한 기초 자료로 활용하기 위한 설문 진단지

▸ 유치 25문제, 초등 저학년 40문제, 초등 고학년 및 중등 50문제로 구성

▸ 독서의 밑바탕이라 할 수 있는 학생의 독서 환경과 독서에 대한 적극적인 관심과 흥미, 긍정적인 태도, 바람직한 독서 습관의 형성 여부를 진단하여 알려준다.

b. 독서능력 진단

▸ 개인별 맞춤 독서를 위해 적합한 책을, 적합한 학생에게, 적합한 시기에 제공할 수 있도록 현재 학생의 독서능력을 알아보기 위한 진단지

▸ 문항반응이론에 근거한 문항별 응시자수, 난이도, 변별도 등의 데이터를 갖춘 문제은행 CAT방식의 진단지

▸ 평가요소(항목)는 어휘와 문장의 이해, 글 내용의 이해 등으로 크게 나눈 다음, 독서능력과 관련된 세부 평가요소를 분석하여 각 평가요소별로 진단 문제를 구성하고, 문제마다 평가요소 코드를 부여하여 독서능력과 관련된 여러 평가요소 중에서 부족한 부분과 우수한 부분이 무엇인가를 컴퓨터에서 진단하여 그 결과를 출력해 준다.

▸ 진단 문제는 객관식 선다형과 단답 서술형으로 구성하여 컴퓨터에 의한 전산처리가 가능한 표준화 검사의 방법을 택하고 있다.

(3) 교보문고 READ

READ란?

READ는 Reading Environment & Degree의 약자로, 개인의 독서환경과 능력을 진단하여 수준별 맞춤독서를 돕기 위한 종합 독서지원 프로그램입니다.

READ 프로그램의 특성

READ 프로그램의 특성

READ character

01 표준화된 도구를 이용한 개인의 독서능력과 제반 요소의 과학적 측정

02 수준별 맞춤도서 추천 및 도서구매 연계를 통한 즐거운 책읽기 유도

03 온,오프라인 검사 후 실시간 결과 제공 및 이력 관리

04 사전, 사후진단으로 독서교육 프로그램과의 결합이 용이함

독서력 검사

MORE

지수가 부여된 도서에서 수준에 맞는 문장을 토대로 설계 및 출제되었으며, **기본적인 읽기 능력**뿐 아니라 독서에 필요한 **핵심 사고력**까지 측정하여 수준별 맞춤 도서를 추천해줍니다.

대상 : 초등1학년 ~ 성인

검사시간 : 30~60분

검사방법 : 온라인검사 또는 오프라인 단체 검사

어휘력 검사

MORE

어휘의 사전적 의미와 어휘 의미간의 관계 등 어휘에 관련된 지식과, 알고 있는 어휘를 구사하는 능력인 표현능력 수준을 평가한 후 그에 맞는 어휘력 학습 방안을 안내합니다.

대상 : 초등1학년 ~ 성인

검사시간 : 20~40분

검사방법 : 온라인검사 또는 오프라인 단체 검사

독서행동 검사

MORE

개인이 갖고 있는 현재의 독서경험과 독서행동에 장기적으로 영향을 미칠 수 있는 개인의 특성을 분석하여 문제영역을 판별해주고 그에 대한 원인을 진단하여 개인별 맞춤 처방을 제공하는 전인적 통합검사입니다.

대상 : 초등1학년~중3학년

검사시간 : 15~20분

검사방법 : 온라인검사 또는 오프라인 단체 검사

(4) 성격유형검사 MBTI 살펴보기

① 검사의 설명

MBTI(The Myers-Briggs Type Indicator)는 C. G. Jung의 심리유형론을 근거로 하여 Katharine Cook Briggs와 Isabel Briggs Myers가 보다 쉽고 일상생활에 유용하게 활용할 수 있도록 고안한 자기보고식 성격유형지표이다. 융의 심리유형론은 인간행동이 그 다양성으로 인해 종잡을 수 없는 것 같이 보여도, 사실은 아주 질서정연하고 일관된 경향이 있다는 데서 출발하였다. 그리고 인간행동의 다양성은 개인이 인식(Perception)하고 판단(Judgement)하는 특징이 다르기 때문이라고 보았다.

MBTI는 인식과 판단에 대한 융의 심리적 기능이론, 그리고 인식과 판단의 향방을 결정짓는 융의 태도 이론을 바탕으로 하여 제작되었다. 또한 개인이 쉽게 응답할 수 있는 자기보고(self report) 문항을 통해 인식하고 판단할 때의 각자 선호하는 경향을 찾고, 이러한 선호경향들이 하나하나 또는 여러 개가 합쳐져서 인간의 행동에 어떠한 영향을 미치는가를 파악하여 실생활에 응용할 수 있도록 제작된 심리검사이다.

(5) MBTI의 네 가지 선호경향

선호경향이란, Jung의 심리유형론에 따르면, 교육이나 환경의 영향을 받기 이전에 이미 인간에게 잠재되어 있는 선천적 심리 경향을 말하며, 각 개인은 자신의 기질과 성향에 따라 다음의 4가지 이분척도에 따라 둘 중 하나의 범주에 속한다.

외향(E) Extraversion	에너지방향, 주의초점	내향(I) Introversion
감각(S) Sensing	인식기능(정보수집)	직관(N) iNtuition
사고(T) Thinking	판단기능(판단, 결정)	감정(F) Feeling
판단(J) Judging	이행약식/생활양식	인식(P) Perceiving

(6) MBTI 16가지 성격유형 해석

① ISTJ(내향성 감각형)

"해야 될 것은 반드시 하고야 마는 책임감이 강한 사람"

신용가, 절약가, 보수파, 준법자

(주기능 감각, 부기능 사고, 삼차기능 감정, 열등기능 직관)

장점 및 일반적인 특징 : 매우 믿을 수 있는 사람으로, 철저하고 건실하고 체계적이며 열심히 하고, 세부적인 사항과 절차에 세심하다. 이들의 인내력은 연관된 모든 사람을 안정시킨다. 이들은 충동적으로 무슨 일에 뛰어들지는 않으나, 한번 시작하면 좀처럼 중단하거나 단념하지 않는다. 낭비 보다는 절약형이다. 요란하고 화려한 것을 싫어하고 정갈하고 정돈된 가정과 작업환경을 좋아한다. 반복적인 일을 싫증내지 않고 무던하게 잘 처리해 나간다. 누가 보든 안보든 주어진 일은 철저하게 잘 처리해 나간다. 계획을 세우거나 뒷정리를 잘 한다.

아름다운 것에는 비교적 무관심한 편이며 최근 유행하거나 호사스러운 것보다 실용적이고 튼튼한 옷을 좋아한다. 별난 음식이나 장소에 잘 매료되지 않는다. 전통이나 관습을 존중하여, 특히 경축일, 생일 등에 관한 행사를 좋아한다.

신중하고 책임감이 강하며 실제적인 사실에 대하여 정확하고 체계적으로 기억을 잘 한다. 집중력이 높고 현실감각이 뛰어나다. 실질적이고 조직적으로 일을 처리하고 요구하는 그 이상으로 일을 생각한다. 웬만한 위기상황에서도 침착하게 보이며 충동적으로 일을 처리하지 않고 일관성 있고 보수적인 방식으로 일을 처리하는 편이다. 반복적인 일상적인 일에 대한 인내심이 강하다. 실무적인 면에서 맺고 끊는 것이 분명하다. 오래된 직장에 적격이며 한마디로 '신뢰할 수 있는 사람'이다. 한번 약속을 하면 기필코 지킨다. 때로는 아주 냉랭하게 보이는데 그것은 이들이 세상의 비평에 절대로 기죽지 않기 때문이다.

직업 및 진로 : 자신들의 정확성과 조직력을 잘 발휘할 수 있는 직업을 선택한다. 자신이 이루어낸 일에 기초해서 인정받으며, 힘

든 일에는 보상이 따르는 그런 진로가 좋다. 완전한 것, 세부적인 것, 올바른 것 그리고 실질적인 절차에 흥미를 가지므로 은행조사역, 감사, 회계, 세무조사원 등에선 특히 탁월하다. 신임, 안정을 꾀하므로 병원이나 도서관과 관련된 직업도 좋다. 장의사, 법원서기보, 법무사 일을 잘 다룬다.

직업/진로분야 : 사무직, 관리, 엔지니어, 엔지니어, 대행업자, (현실에 기초한)상담, 화학, 교육, 훈련, 사업/재정, 은행감독원, 교사(사실적 정보/실제적 기술), 안전한 투자 등

대인관계 및 의사소통 : 가족이나 친구관계에서 신뢰할 수 있고 헌신적이다. 집안의 기둥 역할을 한다. 그들이 어떤 사람인지 파악하는 데는 상당한 기간이 걸린다. 외면적으론 차분하게 보인다. 다른 사람들도 자신과 같이 논리적이고 판단력이 좋다고 생각하기 쉽다. 그렇기 때문에 사람들에 대하여 적절하지 못한 판단을 내려버리거나 자신과 타인의 감정이나 기분을 무시하는 위험성을 갖게 된다. 자신과 타인의 감정이나 직관적인 판단에 보다 더 관심을 가질 필요가 있다. 부모나 선생님에게 공손하고 결과적으로 그들을 즐겁게 해준다. 대인관계에서 마치 부모-자식관계와 같은 인간관계를 맺기 쉽다. 즉 부모와 같은 입장에서 다른 사람까지 책임지려는 경향이 있어서 때로는 아주 무책임한 사람하고 결혼할 수가 없다. 자기 주변의 중요한 사람들이 때로 변덕스럽고 이기심 많은 것은 용서하지만 자신들이 그러한 것은 용납하지 않는다. 배우자에게 성실하고 약속은 꼭 지킨다. 자식들에게나 배우자에게 의무감을 갖고 평생토록 충실하게 책임을 지고 살아간다.

주의하고 개발해야 할 점 : 일상적인 일을 중요하게 여기고, 세

밀하고 현재 주어진 일에 몰두하는 경향이 있기 때문에 그 일의 장기적인 의미를 잊기 쉽다. 자기 생각이나 방식을 고집하기 때문에 다른 변화나 가능성에도 마음을 열어 놓을 필요가 있다. 지나치게 자신이 책임지려 하며, 자기 역할이 요구하는 이상으로 심각하게 일을 하는 경향이 있다. 대인관계의 섬세함을 무시하기 쉬우므로 자신과 타인의 감정에 민감해질 필요가 있다. 정서표현에 노력할 필요가 있으며 자신과 타인에 대하여 인간적으로 배려할 필요가 있다.

② ISTP(내향성 사고형)

"곧 움직일 준비가 되어있는 행동파"

낙천가, 소비가, 모험파, 개척자

(주기능 사고, 부기능 감각, 삼차기능 직관, 열등기능 감정)

장점 및 일반적인 특징 : 이들은 조용하고 말이 없으며 논리적이고 분석적이고 객관적으로 인생을 관찰하는 형이다. 일과 관계되지 않은 이상 어떤 상황이나 사람들 일에 직접 뛰어들지 않는 경향이 있다. 필요 이상 자신을 개방하지 않으며, 가까운 친구들 외에는 대체로 사람들과 사귀지 않는 편이다. 자신의 관심분야에 대해선 외부상황을 잊어버릴 정도로 종종 깊이 몰두한다. 운동이나 취미활동을 좋아한다. 충동적이고 활동 그 자체가 목적이다. 목적보다는 충동 그 자체에서 생겨난 행동이 이들에게는 더 신나는 일이다. 이들은 다음 단계의 행동이 자유로운 자기 일을 해야 한다. 다음 단계의 일을 능숙하게 해내는 능력이 있고 또 이것을 자랑스럽게 여긴다. 겁내지 않고 다른 유형보다 특히 모험을 잘하고 그 때문에 자주 다치기도 한다. 일상생활에 있어서 매우 적응력이 강하다. 논리적이고 분석적이며, 객관적인 사실에 근거해서 결론을 내린 것

이외에는 어떤 것에 의해서도 확신을 가지지 않는 경향이 있다. 현실감각이 뛰어나고 임기웅변에 강하다. 노력을 절약하는 능력이 뛰어나서, 일을 하는데 안달하거나 노력을 낭비함이 없이 상황이 요구하는 것을 정확히 해낼 수 있다(그러나 때론 지나치게 편한 것을 노리고 노력을 들이지 않는 경향이 있다). 뛰어난 현실감각, 시간포착, 긴급한 상황에 대비하는 뛰어난 감각으로 위기를 잘 포착하기도 한다. 주위의 분쟁에 신속하게 대응한다. 계급이나 권위에 대해 평등해야 된다는 입장을 가지고 있으며 맹렬히 반항하기도 한다. 다른 유형들보다도 도구로 연기를 할 정도로 도구 사용을 잘한다.

직업 및 진로 : 해결해야 할 새롭고 긴급한 일들을 잘 다루기 때문에 그런 일들이 잘 발생하는 직업에서 두각을 나타낼 수 있다. 규칙에 제한 받지 않고 자신의 독립성이 보장되는 직업이 좋다. 기술이나 기계 등을 다루는 일을 잘하고 관심이 많으나 이것에 흥미가 없는 ISTP는 그 대신 판매, 유통업이나 경제적인 활동에 관심이 많다. 손재주가 뛰어나고 스포츠와 야외에서 노는 것이나 그들의 지각에 많은 정보를 제공해 줄 수 있는 일들을 좋아한다.

직업/진로분야 : 비행기조종사, 기중기 작동기사, 정보기관, 경찰, 첩보원, 목수, 자동차 경주자(카레이서), 기계공, 스포츠 전문가, 기계공, 수리공, 엔지니어(전기, 전자), 기술자, 치과기술자, 철강노무자, 수송직공, 노동자, 청소업무, 법률직 비서, 교정직 사무원, 스포츠선수, 측량기사, 상업(광고) 디자이너 등이 있다.

대인관계 및 의사소통 : 열정적이지만 조용하고 호기심이 많으며, 사람을 사귈 때 친한 친구들을 제외하고는 수줍어하는 편이다. 사고능력이 뛰어나기는 하지만 잘 표현을 하지 않는다. 그러나 자신들이 흥미를 가지는 분야에 대해서는 놀랄 만큼 이야기를 잘한다.

주의하고 개발해야 할 점 : 노력을 절약하는 것이 ISTP의 특징 중의 하나다. 따라서 열성과 적극성을 키워나갈 줄 알아야 한다. 일을 미루거나 결말을 짓지 않는 일이 많다. 따라서 인내심을 키워야 한다. 결정하기 전에 모든 측면을 숙고하고 고려할 시간여유를 가질 필요가 있다. 목표와 계획을 세우고 바라던 결과성취에 필요한 노력을 경주할 필요가 있다. 앞으로 달려 나가기 전에 실질적이고 상황적인 사용가능한 주변의 자원들을 검토할 필요가 있다. 느낌이나 감정, 타인에 대한 고마운 마음을 표현하기 어려워할 때가 많다. 그러므로 자신의 마음속에 있는 느낌이나 생각들을 털어놓고 다른 사람과 나누는 노력이 필요하다.

③ ESTP(외향성 감각형)
"우리가 있는 곳엔 행동이 있다."
행동파, 활동가, 수완파, 촉진자
(주기능 감각, 부기능 사고, 삼차기능 감정, 열등기능 직관)

장점과 일반적인 특징 : 외향 감각 사고 인식형은 자신에게 일어나는 경험들에 대해 개방적이기 때문에 사물이나 사건이나 사람에게 대해 선입견이나 편견을 가지고 대하지 않고 있는 그대로 수용하기를 좋아한다(위험도 기꺼이 잘 받아들인다. 돌발적인 분쟁상황에 유연하게 잘 대처하고, 분쟁 해결사 역할을 잘한다.) 관대하고 느긋하며 우호적이고 관용적이어서 적응을 잘한다(일이 진전되도록 하기 위해 협상하고 타협점을 잘 찾는다). "반드시", "꼭" 무엇을 해야 한다는 조바심이 없고 특별한 규범이나 법칙에 얽매이기 보다는 현재 상황에 맞추어 가며, 사물,

경치, 활동, 음식, 사람 등 그들의 감각에 새로운 것은 무엇이나 호기심이 많으며, 삶을 즐기는 형이다. 현재의 상황, 현재의 순간에 무엇이 필요한지 잘 감지하며, 많은 사람들을 쉽게 기억하고, 예술적인 멋과 판단력을 가지고 있으며, 연장이나 재료들을 다루는데 능하다. 타고난 재치와 사교능력이 있다. 인생을 즐기는 편이기 때문에 사귀면 재미있고 지루한 것을 모른다. 공부나 독서보다는 직접적인 체험을 통해 더 많이 배운다.

직업 및 진로 : ESTP들은 자신들이 갖고 있는 폭넓은 관심, 정확한 사실 파악능력, 논리와 분석능력 그리고 자신들의 적응력을 발휘할 수 있는 직업들에 대해 흥미를 느끼고 만족하는 경향이 있다. ESTP는 다양한 직업은 가지고 있으며 종종 활동적이고 현실적인 접근을 요구하는 직업을 선호한다. 그들의 현실적인 적응력, 세상과 접촉하고자 하는 욕망으로 인해 그들은 무역, 사업, 세일즈 및 전문성을 요하는 직업을 갖는다. 그들은 직접적인 경험을 보다 더 신뢰하고 또한 그것으로부터 더 잘 배우며, 그들이 살고 있는 세상에 적극적인 관심을 가지는 경향이 있다. 그들의 사교성, 융통성 그리고 현실 상황에 대한 포용력 때문에 대인 관계에서 오는 분쟁을 아주 능숙하게 다룰 수 있다. 이런 능력들로 인해 이들은 뛰어난 실제적인 문제 해결사가 되거나, 다른 사람들을 설득하고 교섭하는데 능숙하다.

ESTP는 변화하는 상황에서 지속적이고 실질적으로 적응해야 하는 직업에 잘 맞는다. 그들은 분쟁 조정자로서의 역할을 매우 훌륭하게 수행해 낸다. 그들의 분석적인 기술은 상황에 관한 사실에 대해 사용된다. 그들은 사실과 세부상황에 대해 놀랄 만한 기억력을 나타낼 수 있다. 그들은 어떤 도구와 기계를 다루는데 매우 능숙하며 또 위험을 즐길 수 있는 일을 추구하는 경향이 있다. ESTP는 대체로 너무 많은 구성과 규칙을 제기하는 직업을 꺼리며, 일반적으로 많은 사람과 만나는 직업에 종사한다. ESTP의 종종 대중적이거나 개인적인 서비스와 같은 직업에 매력을 느낀다. 그들은 문제를 해결하거나 탐험하고 실험할 수 있으며 자유로운 직업에 매력을 느낀다. 또한 그들은 세부적인 것들을 다루거나, 일을 진척시키는 데 매력을 느낀다. 또한 변화가 많고 다양하며 재미를 발견할 수 있는 곳에서 일하기를 좋아한다. ESTP는 종종 계획되지 않는 상황에서 대처하거나 적응하는 것을 즐긴다.

사람을 모아 타협해 나가야 하는 일을 시작하는 중심인물로 제격이다. 기발한 착상이나 계획을 세울 수는 있지만 그들 자신이 계획의 자질구레한 관리세칙가지 끝까지 이행하려고 하지 않는다. 가능한 한 이들은 자기의 착상을 현실화시킬 수 있는 보조자가 곁에 있어야 한다. 이들이 직업을 찾는 데 있어서 잠재적인 약점은 다소 긴 직업 계획보다는 눈에 보이는 현실에만 초점을 맞춘다는 것이다. 스트레스를 받으면 ESTP는 혼란을 느낄 수도 있고, 직업을 찾는 과정에서 일어나는 많은 사건들에 대해 지나치게 부정적인 의미들을 부여하기도 한다.

ESTP들이 선택하는 직업들은, 마케팅이나 세일즈, 경찰이나 교정(교도직)공무원, 신용조사, 숙련된 무역업, 공예(세공일), 식당업, 오락, 건축업, 은행, 농업, 작은 사업체나 정부의 경영자, 언론, 개인 서비스업 등이 있다. ESTP는 엔지니어링, 건축학, 사회과학 또는 교육 등 이론적이고 추상적인 기술이나 흥미를 요하는 직업에는 별로 종사하지 않는다. 그들은 또 심리학, 건강관리, 종교 지도자와 같은 고도로 구조화된 인간을 보호하고 돌봐주는 영역에 대해서는 무관심한 경향이 있다.

대인관계와 의사소통 : 타인의 의도나 동기를 잘 추리해 내는데 귀신같은 재주가 있고, 말로 표현되지 않는 미세한 실마리에도 뛰어난 감지력이 있는데 이는 타 유형에는 거의 없는 것이다. 눈은 항상 상대방의 눈을 주시하고 행동 또한 상대방을 중심으로 움직인다. 재치 있고 영리하며 사람들에게 재미와 웃음을 끊임없이 선사한다. 반면에 불안이나 근심을 받아들이는 수용력은 약하기 때문에 인간관계에서 생기는 끊임없는 긴장상황은 피하고 멀리한다. 항상 인기 있고 수많은 사람을 알고 지내지만, 대체로 마음깊이 사람들과 사귀는 편은 아니다.

주의하고 개발해야 할 점 : 신속하게 행동하고 있을 때 남에 대해 둔감하고 무감각하게 보이므로 다른 사람의 감정이나 마음을 보살필 필요가 있다. 끈기와 인내, 분투하고 노력하며 좀 악착스러운 면이 필요하다. 즉흥적인 행동에만 치우쳐 사전 계획 없이 바로 문제에 뛰어드는 경향이 있다. 판단기능을 개발하지 않으면 즐기는 것으로 끝날 위험이 있다. 물질적인 것에 집착을 잘하기 때문에 그와는 다른 즐거움도 알아야 한다. 자칫 정신적인 면을 등한시하기 쉽다. 자기신념 등이 결여되기 쉽다. 일을 벌이기를 잘하므로 마무리 짓는 습관도 길러야 한다. 책임감을 더 키우는 것이 좋다.

④ **ESTJ**(외향성 사고형)

"확실한 일꾼"

행정가, 운영자, 사업가, 추진가

(주기능 사고, 부기능 감각, 삼차기능 직관, 열등기능 감정)

장점과 일반적인 특징 : 일을 잘 처리하는 것이 이들의 최대 강점이다. 이 외향적 사고형은 처음 일을 만들고 계획하고 추진하는 데 뛰어난 능력을 가지고 있다. 현실적이고 사실적이고 체계적이고 논리적이어서, 일이나 자신이 속해 있는 집단을 잘 이끌어 간다. 분명한 규칙과 규범을 중시하고 여기에 따라 행동하고 일을 추진하며 마무리하고자 한다. 어떤 계획이나 결정을 내릴 때 확고한 사실과 정보에 바탕을 두고 움직인다. 미래의 가능성보다는 현재의 사실을 더 중시한다. 따라서 일의 결과도 대체로 즉각적이고 분명하며 현재 눈에 보이는 것이어야 만족한다. 실용적이고 실제적이고 현실적이어서 현재 이곳에서 필요한 일에 관심을 둔다. 따라서 사업·산업·생산·건축 등이 이 유형에 어울리는 직업이다. 고집이 있지만 합리적으로 판단하여 아니라고 생각하면 금방 바꾼다. 가치관이 보수적이고 위계질서나 체제를 중시한다. 화끈하고 솔직하며 뒤끝이 깨끗하다.

직업 및 진로 : 조직적이고 체계적으로 일을 완성해 나가고, 안정적이고 앞으로의 일을 예측할 수 있는 조직에서 가장 자신의 능력과 효율성을 발휘한다. 자기 스스로 목표를 세우고 결정을 하며 필요한 명령을 내릴 수 있는 일을 좋아한다.

ESTJ형들은 대부분 흥미를 추구하는 열정, 사설들에 대한 믿음, 논리와 분석의 사용 그리고 조직화할 수 있는 능력들의 사용이 가능한 흥미 있고 만족스러운 직업을 찾고자 한다. ESTJ들은 종종 지도력이나 지시를 내리는 강인한 마음가짐이 요구되는 사실을 추구하고 목적지향적인 분석의 사용이 요구되는 직업을 가지기도 한다.

그리고 이것들은 관리나 경영 지위에 있는 이들 속에서 종종 많이 발견된다. 그들의 강력한 행동지침은 긍정적이고 사실적인 결정방식과 함께 위와 같은 직업들에 종종 매혹되게 한다. 그리고 이러한 자질들은 종종 활동적이고 효과적이며, 조직적인 관리기술들을 이끌어낸다. 그들은 일반적으로 그들의 환경 모든 면에서 무엇이 옳고, 무엇이 효과적인지 그리고 무엇이 현명한지에 대한 그들의 기준을 자연스럽게 적용한다. 그래서 그들은 상황뿐만 아니라 사람에게까지도 매우 분석적이고 실제적인 평가를 내릴 수 있다.

일을 행하는 데 있어서 그들은 체계적인 접근방식과 세부사항과 규율에 대해 계속적으로 관심을 기울인다. 이것은 다른 사람들에게 깊은 신뢰감과 책임감을 전달해 준다. 결정을 내리는 일은 그들에게는 자연스럽게 이루어지지만, 그들은 확고한 사실들을 근거로 해서 결정내리기를 원한다. 전형적으로 그들은 추상적인 조직을 구성하는 것보다 바로 지금 할 수 있는 것을 조직하는 것에 더욱 흥미를 느낀다. 이들은 실제적이고 확실한 결과가 보일 수 있는 직업분야에서 일하는 경향이 있다. 그들은 종종 사업이나 산업분야에서도 나타난다. 그러나 그들은 그들이 맞은 일의 분야에 관계없이 실용적으로 과제 중심적으로 일하고, 조직화하는 것을 기꺼이 한다. 다른 사람들과 교류할 수 있는 기회는 ESTJ에게 매우 중요한데, 바로 이것이 작업환경을 만들고 효과적인 생산절차를 만들게 하는 것이다.

ESTJ들의 이러한 성격특성들은 또한 그들이 종종 종사하는 다른 직종에도 관련된다. 그 직종에는 수작업이 요구되는 직종들 또는 사람에 대한 좀 더 객관적인 접근을 필요로 하는 직업들이 있다. ESTJ들은 그들이 조직체를 운영할 수 있는 직종, 리더십을 발휘할 수 있는 직종, 실제 세계의 문제에 실용적인 적용을 할 수 있는 직종, 성공과 안정성을 성취할 수 있는 직종에 매혹을 느낀다. 그들은 체계적으로 일하는 것을 선호하고, 명백한 결과와 실제적인 기준이 있는, 구체적이고 분명한 일을 하는 것을 좋아한다. 그들은 생산적이라는 느낌을 좋아하고 양심적이고 생산지향적인 이들과 일하는 것을 즐긴다.

ESTJ이 자주 선택하는 직업들의 예로는 관리직종, 자기사업, 행정, 관리, 제조, 생산, 건설, 방문형 세일즈, 군대, 공장 감독자, 서비스 노동자, 청소, 세탁업, 전형적인 세일즈맨, 보험업자 등과 관련된 일을 좋아하고 강하다. 세부적으로는 사업, 레스토랑, 은행업, 공공서비스, 공무원, 기술무역교육, 경찰·군대의 직업, 교도직, 공공서비스직, 회계직, 건축 등이 있다.

ESTJ들은 또한 상담이나 종교전문가와 같은 타인에 대한 정서적인 배려가 요구되는 직업이나 사람에게 상당한 헌신을 해야 하는 직업들에서도 소수가 종사한다. 게다가 그들은 발명에 관계되는 직업이나, 보다 이론적이고 추상적이며 상징적인 것에 끊임없는 주의를 필요로 하는 직업에서도 몇몇 나타난다. 그리고 그들은 또한 사회과학분야, 언론가, 미술과 같은 예술적인 직업에서도 가끔 보인다.

대인관계와 의사소통 : 자신이 속한 단체에 꾸준히 참여하고 대화하며, 시간을 잘 지키고 다른 사람들도 그러리라고 기대한다. 다른 사람의 입장과 기분에 잘 대응하지 못하는 경우가 있으며, 결론에 너무 쉽게 도달하는 경우가 있다. 자신과 반대의 의견을 끝까지 경청하려고 하지 않기 때문에 윗사람의 역할에 있을 때 좌절하기

쉽다. 자신들을 전적으로 믿는 사람들의 조언에 항상 귀를 기울여야 하는 특별한 노력이 필요하다. 쉬는 것과 일하는 것 모두에서 깨끗하고 질서를 잘 지킨다. 전통과 예절에 맞춰서 사람들에게 대함으로써 조화롭게 지내고 만족한다. 친구나 옛 친구를 만나는 것을 좋아하고 여러 모임에서 책임 있는 역할을 기꺼이 맡는다. 믿을 수 있고 행동에 일관성이 있으며, 남에게 보이는 모습 그대로가 그들 인격의 전부이다.

주의하고 개발해야 할 점 : 다른 사람들의 관점이나 생각을 중시해야 한다(열등기능이 감정). 외향적 감각형이어서 현재 외부세계의 정보수집에만 관심이 있기 때문에 새로운 변화의 시도, 추상적인 측면도 고려할 필요가 있다. 비논리적이거나 모순된 점을 발견하는 데에는 천부적이지만, 상대방을 인정하고 칭찬하는 데에는 인색하다(열등기능 감정). 지나치게 일 중심으로 나가다가 다른 사람의 감정이나 마음을 헤아리지 못해서 실수를 범하지 않도록 조심해야 한다. 자신의 감정이나 가치관이 너무 오랫동안 무시되었을 경우 감정이 폭발할 수 있다.

⑤ ISFJ(내향성 감각형)
"의무감이 투철하다"
보호자, 관리자, 공급자, 봉사자
(주기능 감각, 부기능 감정, 삼차기능 사고, 열등기능 직관)

장점과 일반적인 특징 : 내향적 감각형은 책임감이 강하고 온정적이고 헌신적이다. 현실적이고 실용적이며 꼼꼼하여, 치밀함과 반복을 요구하는 일에 능하다. 침착하고 인내심이 많아 가정이나 집단에서 안정감을 느끼게 한다. 일처리에서도 현실감각을 가지고 있으며 실제적이고 조직적으로 잘 처리해 나간다. 경험을 통해 틀렸다는 사실을 발견하기 전까지는 꾸준하게 밀고 나간다. 많은 사실들을 기억하고 만사가 정확하고 분명하기를 바라며, 위기 상황에도 차분하고 안정되어 있다. 인간에 대한 따뜻한 정이 있다. 따라서 친절하고 동정심이 많고 남을 진심으로 걱정해준다. 먼저 일부터 하고 쉰다. 자신의 물건들을 소중히 한다. 청결한 환경을 유지한다.

직업 및 진로 : 일에 철저하고 손을 아끼지 않으며 세심하다. 따라서 세심한 관찰과 인간에 대한 배려를 요구하는 직업을 잘 선택한다(교사직, 사무직, 서비스업, 특히 간호직, 비서직, 도서관 직원). 정확성과 조직성 때문에 감독직을 많이 수행한다. 끊임없이 규칙이 바뀌는 상황에서 일하는 것은 매우 싫어한다. 자신들을 필요로 하는 사람들 －환자들, 무지한 사람들, 학생, 고용주 등－과 원만한 관계를 맺는다. 남들이 자신들을 필요로 할 때 돌보아주는 것으로 만족하며 친절히 도움을 제공한다. 책임감이 투철하고 반복적이고 연결되는 일상의 일을 해내는데 매우 탁월한 재능이 있다. 사색적이고 이론적인 일에는 흥미가 적고 실질적이고 현실적인 일을 좋아한다.

직업 및 진로분야 : (건강이나 고객 관련)서비스업, 운전사, 사서(공문서 기록자, 수행원, 점원), 물리치료사, 서기, 교사직, 간호직, 의학적 치료 관련 종사자, 종교 계통 종사자, 사회사업가, 교사, 경호원.

대인관계와 의사소통 : 전적으로 신뢰할 수 있는 사람이다. 상사에게 충성하고 조직보다 개인을 더 의식한다. 상사를 비롯하여 다른 사람을 존중하고 절차를 따르며, 타인들이 자신의 예상대로 행동하여 주지 않으면 괴로워하고 당황한다. 배우자와 가족에게 헌신하며 대개는 훌륭한 가정으로 꾸려나간다. 잘난체하는 것을 싫어하

고, 겸손하고 조용한 친구를 좋아한다. 의사소통에 있어서 솔직하고 핵심적이며, 실례나 견본을 사용한다.

주의하고 개발해야 할 점 : 주체성과 독단성이 좀 필요하다. 지시하는 역할에도 좀 익숙해지도록 해야 한다. 남에게 자기 견해를 발표할 때 확신이 없는 것처럼 보인다. 조용하고 표면에 나서지 않기 때문에 실제 보다 낮게 평가되기 쉽다. 상황이나 남의 요청을 들어주기 전에 충분한 생각, 판단 그리고 비판이 필요하다. 자신의 능력이나 성과를 남에게 알리고 눈에 띄도록 할 필요가 있다.

⑥ **ISFP(내향성 감정형)**
"더없이 따뜻한 사람"
예술가, 온정가, 낙천가, 연기자
(주기능 감정, 부기능 감각, 삼차기능 직관, 열등기능 사고)

장점과 일반적인 특징 : 마음이 따뜻하고 온정적인 사람이다. 따뜻함을 말보다는 행동으로 나타내며 조용하고 신중하다. "양털 안감을 속에 넣은 코트처럼 속마음이 따뜻한" 사람이다. 그러나 상대방을 잘 알기 전까지는 이것을 잘 드러내지 않는다. 16가지 성격유형 중 가장 겸손한 유형이다. 자기 주관이나 가치를 타인에게 강요하지 않으며, 개방적이고 적응력이 높고 관대하며, 삶을 즐기는 형이다. 조용하고 수줍음이 많다. 그들이 중시하는 것은 감각을 통해 알게 되는 현실이다. 자연, 사물 그리고 예술 등을 감상하는 능력과 식별력이 뛰어나며 자연과 동물을 사랑한다. 동물 애호가가 많고 유난히 동물과 쉽게 친해진다. 자연적인 것, 전원적인 것을 선천적으로 갈구한다. 목표를 설정하여 그것에 도달하기 위해 안달하는 일이 없고 여유가 많다. 어떠한 경우에도 가능한 한 품위 있게 현재를 즐기며 생활하고자 한다. 어떤 실질적인 대가보다는 인간을 이해하고 상대방의 건강이나 기쁨에 공헌하는 일에 관심이 많다. 자신을 내세우지 않는다. 자기 자랑이 없다. 잘 순응하며 모가 나지 않은 사람이다. 남이 무엇을 시키면 거절할 줄 모른다. 남에게 비판적인 말을 못해 혼자서 마음이 잘 상한다. 끊고 맺는 것을 어려워한다. 어떤 목적을 향해 연습하기 보다는 지금 진행되고 있는 것에 잘 사로잡히고 몰두한다. 모든 유형들 중에서 가장 예술적인 기질이 있다. 색깔, 선, 명암, 동작, 보고 듣는 것 등에 뛰어나다.

직업 및 진로 : 위협적이거나 경쟁적이지 않은 직업 환경에서 사람들과 함께 작업하도록 허용되는 일이 좋다. 규칙이나 필요성에 의해서 운영되는, 고정된 조직에서 일하게 되면, 그날부터 이들은 우울해 한다. 이들이 쾌활하고 생산적이기 위해서는 여러 가지 행동을 골라서 할 수 있어야 하고 그 대가도 보상되어야 한다. 일에 있어서 다양함과 변화가 있고 실제적인 행동－기술을 활용할 수 있는 작업이 좋다. 직장에서 예의바르고 인간적이며 조용히 자신의 업무에 정진하는 부하를 두는 것이 좋다. 다른 사람의 복지를 위해 봉사하는 업무가 좋다. 직업선택에 있어서 선택의 여지가 많다.

직업 및 진로분야 : 예술인(화가, 작곡가, 무용가 패션 디자이너 등), 목수, 정원사, 조경사, 보석상, 미용사, 체육인, 성직자, 교직자, 사회사업, 요리사, 사회사업, 서기, 기계공 및 수선공, 청소 및 세탁 서비스, 의사 보조, 치과 보조, 웨이터, 타이프 기사, 손재주 있는 직업(용단, 도자기 등), 간호사.

대인관계와 의사소통 : 점잖고 이해성 많고 불행한 사람에게 동정적이다. 다른 사람이 요구하는 것에 관심을 많이 기울인다. 조용하고 겸손하며 수줍어하는 모습이 대화로 나타난다. 나서기를 꺼려하나 일단 나서면 "무대체질"을 발휘한다. 말이 적고 인정 많은 동료를 좋아한다. 대화에서 품위 있고 유머를 즐긴다. 인간관계를 유지하고자 하는 욕구가 강하다. 혼자서 추구하는 것을 즐긴다.

주의하고 개발할 점 : 자기주장이 너무 없다. 동조를 잘하여 다 옳은 것 같고 판단력이 부족하다. 자기 능력을 알릴 줄 알아야 하고, 자기주장을 내세울 줄 알아야 하며, 상대방에게 부정적인 아픈 말도 해줄 줄 알아야 한다. 분석적 비판적 사고가 필요하다. 보다 미래지향적 전망을 일깨울 필요가 있다. 남에게 잘 속고, 물건 값을 깎을 줄 모르고, 남을 비판하지 못한다. 너무 쉽게 마음이 상해서 뒤로 물러나 버리기 쉽다.

⑦ ESFP(외향성 감각형)

"인생 그 자체가 재미있는 것"

낙천가, 행동파, 현실가, 접대 사교가

(주기능 감각, 부기능 감정, 삼차기능 사고, 열등기능 직관)

장점 및 일반적인 특징 : 친절하고 수용적이며 현실적이고 실제적이다. 어떤 상황에서든 잘 순응하며 타협적이다. 선입견이나 편견이 없고 개방적·관용적이며 사람들에게 너그럽고 관대하다. 일이나 사람에 호기심이 많고 다른 사람의 말에 잘 끼어들고 참견을 잘한다. 이론이나 책을 통해 배우기보다 경험이나 실생활을 통해 배우는 것을 좋아한다. 추상적 관념이나 이론보다 구체적 사실들을 잘 기억한다. 논리적 분석보다 인간중심의 가치에 따라 의사결정을 한다. 따라서 동정적이고 사람들에게 관심이 많고 재치가 있고 영리하다. 사람들을 만나고 다루는 일에 능하다. 어떤 기준이나 규범을 쫓기보다는 상황이 되어 가는 대로 따라 사는 편이다. 따라서 "반드시", "꼭" 등의 조건에 쫓기는 일이 없다. 따라서 일의 추진력이 모자라고 마감 시간을 놓치기 쉽다. 이들 앞에는 어려운 문제란 별로 용납되지 않는다. "공동묘지도 휘파람을 불며 걸어가는" 태도로 자신의 불행과 괴로움을 문제로 받아들이는 것을 거부한다.

직업 및 진로 : 활동적인 직업을 좋아하며, 외롭고 고립된 직책은 잘 맞지 않는다. 대인관계에 뛰어나 남과 더불어 일하기를 좋아한다. 자신에게 중요한 타인들을 감안하고 개인적인 온정에 바탕을 두고 일의 결정을 내린다. 자신의 경험에 많이 의존하고, 일반적으로 상식이 풍부하다. 주위사람들에 대해 정확한 자료를 알고 있고 힘들이지 않고 이러한 자료를 얻어낸다. 현실적이고 순응을 요구하는 일에 적합하다.

직업 및 진로분야 : 서비스, 판매, 유흥사업, 사무직, 비서직, 식당운영, 가게운영, 비서직, 사회사업, 간호업무, 수송업자, 접객업무, 사진사, 꽃 디자이너, 육상선수나 코치, 영화 프로듀서, 가축전문가, 정치가, 수의사, 여행 대행업자, 건축업자, 연예인, 노동관계 중재자 등.

대인관계와 의사소통 : 솔직한 대화를 좋아한다. 홀로 있기를 피하고, 언제든지 남과 함께 하고자 한다. 손쉽게 친구를 사귀고, 사람들은 대개 이들과 함께 있으면 기분이 좋다. 그들 자신의 것은 모두 남의 것이며, 남의 것은 그들의 것이 아니다. 대가를 바라지 않고 무슨 도움이던지 주고자 한다. 유혹에 빠지기 쉽고 남의 요구에 쉽게 굴복하는 경향이 있다. 말을 아주 잘하고 넘치는 재담에

기지가 있어 사람을 즐겁게 한다. 의복, 음식, 신체적 편안함, 행복한 시간 등 어디를 가도 '먹고 마시고 즐거워하는 분위기'를 만든다.

주의하고 개발해야 할 점 : 논리적·분석적 사고의 개발할 필요가 있으며(T가 삼차기능), 시작한 일을 마무리하는 습관을 길러야 한다. 시간을 관리할 줄 알고 일을 시작하기 전에 계획하는 습관을 길러야 한다. 일과 레크리에이션을 구별할 줄 알아야 한다. 뛰어들기 전에 먼저 심사숙고할 필요가 있다. 질병이나 고통에 대한 인내심이 모자라고 피하려고 한다. 가능한 한 상황의 어두운 측면을 피함으로서 불안을 피하고자 한다.

⑧ **ESFJ(외향성 감정형)**
"남을 돕지 않고는 못 산다"
사교가, 봉사자, 친선 도모자, 협조자
(주기능 감정, 부기능 감각, 삼차기능 직관, 일등기능 사고)

장점 및 일반적인 특징 : 동정심이 많고 동료애가 높다. 자기 주변 사람들에게 관심이 많고 우호적이고 지지적이며 화목과 친목을 중시한다. 양심적이고 정리정돈을 잘하며, 참을성이 많고 사람들을 잘 돕는다. 주위 사람들이 인정하고 지지해줄 때 기쁨과 만족을 느낀다. 자기 자신의 판단보다 주위 사람의 인정이 더 중요하다. 다른 사람들의 의견에서 가치를 발견하는데 재능이 있다. 동조를 너무 잘한다. 일상적인 일에 잘 적응하고 현실적이고 실제적이며 물질적 소유를 즐긴다.

직업 및 진로 : 사람을 만나고 다루며 인화를 도모하고 행동을 요구하는 분야에서 능력을 발휘한다(판매, 판촉활동, 서비스업, 세일즈. 설교,

교직). 고객을 제품으로 사는 것이 아니라 인간적으로 산다. 특히 따뜻함과 동정심을 필요로 하는 환자를 돌보는 의료분야에서 능력을 발휘한다. 끈기 있고 성실하여 작은 일에도 순서를 따른다. 추상적 사고, 논리적 분석 등을 요구하는 일에는 딱 질색이다. 규칙과 규정을 잘 지키고 의무와 봉사에 잘 단련되어 있기 때문에 쉽게 상관을 불쾌하게 하지 않고 충성을 다하는 편이다.

직업 및 진로분야 : 판매, 서비스업, 교직, 접대원, 아동보모, 전문적 자원봉사자, 간호업무, 상담, 사회사업, 레스토랑 업무 지배인, 언어치료사 등.

대인관계와 의사소통 : 조화로운 인간관계가 이들에겐 매우 중요하다. 이들의 기쁨과 만족의 대부분은 주의 사람들의 따뜻한 마음에서 나온다. 따라서 다른 사람들이 자신들을 좋아하고 존경할 만한 자질에 관심을 기울이는 경향이 있다. 동료들의 생활상의 일과 문제점들을 잘 알고 있으며 상담하는 것을 좋아한다. 비판력 없이 다른 사람들이 의견에 동조하고 집착하는 경향이 있다. 보통 부모를 존경하고, 성장기에는 유순하고 복종하는 편이다. 상황에 맞는 감정표현을 잘한다.

주의하고 개발할 점 : 남을 즐겁게 하는데 신경을 많이 쓰기 때문에 자기 일에 소홀하기 쉽다. 일이나 인간관계에 있어 냉철해질 필요가 있다. 남이 비판적으로 대할 때 마음의 상처를 입기 쉽다. 속단하는 경향이 있고, "이렇게 해야 한다"는 마음의 규칙이 많다. 특히 일이나 사람들에 대한 문제에 대하여 냉철한 입장을 취하는 것을 어려워한다. 반대 의견에 부딪쳤을 때나 자신의 요구가 거절당

했을 때 마음의 상처를 쉽게 받는 경향이 있으므로 객관성을 키울 필요가 있다.

⑨ **INFJ**(내향성 직관형)
"다른 사람들에게 영감을 불어넣는 사람"
신비가, 예언자, 예술가, 창조자, 현자
(주기능 직관, 부기능 감정, 삼차기능 사고, 열등기능 감각)

장점 및 일반적인 특징 : 창의력과 통찰력이 뛰어난 사람이다. 직관력이 풍부해 뛰어난 영감으로 타인에게 영향력을 미친다. 독창성이 풍부하고 독립심이 강하며, 확고한 신념과 뚜렷한 원칙을 가지고 산다. 공통의 이익을 위해 헌신하고 인화와 동료애를 중시한다. 따라서 존경하며 따르는 사람이 많다. 가능성을 중요시하며 자신의 가치관을 중심으로 생각하고 결정한다. 다른 사람의 복지에 기여하고 동료들을 돕는 일에 대한 욕구가 크며 중후한 인격과 깊이를 가지고 있다. 스스로 갈등이 많은 한편 복잡한 문제나 인간관계를 이해하고 다룰 수 있다. 다른 사람을 이해하고 공감하는 능력이 탁월하며, 다른 사람의 의도나 정서를 그가 알기 전에 파악할 수 있다. 직감적으로 타인의 선악을 감지한다. 이들의 심중은 다른 사람들이 알아내기 힘들다. 이들은 매우 풍부한 내적인 생활을 소유하고 있고, 내성적이다. 초능력 현상이 다른 유형보다 이들에게 많다. 유행에 매우 둔감하다. 자기내면의 세계를 중시하기에 현실과 멀어지기 쉽다. 인간이 사는 목적과 같은 것에 대한 정신적인 추구가 강하다.

직업 및 진로 : 전공은 인문이나 사회과학계열을 택하고, 직업은 사람과 관련된 것 중에서도 일대일의 관계를 가지는 일을 택한다. 혼자서 집중할 수 있는 일을 잘한다. 학생인 경우 대체로 우수하

며, 허세를 부리지 않으며, 창조활동을 보여주고 성취한다. 일을 매우 진지하게 다루며 학구적인 활동을 좋아한다. 지나친 완벽주의 성향을 보여주며 일 자체가 요구하는 것 이상으로 몰두한다. INFJ 형에는 정신적 지도자가 많다. 즉 남에게 강요해서가 아니라 사람들의 마음을 움직여 따르게 만드는 지도력을 가지고 있다. 다른 사람들의 자기실현을 돕는 일을 잘한다. 직관과 사람을 중시하는 분야에 이러한 유형이 많이 종사한다. 고등교육, 목회, 심리치료나 상담, 예술이나 문학 분야, 기술 분야에서는 새로운 연구 개발에 의의를 느낀다. 단순하고 반복적인 작업에서는 견디지 못한다. 왜냐하면 새로운 아이디어와 새로운 시도나 가능성 추구에 흥미를 가지고 있기 때문이다. 이들은 어떤 위치나 역할을 맡아도 타인의 정서와 마음에 깊이 마음을 기울이나, 적대감이 많고 삭막한 근로환경이나 쉴 새 없는 비평에 접하면 자신감을 잃고 불행감을 느끼며 기력이 떨어지고 병이 나기까지 한다.

직업 및 진로분야 : 상담자, 사회사업가, 심리학자, 성직자, 미술교사, 교직, 저술활동, 연구, 교육자문 등.

대인관계와 의사소통 : 타인을 기쁘게 해주는 것을 좋아하며 어떠한 경우에도 최선을 다한다. 갈등상황을 싫어하고 파괴적이라고 생각하며, 인간관계의 조화를 위해 타인에 동의하는 쪽을 택하기도 한다. 다른 사람의 말에 깊이 귀를 기울이고 기꺼이 상의하고 협조한다. 홍보, 교섭에도 탁월하며 동료와의 관계에도 유대가 강하다. 그러나 너무 심한 비평에는 좌절하며 비교적 쉽게 마음을 상한다. 타인의 칭찬을 좋아하고 또한 칭찬을 활용하여 타인에게 동기를 불어넣는다. 친구 수는 적으나 깊고 오래간다.

주의하고 개발할 점 : 이상과 현실 사이에서의 괴리 때문에 갈등을 느끼기 쉽다. 현실적 안목을 키울 필요가 있다. 이상과 현실을 조화시켜 현재를 즐기려는 노력이 필요하다. 외골수로 빠지는 경향을 조심해야 한다. 직관을 통해 통찰한 내용을 현실에 옮길 수 있는 방법을 찾아야 한다. 남에게 강요하지 못하고, 비판에 정면으로 대결하지 못하며, 너무 지나치게 자신에게 의존한다.

⑩ INFP(내향성 감정형)
"낭만적 이상주의자—마지막 돈키호테"
탐색가, 예술가, 신념가, 이상가
(주기능 감정, 부기능 직관, 삼차기능 감각, 열등기능 사고)

장점 및 일반적인 특징 : 마음이 따뜻한 사람이나 상대방을 잘 알기 전까지는 잘 표현하지 않는다. 조용하고 자신과 관련되는 사람이나 일에 책임감이 강하고 자신이 추구하는 이상에 대해서는 뜨겁고 정열적인 신념을 가지고 있다. 늘 무엇인가 갈구하고 있다. 이상과 현실 사이에서 벽을 느껴 상처받기 쉽다. 자신이 지닌 내적인 성실성과 이상, 깊은 감정과 부드러운 마음을 잘 드러내지 않으나 조용하게 생활 속에 배어 나온다. 이해심이 많고 순응적이며 관대하고 개방적이다. 그러나 내적 신념이 위협받는 상황에서는 조금도 양보하지 않는다. 남을 지배하거나 좋은 인상을 주려는 경향은 나타나지 않는다. 새로운 아이디어에 관심이 많고 통찰력이 있으며, 긴 안목으로 미래를 내다본다. 따라서 언어, 학문 분야와 작가가 많다. 심리학, 상담, 문학, 과학 분야에서도 능력을 발휘한다. 어떤 일에 깊이 관심을 가질 때 완벽주의로 나아가려는 경향이 있다. 일을 벌이는 스타일이기에 생각만큼 성취가 되지 않을 때 불안정감을 느끼기 쉽다.

직업 및 진로:“의미 있는” 진로를 찾는다. 사명감을 충족시키고 자기성장을 증진시키고 다른 사람들의 성장을 돕고 세계가 이익이 되는 그런 진로를 찾는다. 이런 맥락에서 다양성, 혼자서 아이디어를 계획하고 생각하며 창조해낼 수 있는 시간과 자율성을 격려하는 환경을 찾는다. 직장에 적응을 잘하며 새로운 아이디어와 정보를 비교적 잘 수용하며, 타인의 정서를 잘 이해하고 원만한 관계를 맺는다. 단지 약간의 심리적 간격은 유지한다. 업무도중 전화응답을 싫어하고 혼자서나 남과 함께 하는 일을 잘 해낸다. 복잡한 상황에서는 잘 견뎌내지만, 반복되는 일에는 인내심이 없다. 사실에 있어서는 실수를 하지만, 가치평가에서는 좀처럼 실수를 하지 않는다. 소설가, 성격배우, 연예인, 사회사업가, 성직자, 심리학자, 정신과의사, 건축가, 교수직 등이 적합하며 사업과는 인연이 멀다. 직업을 위해 학구적으로 필요한 지식을 습득하는 데는 기꺼이 적응을 잘하며, 고등교육일수록 두각을 나타낸다. 언어와 학술활동에 천부적인 재능이 있다. 자주 타인을 돕는 소명감을 의식하고, 그러한 직업에 필요한 자기희생을 기꺼이 감수한다.

직업 및 진로분야:목수, 작가, 소설가, 성격배우, 연예인, 사회사업가, 성직자, 심리학자, 정신과의사, 건축가, 교수직 등이 적합하며 사업과는 인연이 멀다.

대인관계와 의사소통:외부에 침착하고 만족스러운 얼굴을 나타내며 과묵하고 수줍은 듯이 보인다. 타인에 대해 냉랭한 것처럼 보이지만, 내면적으로는 결코 멀리하지 않는다. 다른 유형에 보기 드문 것으로 특별한 사람들이나 어떤 하나의 명분을 깊고 열정적으로 돌보는 능력을 갖고 있다. 자신을 믿는 사람들이나 대의명분을 위

해선 희생을 감수하기도 한다.

주의하고 개발할 점 : 어떤 일에 깊이 관심을 가질 때 완벽주의로 나아가려는 경향이 있다. 일을 벌이는 스타일이기에 생각만큼 성취가 되지 않을 때 불안정감을 느끼기 쉽다. 생각하는데 시간을 다 소비하고 행동에 옮기는 것을 어려워한다. 따라서 실질적으로 일하는 법을 배울 필요가 있다. 많은 사람을 다 만족시켜야 한다는 생각을 줄여야 한다. 그래야 마음의 상처를 줄일 수 있다. 개인의 이상이나 계획에 대해 논리적으로 분석도 해보고, 현실적인 안목에서 살펴볼 줄도 알아야 한다. 행동계획을 수립하고, 확고한 주장으로 때로는 타인의 요청을 거부할 수 있도록 노력해야 한다. 일에서 시작도 끝도 없다. 여러 가지를 동시에 시작하며 마무리 짓기 어려워한다.

⑪ ENFP(외향성 직관형)
"나날이 새롭다. 닮지 않는 건전지"
열성가, 작가, 참여가, 외교가
(주기능 직관, 부기능 감정, 삼차기능 사고, 열등기능 감각)

장점 및 일반적인 특징 : 열성적이고 창의적이다. 풍부한 상상력을 가지고 새로운 일을 잘 시작한다. 풍부하고 충동적인 에너지를 가지고 일을 즉흥적이고 재빠르게 해결하며 솔선수범한다. 관심 있는 일이면 무엇이든지 척척 해내는 열성파이다. 뛰어난 통찰력으로 상대방 안에 있는 성장·발전할 수 있는 가능성을 들여다보며, 자신의 열성으로 다른 사람들도 어떤 새로운 일에 흥미를 가지게 하고 다른 사람을 잘 도와준다. 어려움을 받을 때 더욱 자극을 받고, 어려움을 독창적으로 해결해 나간다. 사람과 일에 대하여 새로운 정열을 갖기 때문에 그들의 열정에 영향을 받아 다른 사람들도 관심의 도가 높아지고, 자신이 속한 집단을 활성화시켜준다.

직업 및 진로: 혁신적이고 새로운 일을 시도할 자유를 자신에게 부여하는 그런 직종을 찾는다. 많은 다양성, 최소한의 일상적인 것, 함께 일하는 많은 사람들에게 긍정적인 영향을 끼칠 기회를 원한다. 직업선택 상 폭이 넓고 여러 방면에서 성공을 거둔다. 고용인으로서는 정력적이고, 용기와 재능이 있고 아이디어가 좋다. 대부분의 문제를 특히 사람과 관계된 문제를 잘 푼다. 일상적이거나 반복적인 일에는 잘 견디지 못한다. 즉흥적이고 부단히 새로운 것을 시도하고 영감과 통찰이 요구되는 일에 잘 적응한다. 따라서 일을 벌이기는 잘해도 끝맺음이 부족하다. 일상적이고 세부적인 일은 이들의 흥미를 끌지 못하고 열성을 불러일으키지 못한다. 여러 가지 일의 가능성을 너무 보기 때문에 때로 선택하는 일이 어려울 때가 많다. 상담이나 교육에서 능력을 발휘하며 어떤 분야에서든 재능을 발휘한다. 과학, 신문, 방송, 광고, 판매, 목회, 작가 등 다양한 분야에 종사한다.

직업 및 진로 분야: 탁월한 판매요원, 홍보활동가, 정치인, 극작가, 성격배우, 정치, 교직, 상담, 성직자, 연구, 사회사업, 저술, 예술, 영화연극작가, 세일즈맨, 레스토랑 웨이터, 컴퓨터 분야 등.

대인관계와 의사소통: 감정기능이 우세하므로 사람에 대한 관심이 많다. 따뜻한 온정이 있고 사람들과 매우 잘 지낸다. 그들은 다른 사람의 태도에 민감하며, 판단하기보다는 이해하려는 의도를 지니고 있다. 다른 사람이 기분을 알아내는 초인적인 감각을 지니기도 한다. 타인에게 주는 영향력이 크다. 인간관계에서 자발적이면

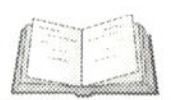

서도 진실하고자 노력한다. 이러한 의도는 조용히 타인에게 전해지고, 많은 사람들이 이것에 매력을 느낀다. 매력이 있고 동료들과 잘 어울리고 같이 있기를 좋아한다. 사람을 모으고 회의나 모임을 주도하는 재주가 있다. 그러나 이러한 일을 하는데 필요한 세부적인 자료를 모으는 데는 좀 미숙하다. 배우자로서는 매력적이고 교양 있고 동정적이며 일상적인 것에는 잘 따르지 않는 경향이 있다. 부모로서는 자녀를 다루는데 예상치 못한 것을 요구하기는 하지만 때로 친구와 같이 꽤 헌신적이다.

주의하고 개발할 점 : 하고 있는 일을 끝내기 전에 새로운 것으로 옮겨가기 쉽다. 한 가지 일을 매듭짓는 법을 배워야 한다. 현실적인 면도 고려하여 관계된 세부사항을 잘 살피고 좀 꼼꼼해질 필요가 있다. 일을 벌이지만 말고 우선순위를 정해놓고 차근차근히 하는 법을 생각해야 한다. 일의 우선순위에 따라 시간을 적절히 사용하는 일에 주의를 기울일 필요가 있다. 씀씀이가 커서 항상 미래를 대비할 필요가 있다.

⑫ **ENFJ(외향성 감정형)**

"타고난 교사"

지도자, 교사, 언변가, 협조자

(주기능 감정, 부기능 직관, 삼차기능 감각, 열등기능 사고)

장점 및 일반적인 특징 : 동정심이 많고 인화를 중시하며, 민첩하고 성실하고 참을성이 많다. 다른 사람을 존중하고 가치를 발견할 줄 안다. 상대방의 의견을 존중하고 새로운 아이디어와 일에 관심이 많다. 글로 쓰기보다는 말과 행동으로 나타내기를 좋아한다. 사람을 좋아하고 사교적이며, 다른 사람의 장점을 발견하면 이를 지나치게 이상화시켜 맹목적인 경향을 나타낸다. 다른 사람으로부터의 인정을 중시한다. 인정을 받으면 열성을 다한다. 사람을 접촉하는 일에 능력을 발휘한다. 교직, 사목, 판매, 예술, 문학 등 주로 조화로운 인간관계에 큰 가치를 부여한다.

직업 및 진로: 자기 자신과 남들의 잠재가능성을 최대한 찾도록 도와주는 진로를 찾는다. 타인들이 성장하고 발달할 수 있도록 돕기를 원하고 인간관계를 즐긴다. 대부분의 직업에서 성공을 한다. 언어가 유창하며 사람을 다루는 일–특히 사람을 직접 대하는–이면 기대이상으로 기여할 수 있다.

직업 및 진로분야: 물리치료자, PD, 보건의료계통 종사자, 행정관리자, 여행업자, 외판원, 인사 관리자, 상담자, 종교 사업가, 예술가, 작가, 매스컴, 성직자, 무대, 영화, 의사, 정신적 스승, 경영인, 판매자 등.

대인관계와 의사소통: 사회생활에 유능하며, 친구를 사귀는 일과 이성교제에 능숙하다. 매력과 관심으로 사람을 잘 다룬다. 어디를 가든 항상 인기가 있다. 어떤 생활에서든 사람들과 함께 하는 것을 좋아한다. 인간 자체에 최대의 중요성과 우선권을 준다. 그 결과로써 타인이 정서까지도 자기의 책임으로 생각하는 경우가 많아 때로 이들과의 인간관계에 부담이 되기도 한다. 이들에게 흔히 도움과 지지를 청한다. 인간관계를 이상화하는 경향이 있다. 이상적인 관계를 유지할 수 없는 경우에도 그것을 계속 유지하려고 함으로써 상처를 받기 쉽다. 사실 이들은 남들에게 대단히 관대하고, 비평을 하지 않으며, 언제나 믿을 수 있다. 본인들이 남들을 수용하듯 남

들도 그러하리라고 믿는다. 언어와 화술에 특히 능통하여 서면교제와는 정반대인 얼굴을 마주보고 이야기하는데 특별한 재능이 있다. 이들은 타인의 인격, 정서, 신념을 잘 고려한 특별한 공감능력으로 남과의 관계를 잘 맺는데 탁월한 능력을 가지고 있다.

주의하고 개발할 점 : 지나치게 남을 이상화시키지 말고 현실적 안목을 키워야 한다. 인간관계에 지나치게 끌려서 일을 소홀히 하지 않도록 신경 쓸 필요가 있다. 사람에 대한 관심만큼 현실과 세부적 사항에도 관심을 나타내야 한다. 다른 사람의 기분, 인격, 신념 등을 지나치게 동일시하고 공감하는 것을 주의할 필요가 있다. 즉 객관적이 되도록 노력하는 것이 좋다.

⑬ INTJ(내향성 직관형)
"자기주관이 뚜렷한 고집쟁이"
과학자, 이론가, 발명가, 독창가
(주기능 직관, 부기능 사고, 삼차기능 감정, 열등기능 감각)

장점 및 일반적인 특징 : 행동과 사고가 독창적이다. 비전과 신념이 강해 독립적이고 단호하고 고집이 세다. 자신의 영감과 목적을 실현시키려는 의지와 결단력이 강하다. 직관과 통찰이 요구되는 일에서 능력을 발휘한다. 복잡한 문제를 다루기를 좋아하며, 자기가 관심을 가진 일이라면 조직력을 발휘하여 추진하는 힘이 있다. 특정 목적을 향해 외골수로 치닫는 경향이 있기 때문에 다른 사람의 생각이나 감정에는 소홀히 하는 경향이 심하다. 따라서 적이 많다. 명철한 분석력과 비판력 때문에 사물과 사람을 있는 그대로 수용하기 힘들며 인간적인 면을 소홀히 한다. 어떤 사람의 말이든 사리판단에 맞으면 받아들이지만 그렇지 않으면 지위 고하를 막론하고 거부한다. 성취욕구가 강하다.

직업 및 진로: 복잡한 문제를 풀기 위해 기술을 창조하고 적용하는 분야, 두뇌의 기민함과 창조성 있는 지적 능력을 사용하는 분야, 미래의 구상에 기여하는 분야, 비판분석력이 활용되는 분야, 연구분야의 직업에 잘 맞는 편이다. 과제나 일을 끝내고자 하는 욕구가 강하고 항상 장기적인 결과를 기다린다. 어려운 난관은 이들에게는 강한 자극제가 되며 창의성을 많이 요하는 도전에 응하는 것을 즐겨한다. 이들의 직업은 이론적인 것을 실질적인 것으로 전환시키는 일에 적합하다. 어떤 곳에서 일하든지 조그만 기회가 있어도 자료를 수집하고 이것을 조직적으로 구성한다. 이들은 보통 책임자의 지위까지 오르는데, 왜냐하면 이들은 장기간 매우 열심히 일하며 목표달성에 흔들림이 없으며, 자신이나 동료, 고용인의 어느 쪽에서건 시간이나 노력을 헛되이 낭비하지 않도록 하기 때문이다.

직업 및 진로분야: 기술자, 연구보조원, 디자이너, 컴퓨터 전문가, 의사, 행정가, 사회봉사사업가, 건축사, 행정 관리원, 자연과학자, 사업 분석가, 컴퓨터 프로그래머, 교사 등.

대인관계와 의사소통 : 다른 사람의 말에 별로 영향을 받지 않는다. "홀로서기를 잘한다." 특정한 대상에게 쏟는 정이 유별나다. 이들 앞에선 많은 사람들이 자기 자신을 의식하게 되는 경향 때문에 INTJ들과는 심리적인 거리감이 형성된다. 따라서 동료들은 이들이 감정이 없고 냉랭하고 열정이 없다고 생각한다. 왜냐하면 1NTJ들은 자신들에게 하는 것처럼 다른 사람에게도 어려운 일을 강요하고 만족할 줄 모르는 사람처럼 보이기 때문이다. 학교 또는 직장에서 성취욕이 강하다. 정서 표현하는 것을 어려워하고, 자신이 관심이 있는 사람들로부터 거부당했을 때 가장 과민한 반응을 보인다. 독립심이 가장 강하고 자율적이 되고자 하는 욕구도 가장 강하다. 일반적으로 자신이 옳다고 믿는 한 타인의 무관심이나 혹평이 이들을 신경 쓰게 하지는 못한다. 사생활을 보장받고자 하는 욕구도 강하다.

주의하고 개발할 점 : 조금도 양보가 없어 남들이 그에게 접근하거나 도전하기를 두려워한다. 타인의 의견에 경청하고 인간적인 면을 살필 줄 알아야 한다. 남을 인정하는 법을 배우고 비현실적 생각은 버릴 줄 알아야 한다. 자신의 생각과 행동이 타인에게 미칠 영향도 고려해야 한다. 다른 사람의 제안을 받아들이는 것을 배울 필요가 있다.

⑭ INTP(내향성 사고형)
"아이디어의 창고"
문제해결과 생각의 조련사
철학자, 과학자, 이론가, 동참자
(주기능 사고, 부기능 직관, 삼차기능 감각, 열등기능 감정)

장점 및 일반적인 특징 : 조용하고 과묵하나 자기가 관심 가진 분야에 대해서는 말을 잘한다. 사람을 중시하기보다 아이디어에 관심이 많으며, 분석적이고 논리적이고 객관적이다. 이해가 빠르고 직관력과 통찰력이 있어 재능이 많고 지적 관심이 많다. 그러나 개인적인 인간관계나 파티 잡담 등에는 관심이 없다. 사람을 사귈 때도 소수의 사람과 아이디어나 추상적 문제를 주로 논한다. 모든 유형 중에서 사고와 언어방면에서 가장 정밀하다. 사고와 언어의 명확성, 불일치를 즉각적으로 파악한다. 현재 문제에 관련된 가장 적절한 것을 찾아낸다. 결과적으로 타 유형보다도 집중력이 강하다. 이들에게 세계는 무엇보다도 이해되어야 할 것으로 존재한다. 현실은 별 것이 아니며 이상을 증명하는 장소일 뿐이다. 우주를 아는 것이 중요하다. 생각이 많은 사람이다. 생각을 안 하면 마치 할 일이 없는 사람 같다. 비판적이어서 다른 사람이 곁에 가기가 어렵다.

직업 및 진로 : 이들에게 이상(理想)을 건축하는 것이면 무엇이든지 마음을 사로잡는다. 그러나 자신의 모델을 현실세계로 실현시키거나 응용하도록 요청 당하는 것은 꺼려한다. 이들은 사상과 조직의 설계사, 건축사이나 이것을 실현하고 응용하는 것은 타인들이 해야 한다. 글을 쓰거나 판매 일을 하지 않으려 한다. 지적 호기심이 많아 순수과학 분야, 연구, 수학, 엔지니어링 분야에서 능력을 발휘한다. 사무업무에는 능숙하지 못한 편이고 일상의 세부적인 일을 못 참는 경향이 있다. 조용하게 방해받지 않고 때로는 혼자 일하고 싶어 한다.

직업 및 진로분야 : 분석가, 논리학자, 수학자, 철학자, 과학자, 건축가, 작가, 신문방송인, 컴퓨터 프로그래머, 행정 관리자, 전략계획, 이론가, 도구사용 노동자, 컴퓨터 관계 종사자, 심리학자

대인관계와 의사소통 : 대체로 함께 지내기에 거리낌이 없고 공손하며 쉬운 편이다. 중대한 약속, 연중기념일, 일상생활의 의식 등을 일깨워 주지 않으면 잊어버리는 수가 많다. 정서를 말로 표현하는데 어색하다. 주어진 상황을 직관적으로 다루고 이들의 사고는 가까운 사람들 외에는 알아보기 힘들만큼 숨겨져 있다. 따라서 대개는 INTP들이 알기 힘든 사람으로 이해되거나, 그들이 지닌 능력이

바로 이해되는 경우가 드물다. 자신의 신조가 침해되기 전에는 매우 적응력이 강하다. 그러나 일단 침해되면 몹시 적응하기 어려워진다. 그렇게 되면 타인들도 도저히 이들을 이해하지 못한다. 왜냐하면 이들은 매우 복잡하게 생각하면서도 표현에서는 너무나 간단명료하기 때문이다. 정서표현이 별로 없으며, 타인이 원하는 바에는 매우 둔감하고 심지어 전혀 의식하지 못하는 경우가 많다. 주제가 있는 대화를 즐기고 요점이 없는 대화를 좋아하지 않는다.

주의하고 개발할 점 : 자신과 타인의 지적능력을 인정하지만, 방대한 사상, 법칙, 행동방식의 이해에 대한 자신의 강한 욕구에 집착하여 단순한 아마추어가 되기 쉽다. 구체적 사항에 관심을 두고 현실성을 고려해야 한다. 타인의 개인적인 측면들을 알고자 애쓰고, 타인의 노력을 인정하는 태도를 기를 필요가 있다. 지나치게 지적이어서 이론적인 면에 치우치기 쉽다. 비판적·분석적이어서 인간미가 없다는 말을 듣기 쉽다.

⑮ **ENTP(외향성 직관형)**
"열정적 창조자, 독창적 혁신가"
창의자, 활동가, 능력가, 해결사
(주기능 직관, 부기능 사고, 삼차기능 감정, 열등기능 감각)

장점 및 일반적인 특징 : 상상력과 창의력이 풍부하고 항상 새로운 가능성을 찾아나가는 혁신가이다. 안목이 넓고 다방면에 재주가 있으며 자신감이 많다. 사람들의 동향에 민감하고 민첩하며 여러 가지 일에 재능을 발휘한다. 복잡한 문제를 잘 해결하고 정력적인 에너지를 가지고 있으며, 부단히 새로운 일을 찾아 나서며, 이렇게 새로운 일을 시작하는 가운데서 끊임없는 에너지 충전을 받는다. 그러나 일상적이고 치밀함을 요구하는 일에는 쉽게 권태를 나타낸다. 다재다능하고 정력이 넘친다. 관심이 있는 분야는 거의 대부분 마음만 먹으면 다해내는 편이다. 일 없이는 못 사는 사람이다. 때로 경쟁적이며 현실보다는 이론에 더 밝은 편이다. 이들은 다음에는 어떤 일이 일어날까라는 의문 때문에 항상 깨어있고, 가능성에 예민하다. 분석 특히 기능분석에 능하고 복잡한 것을 받아들이고 즐겨한다. 가끔 규칙을 준수하지 못하며, 조직의 허를 찌르고 조직의 규칙, 규정을 판단하기를 즐겨한다. 조직의 정책을 잘 이해하고 다루며 사람을 판단하기에 앞서 이해하며 주어진 정책을 잘 활용한다. 자기 주장적이고 그 주장을 반드시 성취시키고자 한다. 관습에 도전하기 쉽다.

직업 및 진로 : 다양성, 융통성, 자율성, 자유, 변화 및 창조성을 필요로 하는 그런 진로를 찾는다. 단조롭지 않고 도전적인 일을 추구하고, 작업에서 의미를 원한다. 많은 사람들을 몰입시키는 그런 환경을 원한다. 에너지를 방출할 수 있는 통로를 찾아야 한다. 그렇지 않으면 하고 싶은 것은 많은데 할 일이 없으면 답답해서 견디지 못한다. 직업이 너무 단조로운 것이 아닐 경우, 여러 직종에서 성공할 수 있다. 이 점에서는 이들은 지칠 줄 모른다. 종사하는 업무가 더 이상 도전성이 없으면 의욕을 잃고 끝까지 해내지 못하여 동료들을 불편하게 만들 수 있다.

직업 및 진로분야 : 문제해결사, 발명가, 과학자, 신문방송인, 언론인, 컴퓨터 분석가, 독립적인 자문가, 기업가, 리포터, 세일즈맨, 조정자, 잡다한 노동, 공군요원, 웨이터, 음식서비스업자, 관리인(레스토랑), 세무조사원, 시장연구자 & 계획자, 보험업자, 엔지니어(전기/전자), 배우, 사업가, 사진사 등.

대인관계와 의사소통 : 언제나 정열적이고 모든 것에 흥미를 가지고 있으므로 타인을 고무시키고, 타인들은 이들의 정열에 매혹된다. 여러 가지에 모두 즐거워하는 편이어서 이들을 기쁘게 하는 것은 쉽다. 매력이 넘치는 대화를 잘하며, 타인의 복잡한 언어구사에도 이해가 빠르다. 상대방이 가까운 친지나 친구라고 하더라도 상대에게 불리한 논쟁기술을 곧잘 이용한다. 항상 타인보다 유리한 입장을 고수하는 유일한 유형이다. 남보다 몇 발 앞서며, 수다스럽고 동기부여를 잘하는 이들의 특징은 조직에 생명을 불어넣는다. 남에게 기만당하거나 타인에 의해 조종을 받는 일은 이들에겐 치욕이다. 배우자로서는 생기 있는 주거환경을 만든다. 사교적이며 쉽게 또 자주 웃으며 유머감각이 뛰어나다. 이들 중에는 유쾌한 친구들이 많으며 아이디어와 활동에 흥미가 있다. 대개는 성격이 편하고, 비판하거나 잔소리를 하지 않는다.

주의하고 개발할 점 : 새로운 것을 추구하다 보면 현재의 중요성을 간과하기 쉽다. 지나치게 경쟁적이 되지 말고, 다른 사람들의 노력을 인정하고 칭찬할 줄 알아야 한다. 때로 자기의 능력과 임시대응기술에 의존하는 경향 때문에 꼭 준비해야 하는 것을 가끔 소홀히 하는 실수를 범한다. 자신을 과도하게 확장시키는 것을 주의한다. 지나치게 이상 중심이 되어 현실의 중요성을 잊기 쉽다. 현실적 우선순위와 일정계획을 세울 필요가 있다. 과로에 빠지기 쉽다.

⑯ **ENTJ(외향성 사고형)**

"타고난 지휘관, 인생은 행정이다."

지도자, 통솔자, 정책가, 활동가

(주기능 사고, 부기능 직관, 삼차기능 감각, 열등기능 감정)

장점 및 일반적인 특징 : 논리적이고 분석적이고 활동적이며, 행정적인 역할이나 장기계획 수립을 좋아한다. 사전에 철저한 준비를 하여 조직적이고 체계적으로 일을 추진한다. 비능률적이고 불확실한 일에는 관심을 나타내지 않는다. 새로운 지식, 새로운 아이디어에 관심이 많으며 솔직하고 통솔력이 있다.

이들의 특징을 한마디로 표현하면 지휘관이다. 이들의 욕구와 필요조건은 사람을 지도하는 것이다. 아주 어려서부터 집단을 이끄는 것을 볼 수 있다. 어디에서든지 원대한 목표를 위해 사람들을 조직하는 강한 충동력을 지니고 있다. 새로운 지식에 대한 관심이 많으며 복잡한 문제나 지적인 자극을 주는 새로운 아이디어에 호기심이 많다. 때로 현 상황이 처해 있는 현실적 사항들을 쉽게 지나쳐 버리는 경향과 성급하게 일을 추진하는 경향이 있다. 그러므로 이들은 현실이 안고 있는 치밀한 상황을 있는 그대로 볼 줄 알고 처리하는 다른 사람들의 의견에 귀를 기울이는 것이 필요하다. 비능률이라는 것은 용납되지 않으며, 반복되는 실수는 참지 못한다. 무슨 일을 하든지 분명한 이유가 있어야 하며, 사람들의 감정이 이유가 될 수는 없다. 객관적인 자료에 근거해서 결정을 좋아하며, 충분히 검토된 기안과 설계에 따라 일을 진행하기를 원한다. 일에 대해 지칠 줄 모르는 헌신을 다하며, 일 이외의 다른 생활에는 쉽게 담을 쌓는다.

직업 및 진로 : 자신이 설계하고 이끌고, 조직하고, 문제를 해결하도록 허용되는 그러한 진로를 찾는다. 새로운 일이나 기회들을 좋아한다. 매우 다양하고, 거의 세부적이지는 않는 그러한 직업, 창조성이 가치를 가지는 그런 직업을 찾는다. 조직을 맡았을 때, 다른

유형보다 조직이 가고 있는 방향을 파악하려는 욕구가 강하고 또 그런 능력도 갖추고 있다. 관리자들로서는 단위조직을 원활하게 운영하며, 미리 계획하고, 장기·단기 목표들을 항상 염두에 둔다. 인력자원의 능률성과 효과성을 잘 찾고 파악한다.

직업 및 진로분야: 세일즈 관리자, 공무원, 건축, 토목, 컴퓨터 전문가, 행정부 지도자, 법률관계종사자, 경영 관리, 자문, 기업가, 군대장교, 지휘관, 과학, 자영업, 사업자문, (행정)관리자(대락/기술기관/건강), 전문적인·기술적인 분야의 근로자, 조작/체제 연구가 및 분석가.

대인관계와 의사소통: 자신과 타인의 감정에 관심을 보이고, 자신의 느낌이나 감정을 인정하고 표현하는 것이 필요하다. 그렇지 않으면 누적된 감정이 크게 폭발할 가능성도 있다. 너무 논리와 사고에 의존하기 때문에 감정의 가치 －다른 사람들이 중요시하고 자신이 중요시하는 것－를 간과하기 쉽다. 언어에 대한 통찰과 의미파악이 천부적이다. 사고와 표현이 명료하다. 특정한 주제에 대한 토론을 즐긴다.

주의하고 개발할 점: 다른 사람의 감정과 다른 사람의 말에 귀를 기울이고 인정해 줄 필요가 있다. 그 하나의 방법으로 다른 사람들의 장점과 아이디어를 인정해 주는 것이다. 속단속결하고 참을성이 없으며 강압적으로 보이기 쉽다. 설정하기 전에 상황의 모든 측면을 고려한 시간을 가질 필요가 있다. 자기 자신의 감정을 무시하고 억압하며 타인에게 중압감을 주기 쉽다.

⑰ 성격유형별 독서 대화법

내향형 - 조용히 책 읽을 수 있는 공간과 혼자 생각하고 정리할

시간이 필요

외향형 - 책읽기 전후, 부모의 즉각적인 반응과 적극적인 대화가 필요

감각형 - 직접 체험을 중시하는 유형, 반복학습 및 친절할 설명이 필요

직관형 - 호기심을 충족시켜 줄 새로운 책과 틀에 얽매이지 않는 대화방식이 필요

사고형 - 토론과 비판을 즐기는 유형, 자녀의 논리도 인정해 주면서 조언이 필요

감정형 - 정서적 연대감이 있을 때 독서 및 토론 가능, 독서경향이 문학류에만 치우치지 않게 조율이 필요

판단형 - 독서에도 계획이 필요한 유형, 고지식한 경향이 있으므로 다양한 관점을 가질 수 있는 지도가 필요

인식형 - 자유분방한 유형, 책읽기의 자율성을 인정하되 마감시간을 상기시킬 필요

3. 학습능력 높이는 독서코칭 스킬

1) 과학적 태도와 과학적 탐구능력 향상을 위한 독서코칭

"오늘날 과학이라는 말은 때때로 논쟁적 화제에 오르내리기가 일쑤이다. 즉 아주 과학적이라고 할 경우 이는 인정이 있는 사람, 도덕적인 사람, 종교적인 사람들과 대조되는 말로서 또는 어떤 사상을 나타내고 있기는 하되, 이를 뒷받침할만한 정당한 증거를 찾지 못한 의견을 고집하는 수법들과 대조되는 말로 사용되고 있다. 따라서 과학이라는 말을 이런 의미로 해석한다면 세계니 인간이니 사회니 하는 것들을 끈기 있는 편견 없이 음미하여 나가는 노련한 구상에서 오는 지식이라고 할 수가 있다. 과학적 정신은 일정의 성실한 호기심 즉 옛 전통에 사로잡혀 관찰하는 감각을 흐리게 하거나 또는 판단하는 정신을 왜곡시키거나 하는 일이 없는 호기심이다."

– 스털팅 P. 램프레히트의 『서양 철학사』 中

피아제에 의하면 전조작기 중에서 전개념기(3~4세)에 속하는 유아들은 주변 세계에 대한 호기심이 증가하면서 관심 분야를 열심히 탐색하게 된단다. 따라서 "이게 뭐야?", "왜?"라는 질문을 많이 하게 되는데, 만약 이때 엄마가 질문에 대해 정성스럽게 답변을 해주며 호기심을 충족시켜 주면 과학적 탐구능력은 자연스럽게 형성되고 키워질 수도 있다. 하지만 엄마의 정성스러운 답변에도 불구하고 아이가 만족하지 않는 경우도 있는데, 그때 엄마의 입장에서는 '무엇이 잘못된 것인지', 혹은 '설명이 부족한 것인지' 불안한 마음이 싹틀 수 있다. 그래서 유능감을 인정받고 더불어 아이의 능력도 키워 주고 싶은 엄마는 모든 방법을 동원해 답을 해줄 텐데, 그럼에도 불구하고 아이가 여전히 흥미를 보이지 않을 수도 있다. 그렇다면 왜 이런 현상이 벌어질까?

우선 아이들이 질문을 '왜' 하는가 생각해 볼 필요가 있다. 질문에도 여러 목적이 있는데, 답을 모르기 때문에 궁금해서 물을 수도 있고, 혹은 예전 경험들이 떠올라 연결 고리가 있을까 싶어 물을 수도 있으며, 자신이 이미 생각하고 있는 것이 맞다는 확인을 위한 것일 수도 있다. 또한 그저 질문을 하면 엄마가 좋아하기 때문에 인정과 칭찬을 받고 싶은 마음에 할 수도 있다. 그런 동기로 때에 따라서 당혹스러운 질문도 하는데, 그렇다고 해서 놀라는 태도를 취하거나 어떻게 답해야 할지를 고민하는 모습을 보이는 것은 좋지 않다. 대신 침착하게 이런 질문을 하게 된 동기나 이유가 무엇인지, 더불어 질문한 내용에 대해 어느 정도나 알고 있는지를 먼저 파악하는 것이 중요하며, 아이의 질문을 돌려주는 형식으로 대답을 시작하는 방법이 유용할 수 있다. 예를 들어 "작은 씨앗 하나에서 어떻게 식물이 태어나 자라는지 궁금하구나. 그럼 ○○는 어떻게 생각하니?" 이렇게 질문을 되돌려 주면, 아이는 생각을 통해 대답을 할 것이다. 그럼 대답을 주의 깊게 듣고 관심의 방향을 가늠한 뒤에, 필요한 측면으로 이를 확장시켜줄 수 있는 질문으로 이어가면 된다.

앞서 제시한 램프레히트의 『서양 철학사』에서도 말하듯, 과학은 세상에 대한 아이의 호기심으로부터 출발한다. 발달과 성장을 동시에 하는 아이들은 보고, 듣고, 만지고, 냄새 맡고, 맛보는 경험을 통해 끊임없이 생겨나는 호기심과 궁금증을 해소하며 새로운 것들을 알아간다. 이런 과정 속에서 얻은 경험과 정보들은 지적 호기심을 채워주는데, 바로 이러한 과정을 가능하게 하는 것이 과학적 능력이다.

따라서 과학적 태도와 과학적 사고, 즉 과학적 능력을 갖는다는 것은 과학에 관한 일반화된 개념이나 지식을 가르쳐 습득시킬 수 있는 것이 아니라, 얼마든지 변할 수 있는 현상들을 아이가 직접 경험하고 끊임없이 탐구하며, 비판적으로 사고하고 더불어 생활 주변의 모든 요소를 관찰, 분석, 예측, 종합하여 새로운 무엇을 창안하고자 하는 과학적 태도와 마인드를 갖는 것을 의미한다. 생활 속에서, 환경 속에서 발생하는 과학적 상황들을 직접 경험하며, 그 안에서 스스로 다양한 측면들을 검토해보고 수정해보는 과정, 그 과정만이 진정한 과학적 사고와 태도를 갖게 만들 수 있다는 뜻이다. 때문에 아이가 무엇인가에 호기심을 보이는 것, 그를 바탕으로 질문을 던지는 것은 중요한 과학적 태도의 실천이라 할 수 있다.

자 그렇다면 이제부터 과학적 태도와 과학적 사고를 키우기 위한 구체적인 방안들을 하나씩 살펴보자.

(1) 과학과의 만남, 다양한 과학의 세계를 경험하게 해주자!

이미 짐작하고 계시겠지만, 여기서 말하는 '과학'은 물리, 화학, 지구과학 등의 분야별 과학에 한정된 개념이 아니다. 모든 분야에는 '과학'이 담겨 있으며, '과학적 태도'와 '과학적 사고'로 보자면 우리가 경험하는 모든 현상을 과학적으로 볼 수 있다는 측면의 포괄적인 과학이다. 때문에 과학적 태도와 과학적 사고를 키우기 위해서는 다양한 경험을 할 수 있도록 하는 것부터 시작되어야 한다.

(2) 고정관념을 버리자!

특히 '창의력' 관련 분야에서 많이 언급하는 고정관념은 과학적 태도와 과학적 사고에도 걸림돌이 된다. 우리는 이미 아이가 태어나기 전부터 남녀에 대한 성별의 고정관념에서 자유롭지 못한 면들을 본다. 이런 태도는 태어난 이후 장난감을 고르는 과정에서도, 직업적 소양을 키우는데 있어서도 끊임없이 작동된다. 예를 들어 여자 아이는 로봇을 가지고 놀고 싶어 하는 것은 물론 시간이 날 때마다 그것을 분해하고 다시 조립하는 걸 좋아하는데, 이는 '여성스러운' 모습이 아니기 때문에 제한되는 면이 많다. 이처럼 고정관념은 과학적 태도와 사고의 전제 요소인 '호기심'을 제한하고 확장시킬 수 없게 만들기 때문에 당장 버릴 필요가 있다.

(3) 오감 체험을 통해 과학적 지식을 쌓게 하자!

아이의 과학적인 능력은 직접적인 경험을 통해서 키워진다. 즉 손으로 만지고 눈으로 보며, 귀로 듣고 맛을 보기도 하며, 그야말로 몸 전체로 체험을 했을 때에 가능하다. 만약 이처럼 오감 체험을 통하면 경험으로부터 얻은 것이 다양한 측면으로 기억되어 있기 때문에 오래 지속되며, 더불어 통합적이며 창의적인 능력으로도 연결될 수 있다. 따라서 아이들마다 다른 욕구나 흥미, 필요성에 따라 다양한 과학 활동으로 연결을 짓되 오감을 활용할 수 있도록 해야 하는데, 그러기 위해 필요한 가장 기본적인 요소는 '관찰하는 눈'이다. 즉 흥미로운 것을 발견했을 때 그냥 흘려버리지 않고 꼭 붙들고 오래도록 바라보며 호기심을 끌어 올릴 수 있는 눈이 필요하다. 그러므로 엄마들에게도 사소한 것을 그냥 지나쳐 버리기보다는, 세심하게 관찰하고 이끌어 줄 수 있는 눈이, 아이가 발견한 것을 더 확장해서 볼 수 있는 '관찰의 눈'이 필요하다.

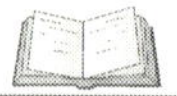

(4) 책과 함께 경험할 수 있도록 하자!

앞서 직접적인 경험의 중요성을 피력했지만, 사실 책을 읽는 것만큼 가장 쉽게 할 수 있는 경험도 없다. 따라서 직접적인 방법을 모르거나 그럴만한 여유가 없는 엄마들은 좋은 책을 찾아 권해주는 것으로 역할에 대해 최선을 다하고 있는데, 중요한 것은 이처럼 책을 통해 얻은 지식으로만 그치지 말고 직접 경험해 볼 수 있는 기회를 가질 수 있어야 한다는 점이다. 그렇다고 반드시 과학관에 데려가라는 것은 아니다. 책을 통해 얻은 원리가 있다면 간단하게라도 실험을 해보는 것, 직접 만들어 보는 것, 설명을 해보게 하는 것, 나가서 관찰을 하고 기록문을 쓰는 것 등이 모두 경험이 되니 말이다.

(5) 최신 정보를 제공해 주자!

'과학'이라는 분야는 순환이 빠르다. 자고 일어나면 새로운 원리며 기술 등이 나오기 때문에, 조금만 감각을 놓고 있어도 뒤떨어지게 된다. 따라서 엄마들은 과학에 관한 최신 정보에 관심을 두어야 하는데, 인터넷에서 정보를 얻는 것은 가장 빠른 방법이며 기타 책이나 잡지, 신문 등을 통해서도 가능하다.

(6) 아이와 함께 해보자!

무수히 많은 계획들은 실천을 함으로써 완성된다. 아무리 좋은 계획을 머릿속으로 많이 세워두면 무엇하겠는가? 아이와 함께 해보자. 집에서 책도 읽고, 도서관이나 박물관, 미술관이나 식물원, 동물원, 수족관 등 가까운 곳으로 나가 관찰도 하며, 필요하다면 실험까지 연결해 보라. 요즘 주말농장을 운영하며 아이들에게 채소가 자라는 모습을 보여주는 부모님들이 많고, 학교에서는 자신의 화분을 하나씩 기르게 하는 선생님들도 많으신데, 이런 활동들 역시 과학에 대한 흥미를 키울 수 있는 좋은 방법이다. 이런 과정은 분명 아이 스스로 답을 찾아갈 수 있는 힘을 제공할 것이다. 단, 실천을 할 때는 아이에게 그 목적을 분명히 설명하라. 때로 이런 점이 아이에게는 엄마가 늘 어떤 목적을 갖고 움직이는 것 같아 부담으로 다가올 수도 있겠으나, 목적에 관한 설명이 없으면 아이는 우리가 원하는 만큼의 관찰과 실험을 하지 않을 것이다.

(7) 호기심 유발, 유지 및 연결, 확장 시켜주는 대화를 하자!

아이의 과학적 사고를 키우기 위해서는 호기심을 일으킬 수 있으며 유지하고 연결시키는, 나아가 확장까지 시켜주는 대화를 자주 나누는 것이 좋다. 경험 속에서 충분히 가질 수 있는 의문점들을 아이와 함께 풀어보는 호기심 대화 놀이는, 서로 질문하고 답하는 과정 속에서 친밀감을 증진시킬 수 있으며, 나아가 과학적 사고와 태도를 갖게 할 수도 있다. 그러니 우선 집에서부터 호기심을 유발할 수 있을만한 현상들을 찾아보고 대화를 시도해 보라. 다음과 같은 질문을 참고하라.

예) 집에서 발견한 호기심 질문들

"정전기는 왜 일어날까?", "물이 끓으면 왜 김이 날까?", "사과는 왜 깎아두면 색이 변할까?", "새우는 삶으면 왜 색깔이 변할까?" 등

(8) 과학적 태도와 과학적 사고를 위한 최종 Tip!

☞ **아이가 과학을 좋아하게 만들려면?**

- 과학 관련 책이나 잡지, 신문, 인터넷 검색을 적극 권장하고 제공해줘라!
- 여러 사물에게 보이는 호기심(동식물 기르기 등 포함)을 제한하기보다는 가능한 허용하라!

▸ 아이가 관찰이나 실험을 통해 새로운 것을 알아냈을 때 엄마도 호기심을 보여라!

▸ 엄마 또한 생활 속에서 관찰과 시도하는 모습을 보여라!

▸ 경험(실험)에 필요한 도구들은 가능한 갖추어줘라!

▸ 아이의 호기심 질문에 성실히 답하고 확장시켜줘라!

▸ 과학에 관한 이야기를 들려줘라!

☞ **이런 태도는 조심하라!**

▸ 시도를 금하는 말!

"하지 말라고 했지!", "안 봐도 뻔하니 하지 마!" 등

▸ 주변 환경에 대한 관심을 막는 말!

"그런 건 몰라도 돼!", "엄마 바쁠 때는 귀찮게 하지 말고 혼자 가서 놀아!" 등

▸ 성 고정관념을 심어주는 말!

"남자는(여자는) 그런 거 하는 거 아니야!", "남자답게(여자답게) 놀아야지!" 등

▸ 틀린 것이나 서투른 점을 지적하는 말!

"그러면 그렇지, 네가 잘 할 리가 있나!", "엄마가 시키는 대로 안 하니까 그 모양이지!" 등

(9) 과학 관련 동화들

마지막으로 과학 관련 동화들을 몇 편 소개해 드릴까 한다. 그런데 서점에 나가 보면 아시겠지만 너무 좋은 책들이 많다. 따라서 일일이 열거하기는 어렵기에 전집 형태 위주로 몇 시리즈만 소개해 드릴까 한다. 무엇보다 중요한 것은 앞서 말씀드린 과학적 태도와 과

학적 사고이기 때문에 반드시 과학 관련 책을 읽어야 하는 것은 아니라는 점, 활용을 잘 해야 한다는 점을 다시금 떠올리셨으면 한다!

뽀삐 과학 그림책 시리즈 / 베틀북
똑똑똑 과학그림책 시리즈 / 웅진주니어
네버랜드 과학그림책 시리즈 / 시공주니어
쇠똥구리 과학 그림책 / 한국헤밍웨이
솔거나라 전통과학 시리즈 / 보림
왜 그런지 정말 궁금해요 시리즈 / 다섯수레
반딧불이 자연과학동화 / 씽크하우스
WHY 시리즈 / 예림당

2) 수학적 태도와 수학적 탐구능력 향상을 위한 독서코칭

수학은 급변하는 21세기를 슬기롭게 살아갈 자기 주도록 역량을 갖춘 민주 시민으로서의 성장에 필요한 기본적인 수학적 지식과 소양을 학생 개개인의 수준에 맞추어 형성시켜야 하며, 현재와 미래의 사회가 당면하게 되는 정보화와 기술공학적 변화의 흐름에 능동적으로 대처할 수 있는 수학적 능력과 태도를 형성시키기 위한 교과이다. 수학의 학습을 통하여 학생들은 수학의 기초적인 개념, 원리 법칙, 기능 등을 익히고, 자연계와 사회에서 벌어지는 현상이나 문제를 수학적인 방법으로 조직하고 해결할 수 있는 종합적인 능력을 높이며, 유연하고 다양한 사고 활동을 통하여 수학적 창의력을 배양할 수 있다.

21세기는 정보화·세계화로 특징지어지며, 이에 대비하기 위한 수학교육은 단순 문제풀이위주의 개성 없는 사람의 양적인 생산보다는, 자기 주도적으로 지적 가치를 창조할 수 있는 인간 양성에 목표를 두어야만 한다. 따라서 학교교육, 특히 수학교육은 학생들이 일상생활에서 그들이 부딪히는 문제들을 학교 특히 수학학습에서 경험한 것들을 바탕으로 적절하게 해결해 갈 수 있는 소양을 길러주는데 그 목적이 있다.

수학 과목은 저학년일수록 모든 과목의 기초 과목이며 논리적이고 합리적인 사고뿐만 아니라 사회생활을 영위하는 대화의 기초 방법 및 훈련을 할 수 있는 가장 많은 시간과 노력이 요구되는 과목이다. 또한 수학은 사회의 공통적인 사고를 하나의 단일적이고 합리적인 체계로 변환을 시도하는 특성을 지니고 있다. 현대는 정보의 시대로서 컴퓨터가 인간의 많은 일을 대신하지만, 이 모든 과정들도 수학적 모델 하에서 가능하며, 상대방의 의견을 명확하게 이해 전달받지 못하거나, 본인의 의견을 상대방이 이해하도록 하지 않으면, 수학적인 의사소통은 전혀 이루어질 수 없을 것이다.[9)]

그렇다면 수학적 태도와 수학적 탐구능력은 무엇을 말하는 것일까? 수학적인 태도와 수학적 탐구능력은 수학 문제해결에 필요한 수학 지식과 기능의 바탕이 되는 것이다. 즉, 앞서 살펴본 과학적 태도와 지식처럼 수학적인 생각을 뛰어 넘는, 문제해결 행동의 방향을 잡아가는 원동력인 것이다. 이를 다시 구체적으로 살펴보면 수학적 태도와 수학적 탐구능력은, 첫째로 자신의 문제나 목적·내용을 스스로 명확히 파악하려는 태도이다. 이는 스스로의 힘에 의해 문제를 해결하려는 마음으로 해결을 위해 여러 방법으로 시도해 보면서 문제의식을 명확히 하려는 마음가짐이라 할 수 있겠다. 그

---

9) 김상룡(1998), 「수학적 의사소통과 수학일기 쓰기를 적용한 수학수업 평가에 관한 연구」, 『대구교육대학교 논문집』 제33집.

려려면 먼저 '의문'을 가져야 하는데, 이 의문 역시 과학적 태도에서의 '호기심'과 같은 역할을 한다. 즉 '그런 것일까?', '어떻게 활용하는 것이 좋을까?', '이 방법이 옳은 것일까?' 등의 의문을 가짐으로써 문제를 발견하고, 명확해지며, 결국 어떻게 해야 하는가라는 구체적인 방법을 찾을 수 있게 된다. 요약하면 이치에 닿으며 조리 있는 행위를 하려는 태도, 내용을 간결·명확하게 나타내려는 태도, 보다 나은 것을 알아보려는 태도인 것이다.

둘째로 수학적 태도와 수학적 탐구능력은 문제의식을 가지려는 태도이다. 이는 문제를 자기 자신의 문제로 생각하고 자신의 힘으로 해결하려는 의지를 갖는 태도로서, 그래야 그 문제를 자신의 문제로 의식하게 되며, 스스로 적극적인 행동을 하려는 태도를 취하게 된다는 것이다.

셋째로 수학적 태도와 수학적 탐구능력은 사상(事象) 가운데서 수학적인 문제를 발견하려는 태도이다. 해결한 문제를 단순히 발전시키는 수준에 머무르지 않고, 일상에서도 새로운 수학적인 문제를 발견하거나 만들려고 하는 모습이 필요하다. 이는 발전적 사고와 관련이 있다.

박교식(1996)은 그의 논문에서 수학의 방법에 관련된 수학적인 생각에는 '귀납적인 생각', '유추적인 생각', '연역적인 생각', '통합적인 생각', '발전적인 생각', '추상화의 생각', '단순화의 생각', '일반화의 생각', '특수화의 생각', '기호화의 생각' 등 10가지가 있으나, 이 10가지 생각이 항상 명확하게, 그리고 배타적으로 서로 구별되는 것은 아니라고 말한다. 따라서 학생의 반응 역시 어느 한 가지 생각

만을 나타낸다고 하기보다는 몇 가지 생각을 복합적으로 나타날 때도 있다는 것이다.[10)]

따라서 우리는 단순히 수학문제를 풀어내는 것 이상의 힘을 발휘하는 수학적인 태도와 수학적 탐구능력을 아이들에게 배양해 줄 필요가 있다. 자 그렇다면 이제부터 수학적 태도와 수학적 탐구능력을 키우기 위한 구체적인 방안들을 하나씩 살펴보자.

(1) 수학 대화 나누기

수학적 대화란 고도의 집중력과 논리성, 합리성을 동반해 상호 존중의 이해를 기반으로 한다고 할 수 있다. 왜냐하면 상대방의 의견을 정확하게 듣고 이해하지 않으면, 또한 자기의 사고를 명약관화하게 표현하여 상대방이 이해하지 못한다면 수학적인 대화 자체는 성립되지 않는다고 해도 과언이 아니다.

수학을 행하는 능력의 개발은 수학 언어가 자연스럽게 사용되는 가운데 학생들이 읽고, 쓰고, 토의하는 기회를 갖는 문제 상황에서 가장 잘 성취되며, 생각을 다른 사람과 서로 나눌 때에 자신의 사고를 명확하고 세련되게 한다. 따라서 학생은 수학적 아이디어를 만나고 참여하는 매우 다양한 기회를 가질 권리가 있으며, 교사는 학생들이 이러한 기회를 제공받을 수 있도록 하는 교과과정을 만들어야만 하는 의무가 있다는 것을 인식해야 한다. 수학이 학교에서만 행하는 것이라기보다는 생활(인생)의 일부로서 알게 해야 한다.[11)]

---

10) 박교식(1996), 「수학적인 태도와 수학적인 생각의 평가 방안 탐색」, 『인천교육대학교 논문집』 제29집 제2호.

11) 김상룡(1998), 전게서.

(2) 전략을 찾게 하기

인생에도 전략이 필요하듯 수학에도 전략이 필요하다. 따라서 문제를 잘 풀 수 있는 전략을 갖고 있다면 수학은 어렵지 않을 것이다. 사실 수학에서는 완전히 새로운 문제란 없다고 한다. 따라서 어떤 문제를 풀 때는 예전에 풀었던 문제들 가운데 어떤 실마리가 있는지 찾아볼 필요가 있다. 이는 곧 수학도 단계가 있다는 말로써, 체계적인 학습을 통해 한 단계 한 단계 밟아나가다 보면 결국 다음 문제를 풀어낼 수 있는 실마리를 많이 갖고 있으므로, 결과적으로 쉽게 풀어낼 수 있다는 공식에 이른다. 따라서 빨리 푸는 것보다 천천히 풀면서 답을 해결해 나간 과정에 집중해, 차후 어떤 문제를 풀어낼 때 적정 전략을 세워나갈 수 있도록 하는 것이 중요하겠다.

(3) 수학일기의 적용

읽기와 쓰기는 수업활동에 더 많은 변화와 다양성을 도입할 수 있는 기회를 제공해 줄뿐만 아니라, 언어가 실제로 보여주는 활동과 크게 관련이 있기 때문에 언어가 어떻게 작용하는가를 이해하는데 도움을 준다. 읽기와 쓰기는 또한 관찰, 비교, 사고를 더욱 용이하게 해주는 역할을 한다. 듣기, 말하기, 읽기, 쓰기의 4가지 기술이 적절하게 융합되고 상호보완이 될 때 바람직한 의사소통이 일어나게 되며, 자신과의 대화인 사고는 암기와 상황판단 그리고 창조적인 것이 포함되어야만 제 구실을 담당한다고 여겨진다.

쓰기 기능은 문자 언어를 통하여 자신의 의사를 표현하고, 다른 사람들과 의사를 소통하며, 의미를 발견하고 창조하는 수단이 되는 대단히 중요한 기능이다. 수학적인 의사소통의 한 영역은 쓰기이다. 그러나 쓰기는 수학에서 거의 사용하지 않는 대화 기술이며, 이 쓰기는 보다 체계적인 의미의 창조물이다. 따라서 수학적인 글쓰기는 다른 글과 같이 배워야만 쓸 수 있다. 글 쓰는 목적이 자세히 설명되어야 하며, 학생들은 어느 정도의 형식이 요구되는지 알아서 써야 한다. 수학에서의 쓰기는 꼼꼼하게 할 수 있도록 해주는 것이 기본이라고 볼 수 있다. 쓰기는 특정한 주제나 문제에 대하여 어떻게 고민했으며, 문제에 대해 어떤 생각을 가졌느냐에 대한 토론은 수학문제나 개념에 대한 자신의 사고나 이유를 깨닫게 하는데 도움을 준다. 사고하도록 배우는 것은 수학을 실제로 행하는 일로써 취급되어진다. 교과서나 교사가 쓴 내용이 중요한 모델이 될 수 있다. 모든 생활의 관점에서 쓰기 활동이 가능하리라 여겨진다. 또한 쓰기의 특성중 하나는 볼 수 있다는 것이고, 어느 정도 영구성과 반복 가능성을 가지지만, 상당한 지적인 노력과 시간이 많이 소요되는 특성을 갖고 있다는 점이다.

※ 수학적 태도와 수학적 탐구능력 향상에 관한 언론 Tip!

'수학 대화'로 자녀의 수학사고력 키우기

수학 사고력은 수학 개념을 발전시키는 데 꼭 필요한 사고 능력으로 최근 학생과 학부모들 사이에서 사고력 수학의 중요성에 대한 인식이 점점 높아지고 있다.

그런데 학생들 중에는 수학의 기본 개념과 지식은 잘 알고 있지만 약간이라도 응용된 문제, 창의적 생각을 요구하는 문제가 출제되면 손도 대지 못하고 쩔쩔 매는 경우가 많다. 이런 경우 수학적 사고력이 부족하다고 진단할 수 있다. 수학 사고력이 부족하면 수학 실력 또한 늘 수 없는 게 현실이다.

그렇다면 자녀의 수학 사고력을 길러 주기 위해 부모가 도와줄 수 있는 방법은 어떤 것이 있을까. 자녀와 함께 수학으로 활동한다고 하면, 대개의 부모들은 아이가 묻는 수학 문제 풀이를 도와주는 것을 떠올릴 것이다. 그렇지만 조금만 더 주위를 찾아보면 수학을 소재로 자녀와 부모가 함께 할 수 있는 활동은 생각 외로 많다.

[중략]

▸수학 능력이 아닌, 수학 성향을 키워라

아이가 수학을 잘 할 수 있으려면 수학 사고력을 키워야 하는데, 이는 수학적 성향을 발달시킴으로써 가능해진다. 수학적 성향이란 과제에 접근하는 방식이나 자신감, 흥미, 다른 대안을 찾아보려는 자발성과 지속성, 자신의 생각을 반성하려는 경향에서 나타난다. 따라서 수학 공부는 단순히 개념이나 그 응용문제를 학습하는 것 이상으로 수학 성향을 발달시키도록 하는 게 중요하다.

▸생활 속에서 충분히 대화할 수 있는 수학거리를 찾아라

자녀의 수학적 성향을 발달시켜 주고 싶다면 자녀와 수학으로 대화를 해보자. 수학적으로 사고할 수 있는 수학 대화는 생활 속에서 수학을 소재로 자녀와 대화를 하는 것을 뜻한다. 수학 대화는 평소 생활 속에서 작은 수학적 요소를 끄집어내어 함께 활동하고 이야기 나누는 것을 통해 이루어진다. 자녀와 함께 장을 보러 가서 아이가 계산을 하도록 하는 것, 아침에 마신 우유의 양을 어림하는 것, 학교까지의 거리를 잴 수 있는 방법을 고안해 보는 것, 지하철 노선도를 보고 도착지까지 가는 방법의 수를 찾아보는 것도 좋은 수학 대화 소재다.

이렇게 일상의 사건들에서 수학적 요소를 찾아내어 이야기 하는 것이 처음에는 어색할 수 있지만, 하루에 하나씩 시도하다 보면 아이는 어느새 부모와 수학으로 이야기하고 싶어질 것이다.

수학이라는 과목은 정답을 맞히는 과목으로만 인식돼 있지만, 수학은 논리력과도 관계가 있어 자기의 생각을 자신 있게 말할 수 있는 힘을 길러 주기도 한다. 따라서 수학 대화는 수학적 요소가 들어 있지 않은 상황에서도 유용하게 쓰인다.

▸정기적인 약속을 정해 수학 대화를 시작하라

와이즈만 영재교육연구소 초등수학팀 정현화 연구원은 "수학 대화를 시작하더라도 부모와 자녀 사이에 습관이 되어있지 않으면 이를 지속하기가 쉽지 않다"며, "정기적으로 수학 대화를 할 수 있도록 약속을 정해 수학 대화가 아이의 수학 사고력 향상으로까지 이어지게 하는 게 좋다"고 말했다. 부모와 수학 교환 일기를 쓰는 것도 수학 대화의 좋은 방법이다. 수학 일기 소재는 부모와 아이가 함께 상의하여 결정하면 된다. 다만 수학의 개념을 나열하는 일기가 되기보다는 부모와의 소통의 공간이 되면서 학습의 동기부여가 될 수 있도록 일기의 소재를 정하고 정성껏 쓰는 것이 중요하다.

〈2008. 4. 28. 머니투데이〉

4. 독서코칭의 실제

1) 독서를 통한 학습 준비 코칭 사례

대부분의 아이들은 자신이 어디에 가는 것인지도 모른 채 엄마 손에 이끌려 연구소까지 오게 된다. 오면서 엄마로부터 어떤 이야기를 들었는지, 엄마와 어떤 약속을 했는지는 모르겠으나, 아무리 마음을 다잡아도 낯선 환경, 그리고 낯선 사람과의 만남에서 일상적인 모습을 내보이기는 어렵다. 어린 아이기 때문에.

강남구 대치동에서 연구소까지 찾아온 초등학교 2학년 여자 아이 나영이도 그랬다. 반갑게 인사를 건네도 눈을 맞추는 둥 마는 둥, 인사를 하는 둥 마는 둥 했다. 그러던 아이가 그림책이 가득 꼽혀 있고, 마녀 위니 등의 캐릭터 인형이 있는 서가를 발견하더니 표정이 밝아지면서 만져보고 싶다는 표정으로 바라보았다. 그래서 읽고 싶은 책이 있으면 얼마든지 꺼내서 읽어도 좋다는 이야기를 해주었더니 몇 권을 골라 의자에 앉아 정신없이 읽어 내려가기 시작했다. 덕분에 엄마와 편하게 이야기를 이어갈 수 있었다.

〈상담 내용〉

어머니 : 나영이는 유치원에 다니는 7살인데, 책을 잡고 자리에 앉으면 특별히 가리는 분야 없이 10권도 넘게 읽어냅니다. 그런데 제대로 읽고 있는 것인지 궁금합니다. 내용을 물어보면 큰 줄거리는 알지만 세부적인 것까지는 모르거든요. 정독을 해야 할 것 같은데 그런 것 같지도 않고 말이죠.

책주샘 : 나영이가 책을 정독하지 않고 너무 빨리 읽어버리는 것에 대한 걱정과 함께 올바른 지도 방법이 궁금하시군요. 우선 아이의 독서능력이나 흥미를 학년이나 나이를 기준으로 이야기할 수만은 없다는 점을 말씀드리고 싶습니다. 이는 어렸을 때부터의 독서습관과도 연관되는 부분인데, 단계에 따라 꾸준히 읽어왔다면 훨씬 높은 학년과 대등한, 혹은 그보다 더 뛰어난 능력을 갖고 있을 수 있답니다. 나영이도 보통의 유치원 친구들보다는 더 높은 능력을 갖고 있어 보입니다. 그래서 어머니 입장에서는 다양한 책들을 열심히 읽는 모습에 뿌듯하시겠는데, 다만 너무 빨리 읽으니 내용들은 다 이해를 했는지, 제대로 읽고 있는 것인지가 궁금하실 수 있습니다. 하지만 이 부분에서도 아이는 자신이 관심 있는 책을 선택해, 흥미 있는 부분을 더욱 집중해서 읽었을 것이며, 결국 기억에 남는 부분도 한정되어 있을 거라는 말씀 드리고 싶네요. 어른들도 드라마를 보면 특히 인상적이었던 장면만 기억을 하는 것처럼 말입니다. 특히 나영이처럼 많은 책을 읽는다면 더욱 그럴 수밖에 없겠습니다.

그렇다면 이런 방법을 활용해 보시면 어떨까요? 어머니께서도 아이가 읽는 책들 중 몇 권을 같이 읽으신 뒤 이야기를 나누어 보시는 겁니다. 그저 지은이나 주인공의 이름이나, 한 장면이 어떻게 전개되었는지 등을 묻는 것은 도움이 되지 않습니다. 한 장면으로도 다양한 주제와 연결을 시킬 수 있고, 우리 실생활과도 연결을 지을 수 있으니, 그런 질문과 함께한 이야기를 나누어 보시면, 아이에게 보다 큰 것을 남겨 줄 수도 있답니다. 책 안의 이야기를 바탕으로 하니 어느 정도는 확인도 되고, 그 안에만 머물지 않는 넓은 시각을 만들어 주기도 하고요.

어머니 : 그렇다면 하루에 10권 넘게 책을 읽히는 건 잘하고 있는 건가요?

책주샘 : 매일 다양한 분야의 책을 5권에서 10권정도 읽히고 계시는 부분은 잘 하고 계신 것 같습니다. 마침 나영이가 책읽기를 좋아하기 때문에 다양한 분야를 접해주면 아이는 보다 넓은 시각을 가질 수 있을 테니까요. 이 부분에서도 깊이에 대한 고민이 있다 하셨는데, 그렇다고 한 분야의 책만을 계속 선택해 주시면 쉽게 흥미를 잃을 수도 있답니다. 어느 정도 시기가 지나면 자연스럽게 아이 스스로 흥미 분야에 대한 책을 더 집중해서 읽고 싶어 할 거랍니다.

어머니 : 그리고 글 쓰는 것을 싫어해야 일주일에 2·3번 정도만 독서 감상문을 쓰는데, 그래도 괜찮을까요?

책주샘 : 독서 감상문 쓰기는 최소한으로 아이가 부담스럽지 않은 정도로 시켜주시면 되겠습니다. 결국 독서 감상문이라는 것이 독서 후의 감상을 내 나름대로 적는 것인데, 책을 읽으면 반드시 해야 하는 통과의례가 된다면 아이는 그게 싫어서라도 책 읽는 양을 줄일 수도 있지요. 이 역시 하나의 즐거운 활동이 될 수 있게 해주세요. 만화나 퀴즈, 마인드맵, 그림, 동작으로 표현하기 등 어떤 것도 좋답니다. 일주일 동안 읽는 책의 양이 많을 것 같은데, 어떤 책들을 읽었는지에 대한 목록을 정리해 두는 것은 차후 아이에게도 도움이 됩니다. 그러니 어머니께서 함께 도서관의 대분류 정도로만(문학, 사회과학, 예술, 역사 등) 해두면 어떨까 싶네요. 그리고 그 가운데 한 두 권 정도에 대해서만 원하는 방법으로 감상을 남기면 충분하겠습니다.

어머니, 독서의 목적에는 여러 가지가 있는데, 그 가운데 하나가 바로 감동과 즐거움이랍니다. 게임 등 흥미를 끌만한 요소가 많은 요즘 세상에 책을 즐겁게 읽을 수 있다는 건 대단한 습관이라고 생각됩니다. 그러니 나영이가 앞으로도 즐겁게 책 읽어 나갈 수 있는 환경 만들어 주십시오. 어쩌면 그것만으로도 충분할지 모릅니다.

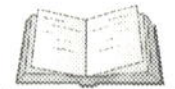

〈상담 결과〉

어머니와의 상담 이후 나영이를 직접 만나 책 한 권을 함께 읽고 이야기를 나누어 보았다. 그랬더니 내용 파악도 잘 했고, 자신의 생각 또한 조리 있게 잘 표현했다. 이어서 그 내용을 간단한 글로 표현해 보게 했다. 그랬더니 역시 나이에 비해서는 문장력도 있었다. 이는 이미 형성된 독서습관으로 인해 꾸준히 책을 읽었기 때문이며, 그동안 독서 감상문도 열심히 썼기 때문이라 생각됐다. 종합적으로 나영이는 독서능력이 또래에 비해 훨씬 높다는 결론을 내릴 수 있었다. 따라서 그동안 책을 제대로 읽지 않는 것 같고 글쓰기도 매일 해야 하는데 그러지 않는 것 같아 불안해하던 어머니께 아이의 능력이 또래에 비해서 훨씬 높다는 점, 따라서 학교에 진학하면 학습능력 면에서도 뛰어날 것임을 알려 드렸다.

이 상담의 목표는 엄마의 불안 때문에 향후 아이가 책을 멀리할 수 있는 측면들을 제거하는데 있었다. 더불어 책읽기를 좋아하는 나영이가 엄마의 욕심으로 인해 책과 멀어지지 않도록 만드는데 있었다. 때문에 마지막으로 다음과 같은 내용들도 코칭해 드리고 상담을 마쳤다.

〈상담 후 독서 코칭〉

① 다양한 주제 분야의 책을 골라 주어라!

② 엄마도 함께 읽고 책 이야기를 나누어라!

③ 감동을 받은 작품에 한해서만 독서 감상문을 쓰게 하라!

④ 글쓰기 이외 다양한 독후 활동을 하라!

⑤ 아이가 읽은 책들의 목록을 작성하라!

2) 독서 일기를 통한 이해력 기르기 코칭 사례

아이들에게 있어 일기쓰기는 하루 생활의 반성의 측면이기보다는 하루를 마치기 전 반드시 하고 넘어가야 하는 통과의례일 뿐이다. 따라서 쓸 거리도 마땅치 않은데 매일 일정 분량 이상을 써내는 것이 고역이므로, 누가 대신 써주거나 혹은 매일 쓸 거리를 제공해 주면 그보다 반가운 일은 없으리라.

분당에서 온 기환이 역시 마찬가지였다. 할 수 없이 일기를 쓰기는 했지만 내용이나 글씨를 보니 억지로 쓴 흔적이 역력했다. 그렇다면 어떤 방법이 기환이를 바꾸어 독서와 일기쓰기를 통해 학습능력 향상에 핵심이 되는 어휘력과 이해력을 키울 수 있게 할 수 있을까? 지금부터 어머니와 기환이를 만나보자.

〈상담 내용〉

어머니 : 다른 엄마들한테 들으니 남자 아이들 대부분은 글씨도 엉망이고 일기도 겨우 쓴다고는 하던데, 우리 기환이도 그렇습니다. 벌써 4학년이면 자기 할 일 스스로 할 때도 됐는데, 노는 것은 시키지 않아도 잘 하지만 특히 일기 쓰기는 점검하지 않으면 빼먹기 일쑤입니다. 또한 썼다 하더라도 이건 글씨도 엉망, 내용도 엉망이어서 학교 선생님이 보시면 흉보지 않을까 싶어요. 어떻게 하면 좋을까요?

책주샘 : 기환이가 쓴 일기장을 가져 오셨죠? 먼저 몇 편의 일기를 읽어보도록 하겠습니다. 읽어 보니 말씀처럼 일기 내용이 다 거기서 거기네요. 아이의 하루 일과가 어떻게 되나요?

어머니 : 학교 다녀오면 학원 세 군데 가야하고, 학원까지 다녀오

면 7시가 넘지요. 그럼 저녁 먹고 텔레비전 조금 보다가 숙제 하고 잠은 10시쯤 잡니다.

책주샘 : 음, 일반적인 모습이기는 한데 역시 새로움을 경험할 수 있는 기회는 없군요. 책은 읽지 않나요?

어머니 : 독서록도 써야 하기 때문에 읽기는 읽습니다. 숙제가 없거나 하는 날에는 책을 읽게 하고, 어떤 날은 텔레비전을 아예 못 보게 하고 숙제와 독서를 시킵니다.

책주샘 : 그렇군요. 독서와 일기 쓰기는 학습능력 향상에 핵심이 되는 어휘력과 이해력을 키우는데 도움이 됩니다. 또한 문장을 통한 표현력도 길러지는 효과가 있지요. 그래서 이렇게 일상이 반복되기 때문에 쓸 거리를 찾지 못해 일기 쓰기를 싫어하는 아이들에게는 독서한 내용을 일기 쓰기와 연결하는 것도 한 가지 방법입니다. 즉 독서일기를 쓰는 것이지요. 요즘 일기도 서사일기, 토론일기, 견학일기, 경제일기, 시사일기 등 다양한 방법으로 쓰게 하는 것을 들어보신 적이 있을 것입니다.

어머니 : 그럼 어떻게 지도를 해야 하나요?

책주샘 : 우선 아이와 함께 책을 읽습니다. 그런 다음 일기를 쓰기 전에 아이와 함께 간단하게라도 책 이야기를 나눕니다. 이 과정은 아이의 배경지식을 엿볼 수도 있고, 더불어 엄마의 배경지식을 심어줄 수 있는 기회도 됩니다. 이때 아이가 보고 느낀 것을 말로 먼저 표현할 수 있는 기회를 준다면, 아이는 묘사를 통해 관찰 능력도 배양할 수 있을 것입니다. 잘 쓴 독서일기 한 편을 보여드리겠습니다. 반드시 이 내용처럼 쓰라는 것이 아니니 참고만 하십시오.

독서일기

2009년 4월 28일
○○초등학교 4학년 이재원

오늘 읽은 책 : 『좋은 엄마 학원』

나는 하루에 학원을 세 군데 다닌다. 학교에서 돌아오면 제일 먼저 태권도를 가고, 그 다음에는 피아노에 간다. 마지막으로는 영어학원에 가는데, 집에 다시 오면 저녁 7시가 넘는다. 그런데 엄마는 수고했다는 이야기는 한 마디도 안 하고 오늘 공부 열심히 했냐고만 물어본다. 그래서 짜증이 날 때가 많다. 엄마가 직접 다녀보라고 말하고 싶기도 하고.

그런데 오늘 저녁을 먹고 읽은 책의 제목이 『좋은 엄마 학원』이다. 엄마가 내 마음을 눈치 챈 건지, 어떻게 이런 책을 빌려왔는지 궁금했다. 그래서 빨리 읽어봤는데 전체 내용이 『좋은 엄마 학원』은 아니었고, 여러 이야기 중 하나가 그랬다. 그 이야기에는 내 마음과 똑같은 아이가 주인공으로 나왔다. 요리도 잘 못하고, 청소도 잘 못하고, 재미있게 놀아주지도 않고, 잠들 때까지 책도 안 읽어주는 엄마. 그 대신 화만 잘 내고 잔소리만 심한 엄마. 그래서 주인공은 엄마를 『좋은 엄마 학원』에 보내서 바꾸려고 했지만, 결국 예전의 엄마가 좋은 엄마였음을 알게 된다는 이야기였다.

책을 다 읽고 나서 엄마도 이 책을 읽었는지 궁금했다. 그래서 엄마에게 물어보니 책 읽을 시간이 어디 있냐고 했다. 그래서 이 책은 한 번 꼭 읽어보라고 말한 뒤 식탁 위에 책을 올려 두었다. 내일부터는 엄마가 내가 원하던 모습으로 달라지실까?

〈상담 결과〉

이번 상담은 독서와 일기쓰기라는 활동을 연결 지어 볼 수 있는 기회였다. 그래서 일기쓰기를 싫어하는 기환이에게 평소 읽던 책의 내용을 바탕으로 일기를 쓰는 독서일기 방법을 제안했다. 기환이가 이 방법을 적절히 실천한다면, 아이는 읽은 책을 다시 한 번 생각해 보며 마음에 다질 수 있는 기회, 나아가 재미있게 일기를 쓰며 어휘력과 문장력, 이해력을 기를 수 있는 기회 또한 갖게 될 것이다.

〈상담 후 독서 코칭〉

① '어떻게'라는 측면에서 다양한 일기 쓰기 방법을 제안하라!
② '무엇을'이라는 측면에서 독서와 일기 쓰기를 연결 지어라!
③ '언제'라는 측면에서 책을 읽은 후, 혹은 쓰고 싶을 때 쓰게 하라!
④ '왜'라는 측면에서 독서일기가 어휘력과 이해력, 표현력까지 기를 수 있음을 알려주어라!
⑤ '누가'라는 측면에서 다른 아이들이 쓴 좋은 일기를 열심히 읽게 하라!

3) 수학 흥미 기르기 코칭 사례

필자는 수학이 재미있다고 말하는 사람들을 이해하지 못한다. 왜냐하면 한 번도 수학이 재미있다고 생각해 본 적이 없기 때문이다. 매번 다른 답으로 변신하는 X와 Y는 지금도 가장 싫어하는 알파벳일 정도로 '수학'은 중학교와 고등학교 내내 치를 떨게 만든 과목이었다. 따라서 수학이 재미없고 어려워하는 아이들을 만나면 그 마음을 100% 공감하게 된다. 지영이 또한 그런 아이였다.

지영이는 수원의 정자동에 있는 초등학교 3학년이었다. 그런데 유독 수학을 싫어했다. 그러니 성적도 자연스럽게 나쁠 수밖에 없었고, 이런 면은 벌써 대학입시까지 염두에 두고 있는 엄마의 불안과 화를 동시에 돋우었다. 결국 연구소에 오게 된 어머니와 지영이, 지영이는 잔뜩 주눅이 든 모습이었다. 무엇이 이렇게 지영이를 주눅 들게 만들었을까? 어머니와의 상담 내용을 들어보자.

〈상담 내용〉

어머니 : 초등학교 3학년 여자아이의 엄마입니다. 우리 아이는 다른 과목에 비해 수학을 싫어합니다. 그래서 엄마가 집에서 지도를 해주려는데, 그럴 때마다 목소리가 커지는 것은 물론 결국 우는 상황이 벌어지며 중도에 그만두게 되네요. 다른 과목은 알아서 잘 하는데 저를 닮아서 그런지 수학만 유독 못하고, 수학 관련 학원이나 학습지를 푸는 것도 매우 싫어합니다. 그래서 그럼 수학 관련 내용이 담긴 동화책을 읽어주면 흥미를 보일까 싶어서 그러는데, 혹시 우리 아이가 읽을 만한 재미있는 수학 동화가 있나요? 있다면 몇 권만 추천해 주세요.

책주샘 : 수학 과목만 유독 약한 지영이가 재미있게 읽을 수 있는 수학 동화가 궁금하시군요. 다른 과목을 잘하는 것처럼 수학도 알아서 잘 해주면 좋을 텐데 엄마의 마음 같지가 않아 속상하시겠네요. 하지만 아이도 엄마 못지않게 속상하고 화가 나지 않을까 싶습니다. 그러니 그 마음부터 읽어주실 필요가 있겠습니다. 그렇게 마음을 다독여 주신 다음 지영이와 함께 수학이 싫은 이유를 먼저 찾아보십시오. 왜냐하면 그래야 적절한 처방을 해줄 수 있으니까요. 그런데 보통 아이들이 수학을 싫어하는 이유는 기초개념이 부족하

기 때문입니다. 혹 지영이도 그렇다면 기초개념부터 정립할 수 있게 도와주세요. 초등학교 교과서에서 다루어지는 수학은 대부분 일상생활에서의 알아보기 활동으로 제시되고 있으니, 교과서에 제시되는 활동들을 직접 해보는 것도 하나의 방법이겠습니다. 하지만 아직 지영이가 왜 수학을 싫어하는지 정확한 이유는 모르시니 수학을 부담 없이 공부할 수 있는 방법 몇 가지와 함께 요청하신 책의 제목을 알려 드리겠습니다.

※ 수학 공부법

▸토막 공부법 : 이 방법은 음식을 한 입에 먹기 좋게 토막을 내는 것처럼 처음에는 아이가 부담을 느끼지 않을 정도의 시간과 분량만 공부하는 것입니다. 교과서나 참고서라면 한 단원이나 그 안에 담긴 공식과 개념 정도만 나누어 공부를 하는 것이지요. 엄마나 선생님께서 한꺼번에 너무 많은 분량을 제시했기 때문에 부담을 느꼈던 아이들이라면 이 방법만으로도 수학에 대한 부담을 상당히 덜어낼 수 있습니다.

▸상(賞) 이용법 : 학교에서는 아이들의 올바른 행동과 원활한 적응을 돕기 위해 스티커 제도를 많이 활용합니다. 상 이용법은 그런 맥락으로 아이에게 적정한 보상을 주는 것입니다. 예를 들어 정해진 시간 동안 문제를 풀고 나면 게임을 할 수 있도록 해주는 것 등이 방법이겠지요.

▸자명종 이용법 : 서로 합의한 시간이 지나면 자명종이 울리도록 설정을 해놓고, 드디어 시간이 되어 자명종이 울리면 학습 시간을 연장할 것인지 아니면 멈출 것인지를 결정하는 방법입니다. 결정 시에는 아이의 의견을 존중해 주실 필요가 있습니다.

▸ 구체적 목표 설정법 : 수학에도 여러 분야가 있습니다. 그러니 그 가운데 우선 한 분야만이라도 이해하는 것을 목적으로 하십시오. 한 분야를 이해하기 위한 노력과 그로 인한 성취감을 맛볼 수 있다면, 그 다음 단계를 진행하면 됩니다. 물론 이때도 아이의 실력을 감안해서 충분히 풀어낼 수 있는 범위까지만 설정을 할 필요가 있습니다.

※ 저학년을 위한 수학 동화

수학 관련 동화도 매우 많이 나와 있습니다. 그러니 제가 소개해 드리는 것 이외에도 적극 찾아보셨으면 합니다. 나열 순서는 책 제목, 저자, 출판사입니다.

· 미술관에서 만난 수학 / 마중물(김윤주) / 여원미디어
· 숫자들이랑 놀자 / 고미 타로 / 주니어김영사
· 수학은 너무 어려워 / 베아트리스 루에 / 비룡소
· 아인슈타인이 보내는 편지 / 린 배러시 / 비룡소

〈상담 결과〉

어머니와의 상담 이후 지영이를 만나 먼저 '수학적 태도 검사'를 실시해봤다. 결과는 낮은 편으로 어머니의 말씀처럼 수학에 대한 흥미 자체가 없는 상태였다. 따라서 우선 수학에 대한 흥미를 쉽게 불러일으킬 필요가 있어, 앞서 소개한 관련 동화를 한 편 읽고 어렵지 않은 수학 개념을 설명해 주고 제대로 이해를 했는가 점검을 해봤다. 그랬더니 그 개념은 정확히 이해했다. 그렇다면 그동안의 공부방법과 어떤 차이가 있는가를 물으니 동화가 재미있고 또한 필자가 설명을 쉽게 해주었기 때문이란다. 이런 결과를 종합해 봤을 때 지영이는 수학에 대한 흥미를 미처 갖기도 전에 문제 풀이 위주

로 혼자서 수학을 접한 것이 화근이었다. 천천히 재미있는 동화를 통해 원리를 익혀 나갔다면 수학에 대한 흥미가 조금은 더 높았을 것이고, 그렇다면 무리 없이 공부도 해 나갔을 것이다.

〈상담 후 코칭〉

① 수학을 싫은 이유를 먼저 찾아라!

② 교과서에 제시된 활동들을 생활 속에서 직접 해봐라!

③ 아이가 감당해 낼 수 있는 만큼만 제시하라!

④ 일정 시간 동안에 효율적으로 문제를 풀게 하라!

⑤ 한 개념 씩 완성해 나갈 수 있게 하라!

4) 과학지능 다지기 코칭 사례

산본에 살고 있는 영규는 생물학과를 나온 어머니 덕분인지 동물과 식물에 관심이 많았다. 특히 곤충과 공룡의 이름은 물론 특성까지 줄줄이 꿰고 있어 수업 시간에 선생님을 대신해 설명을 해주기도 한단다. 그런데 문제는 관심 있는 분야 이외에는 전혀 흥미를 보이지 않는다는 점이다. 따라서 어머니는 다른 기관에서 받아 본 다중지능검사 결과를 토대로 상담을 요청해 오셨다.

첫 만남 시 영규는 전혀 낯을 가리지 않았다. 또한 그림 그리기도 좋아하고, 곤충 및 공룡에 대해 많이 알고 있음도 자신이 먼저 이야기해주었다. 그러나 이야기가 조리 있게 연결되지는 못했고, 검사를 실시하는 동안에도 탐구적인 자세에서 궁금한 것들은 몇 번이라도 물어 확인을 한 다음 답안을 채우는 모습이었다. 과연 영규는 다중지능 가운데 어떤 지능이 높았을까? 더불어 어떤 방법으로 학습과 독서를 해나가는 것이 효율적일까?

〈상담 내용〉

어머니 : 초등학교 4학년 남자 아이입니다. 다중지능검사라는 것을 해봤는데, 우리 아이는 '자연탐구 지능'이 높다고 나왔네요. 그래서 공부도 그렇고 그쪽 능력을 발휘할 수 있도록 해야 더 잘 할 수 있다는데, 구체적으로 어떤 방법들이 있나요?

책주샘 : 다중지능검사 결과를 기반으로 한 아이의 학습과 독서방법이 궁금하시군요. 우선 자연탐구 지능에 포함되는 활동은 관찰, 견학, 소풍, 동물 기르기 등입니다. 그러니 이왕이면 관련 활동을 할 수 있는 기회를 많이 주시고, 책을 읽히실 때에는 그 주제를 담고 있는 것을 고르신다면 아이가 재미있게 읽어낼 수 있겠습니다. 그러나 항상 그 주제만 읽게 되면 편독 현상이 생길 테니, 문학, 만화, 역사 등 고른 주제 분야를 읽히실 때에도 활동의 측면에서는 가장 먼저 자연탐구 지능에 걸맞게 이어가시면 좋겠습니다. 예를 들어 위인전기를 한 권 읽었을 때에도 그 안에서 '관찰'해 알게 된 내용은 무엇인지를 먼저 묻는 것입니다. 그러면 아이는 자신이 가장 쉽게 찾아낸 부분부터 답변할 수 있으니 자신감이 생길 것입니다. 하지만 다중지능에서만도 8가지 유형을 말하며 각 특성에 따른 코칭 전략까지 제시하고 있고, 또한 다중지능검사도 아이의 능력을 판별해 볼 수 있는 척도이기는 하지만 그것만으로 많은 것을 결정하기는 어려우니, 보다 종합적인 판단을 해볼 수 있는 기회 또한 가지셨으면 합니다.

어머니 : 그렇다면 다중지능에는 어떤 영역들이 포함되어 있나요?

책주샘 : 다중지능에는 '언어적 지능'과 '논리 수학적 지능', '공간적 지능'과 '신체 운동적 지능', 그리고 '음악적 지능'과 '대인관계 지능',

 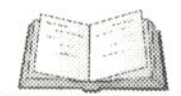

마지막으로 '자기이해 지능'과 '자연탐구 지능'이 포함되어 있습니다.

〈상담 결과〉

영규 어머니는 이미 신뢰할 수 있는 기관에서 아이의 다중지능을 확인해 보고 오셨다. 그런데 이왕이면 독서를 통해 다른 영역으로 확장을 시켜 나갈 수 있도록 돕기 위해 찾아오신 경우이다. 따라서 결과를 바탕으로 영규에게 취해야 할 행동, 영규에게 필요한 측면들을 말씀드렸다. 더불어 다중지능에는 여러 영역이 포함되어 있고, 사람 역시 여러 영역의 능력을 갖고 있다는 점을 다시 한 번 상기시켜 드리며, 결국 모든 영역을 고루 발휘할 수 있도록 지도하실 필요가 있음을 제안했다.

〈상담 후 독서 코칭〉

① 다양한 분야의 책읽기로 다중지능을 높여라!

② 관찰하기, 견학가기 등의 활동을 자주하라!

③ 탐색적인 발문을 통해 탐구 능력을 확장시켜라!

④ 검사 결과는 참고의 수준에서만 의미를 두라!

⑤ 세부적인 내용들을 종합할 수 있는 기회도 만들어 줘라!

제5장 독서클리닉의 이론과 실제

책의 진짜 좋은 점은 정서의 경작지라는데 있다.
아니 오히려 정신의 수목과도 비슷하여 몇 년,
몇 세대씩 이어가며 해마다 새로운 잎사귀를 낳고,
그 잎 하나하나가 주문의 표시 같이
기적을 낳는 능력이 있다.
그것은 사람을 설득할 수 있는
능력이 있기 때문이다.
– 토마스 칼라일

1. 읽기 부진아의 특성 및 유형

1) 읽기 부진아의 특성

읽기 능력은 다른 능력과 같이 자연히 성장하는 지적 소질에 새로운 것이 습득·첨가되어 점차적으로 향상되어 나가는 것으로, 그 발달과정에서 사람에 따라 개인차가 생기는 것이다. 지적 소질을 일반적으로 파악한 것이 지능이다. 지능의 발달은 읽기 능력의 향상에 영향이 크다. 지능이 기초가 되어 그 위에 읽기 능력이 이루어지는 과정이 읽기의 학습이다. 읽기의 학습은 계획적으로 교육과정 속에서 실천되는 경우와 그밖에 우발적으로 행해지는 경우가 있다. 전자에는 도달해야 할 학습의 목표가 정해진다. 그 목표량을 습득한 정도가 읽기의 학력인 것이다. 보통 국어과의 학력검사로 측정되는 읽기의 성격이 바로 이것이다.

읽기의 학력은 지능과 서로 어울려서 독서능력으로 발전한다. 읽기 능력은 지능과 학력과의 중간에서 생기는 인자(因子)이다. 지능만큼 소질적인 것은 아니지만, 또한 학력만큼 습득된 대로 있는 것도 아니다. 그 인자가 이룩되면 그 후의 학력은 그것을 기초로 하여 증진하고, 증진된 학력은 그 능력을 다시 상승시킨다. 이렇게 하여 점차적으로 읽기 능력의 재체제화(再體制化)가 되어 전체적으로 발달해 가는 것이다. 이 읽기 능력의 소인(素因)을 박동련은 다음과 같이 나누고 있다.

첫째, 안구운동의 조정력 - 독서를 할 때 안구의 운동이 비약(飛躍)·정류(停留)·역행(逆行)하는데 글의 행간운동을 빨리 하고, 정류나 역행 횟수를 줄이고, 정류 시간을 단축하는 능력이다.

둘째, 독자력(讀字力) - 문자를 인지하는 능력으로 인쇄된 문자기호를 판별하고 이미 학습한 문자의 기억에 의하여 인지한다. 나아가서는 미지의 문자라도 추리하여 읽게 된다.

셋째, 어휘력 - 어휘를 인지하는 능력으로 인쇄된 어형(語形)을 판별하고 이미 학습한 어휘의 기억에 의하여 인지한다. 나아가서는 미지의 문자라도 추리하여 읽게 된다.

넷째, 문법력 - 문맥을 이해하는 능력으로 배열된 어휘의 상호관계를 연관시켜 의미의 계열(系列)을 이해하고 문장을 바르게 한다.

다섯째, 문장이해력 - 문장이 전달하는 정보를 정확하게 포착하는 능력으로 자기의 경험을 문장에 따라 재형성하여 그것을 새로운 경험으로 재인식한다.

여섯째, 비판력 - 문장에서 경험한 의미를 비판하는 능력으로 그것이 객관적으로 바른가 그른가, 적당한가 그렇지 않은가, 또는 표면에 다른 진의(眞意)가 숨어 있는가 어떤가를 판단한다.

일곱째, 문장이 자극하는 정서적 감동을 음미하는 능력으로 문장의 형식미와 함께 내용미를 감수하고 정서적으로 만족한다.

앞서 살펴본 것처럼 읽기 능력을 결정짓는 요소가 많고, 사람에 따른 개인차에 따라 상당부분 달라지는 것도 사실이다. 이렇듯 읽기 부진은 발달상의 문제이거나 혹은 여러 능력 가운데 특정 능력의 부족으로 인해 발생한다.

그런데 읽기 부진아들은 전반적으로 여러 가지 능력이 지체됐다기보다 불균형적인 발달로 인해 편향적인 발달을 보이는 경우도 많다. 가령 글을 읽을 수는 있으나 글을 보고 베껴 쓰는 협응 기능이 안 되는 경우, 이것은 신체 부위에 대한 인지발달 수준이 낮기 때문에 생기는 현상이다. 따라서 교사나 부모가 아동의 학습 환경이나 습관을 잘 관찰하여 이를 바로잡아 균형 있게 발달시켜 줄 때 아동은 능숙한 독자로 변화될 수 있을 것이다.

학교 상황 혹은 학습 상황에서 읽기 부진아들은 교사들에게 여러 가지로 많은 문젯거리를 가져다 줄 수 있다. 따라서 교사는 읽기 부진아들에게 보다 통합적인 언어 사용 지도를 할 필요가 있다. 학생들은 말하고, 듣고, 쓰는 동안에도 언어를 사용함으로써 의사소통을 하는 것이므로 역시 의미를 구성한다. 그러므로 언어를 학습한다는 것은 말하고, 듣고, 읽고, 쓰는 활동을 통하여 언어를 공유함으로써 능동적으로 언어와 언어의 사용을 배우는 상호작용의 과정이며, 이런 상호작용을 통하여 의미를 구성할 수 있다.

신헌재는 읽기 부진아가 갖고 있는 전형적인 특징을 다음과 같이 제시하고 있다.

(1) 일관성 있는 기억력이 미약하기 때문에 구두나 서면의 지시 사항을 따라갈 수 없음.
(2) 이해한 사항을 활용하지 못함.
(3) 방금 읽은 것이나 참여한 것들에 대한 대답을 하지 못함.

(4) 적절한 언어 표현력이 부족함.
(5) 언어가 유창하지 못함.
(6) 자신감이 부족함.
(7) 학습 습관이 적절치 못함.
(8) 요약 능력이 부족함.
(9) 주의력의 범위가 좁음.
(10) 새로운 과업을 해결하기 위한 적당한 기술 습득 능력이 부족함.
(11) 흥미 있는 제재의 영역이 제한됨.
(12) 읽고 쓰는데 흥미가 부족함.

2) 읽기 부진아의 유형

현재 읽기 장애와 관련된 용어로 사용되는 개념들이 여러 개 있다. 난독증(dyslexia), 학습 부진아(underachiever), 정신 지체아(mental retardation), 학습 지진아(slow learner) 등이 그것이다. 이들 용어에 대한 개념이 명확하게 구분되지 않고 사용자에 따라 넘나들면서 사용되기도 한다. 따라서 읽기 장애에 관련된 용어의 개념을 규명하며 읽기 장애 유형을 밝힐 필요가 있다. 읽기 장애에 대한 개념의 모호함은 이들에 대한 연구가 지연되고 있는 요인이 되기도 한다.

2. 읽기 부진아의 진단 방법

Hallham 등은 읽기 문제의 일반적인 진단 방법으로 형식적인 평가, 비형식적인 평가, 그리고 이 두 가지 방법이 연합된 평가를 제시했고, 이 평가들로써 학생의 진보를 점검하는 것을 중요시했다.

형식적인 진단평가는 읽기 기능 표준화 검사로 행해지는데, 읽기 기능의 특별한 영역(글자 인지, 단어 인지, 읽기 속도)을 측정하기 위하여 디자인된 하위 검사들로 구성된다. 만일 학생이 어떤 하위 검사에서 낮은 점수를 받으면, 이 학생은 그 영역이 약한 것으로 판정되고 그 결함을 보충하기 위한 처치를 하게 될 것이다. 비형식적인 진단평가 방법으로는 읽기 목록표나 임상교수에 의한 방법이 가장 널리 사용된다. 임상교수에 의한 진단 방법은 초기에는 경험과 직관에 근거한 절차를 사용하여 의사결정을 했고, 이 방법이 읽기 장애 분야에서 널리 애용되었는데, 그 당시는 유용한 형식적인 검사 도구가 없었기 때문이다. 그리고 현재도 조금 변형된 절충적인 방법이 많이 사용되고 있으나, 오늘날의 교사들은 예감에 의존하기보다는 자주 학생들의 수행 자료를 모으고 여러 교수 프로그램을 시도해 보면서 학생의 진보를 더 빨리 개선시키는 프로그램을 적용하는 것이다. 비형식적인 읽기 목록표는 난이도의 순서에 따라 배열된 일련의 읽기 행들이나 단어 목록들을 학생에게 읽게 하는 것인데, 너무 어렵지 않은 것에서 시작하여 점차로 단계를 높여가며, 교사는 학생이 읽을 때 그 수행을 점검하고 학생이 만드는 오류의 종류를 기록한다. 특히 문장들을 읽을 때는 질문을 통해 자료들에 대한 이해를 평가하고, 이 읽기 수준과 질문에 답하는 학생의 정확성에 의거해서 다양한 읽기 수준을 결정하는 것이다. 학생의 진보를 결정하는 것 또한 읽기 평가에서 매우 중요한 부분인데, 그 목적은 학생이 이미 잘 하고 있는 활동이나 진보를 방해하는 요소를 제시하여 교수 프로그램을 변화시킴으로써 교사의 시간 낭비를 줄이도록 하는 데 있다.

그런데 발달적 읽기 장애 아동들의 읽기 문제는 조금 특별하여 일반적인 읽기 진단방법 이외에도 다른 진단들이 첨가되어야 할 것으로 본다. 왜냐하면 읽기 장애 아동들의 특별한 결함이 음운처리 영역에 있고, 이 결함은 다른 읽기장애아들보다 심하며 정상 아동들에 비해서는 더욱 심하기 때문이다.

음운처리 능력을 진단하는 검사 도구들은 주로 연구자들에 의해 고안되는데, 이것들의 대부분은 읽기 장애아들을 조기 진단하고 판별할 수 있는 요소로서 음운인식 기능을 중요시 하고 있다. 아동이 6세 정도의 나이가 되어도 이 음운인식 능력이 일반집단에 비해 뒤떨어질 때 읽기 장애아로 판정될 수 있고 어릴 때는 음운인식 기능을 개발해주는 적절한 교수 방법을 통해 아동의 읽기 수행 능력을 개선시킬 수 있다는 것이다. 그러므로 이 영역에 관한 연구들을 앞으로도 계속 수행하여 확고한 경험적 증거들을 제공함으로써 발달적 읽기 장애아들을 위한 조기 진단과 판별을 위한 이론적인 기틀을 마련해 줘야 한다.

H. S. Scaborough는 아동의 음운인식이 발달하는 6세 이전에 읽기 장애아들을 구별하고자 하는 접근을 시도했다. 그에 의하면 이

 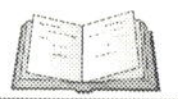

전의 연구들이 대부분 4세 반 경에서 6세 정도 되는 어린이의 읽기 장애를 연구했는데, 이때는 어린이들이 이미 학교에 입학하여 형식적인 교육을 받을 때이거나 1학년 때이다. 그래서 정상 읽기자들과 읽기 장애자들의 읽기, 쓰기 전 단계 기능에서의 차이들은 이미 유치원기 말에 확립되기 때문에 읽기 장애의 더 근본적인 초기 증상을 발견하기 위해서는 나이가 더 어릴 때 조사해야 한다는 것이다.

Scaborough는 30달 정도 된 어린이들의 구두 언어 능숙성을 조사했는데, 정상적인 언어발달은 이 시기에 전형적으로 복잡한 구문, 정확한 반응, 어휘 크기에서의 빠른 향상을 보이기 때문이다. 이 연구에서 읽기 장애의 초기 증상을 지닌 어린이들은 어휘 결함, 노래의 서툰 암송, 음운인식의 결함을 드러내며 2세의 어린이들보다 더 짧은 문장, 구문론적으로 더 단순한 문장을 만들며 단어들을 정확하게 발음하지 못했다. 그러므로 난독아가 되거나 정상 읽기자가 될 어린이들의 중요한 차이는 대략 3세경에 뚜렷해진다고 주장함으로써, 아주 어린 시기에도 읽기 장애의 조기진단과 판별을 할 수 있다고 했다.

P. A. Aaron도 읽기 장애 아동을 위한 특별한 진단연구를 실시했다. 그는 읽기 장애의 진단과 판정을 위해 IQ를 사용했던 전통적인 절차와는 달리 듣기이해와 읽기와 관련된 여러 과제들을 사용해서 읽기 문제를 진단했다. 이 연구가 조기 진단에 중요한 영향을 줄 수 없지만 IQ 검사 없이도 읽기 문제를 진단하고 적당한 교수 접근을 제공할 수 있다는 점에서 상당한 가치가 있다. 이 연구의 피험자는 3학년에서 8학년까지의 180명의 읽기 장애 어린이들이었고, 이들에게 듣기이해와 읽기 이해 검사가 행해진 후 듣기이해 능력에서 읽기 이해 능력이 예견됐고, 실제 읽기 이해 능력과 예견된 읽

기 이해 능력과의 불일치에 근거하여 읽기 장애를 다음의 세 가지 형태로 나누었다. 서툰 해독, 서툰 이해, 빈약한 해독과 빈약한 이해의 혼합으로 이 진단의 타당성을 결정하기 위하여 단어 해독 기능과 읽기 속도를 따로 검사하여 평가했다. 그 결과 위의 진단절차가 잠재적으로 유용함을 제시했다. 그는 이 연구에서 서툰 해독 기능과 관련된 서툰 읽기 성취를 하는 어린이들을 '특별한 읽기 장애(specific reading disability : SRD)' 즉 '읽기 장애'를 가진 것으로 생각할 수 있다고 했는데, 이들의 결함은 문어에만 한정되며 구두 언어는 포함되지 않기 때문이다. 서툰 이해에서 생길 수 있는 서툰 읽기 성취(그리고 해독은 서툴지 않음)를 '특별하지 않은 읽기 장애(non specific reading disabiblty : NSRD)'라고 말할 수 있는데, 이 결함은 문어에만 한정되지 않고 구두 언어를 포함하기 때문이다. 해독과 읽기 결함들의 혼합에서 생긴 읽기 결함은 '일반화된 인지 결함(generalized cognitive deficit : GRD)'으로 기술했다. 또한 이 진단 절차는 읽기 과정의 구성 요소에 기초를 두는데, SRD에 속하는 어린이들은 단어 기능을 개선하는데 집중하고 음성학을 강조하는 읽기 교수를 적용한 방법에서, NSRD에 속한 어린이들은 언어 경험과 이해 점검, 그리고 상보적 수업과 같은 교수방법과 절차를 사용하여 이해를 향상시킬 때 GRD에 속한 어린이들은 이 둘 다의 방법을 사용하는 방법에 의해 그들의 읽기 기능이 향상될 수 있을 것이라고 생각했다.

Asron의 이 진단절차와 특별한 치료 접근 간의 조화에 대한 효과가 아직 충분히 입증되고 있지는 않지만, 정적인 진단접근에서 읽기 기능의 구성 요소를 기초한 교수를 지향하는 진단접근으로 이동하게 하는 가능성을 제시해 주고 있다.

3. 읽기 부진아의 치료 방법

읽기 장애에 관한 연구의 발달과 더불어 이 영역에서 가장 널리 사용하던 교수방법은 다감각적(multisensory approach) 접근이다. Hinshelwood는 어린이들이 지닌 문어 장애에 대한 특별한 교수 접근을 최초로 주장한 사람이다. 그는 다감각적 접근에 의한 '일대일 교수'를 주창했고, 중추신경에 대한 가능한 많은 동시적인 자극 방법을 사용했다. Orton 역시 읽기 장애의 치료는 교육적이어야 함을 인식하면서 모든 감각통로를 사용할 것을 주장했는데, Orton의 이 이론을 기초로 한 Gillingham 체제가 1933년에서 1936년 사이에 생겨났다. A. Gillingham은 언어가 손상된 어린이들은 읽기, 쓰기, 철자를 배울 때 학급에서 분리되어야 한다고 권고했고, 그 당시 사용된 시각적 방법은 읽기 장애아들의 요구에는 부적절하다고 생각하면서 정교한 음성학적 체제를 고안하였다. 이 방법은

(1) 글자나 단어가 어떻게 보이는가? (시각)
(2) 이것들이 어떤 소리가 나는가? (청각)
(3) 쓸 때 그 단어가 만들어지는 것을 언어기관과 손이 어떻게 느끼는가? (운동지각)

위의 3가지에 기초한 삼각관계 형식의 교수방법으로 구성되는데, 이것이 Gillingham의 VAK(visual-auditory-kinesthetic) 방법이다. 1960년대에 Gillingham은 H. Stillman과 함께 이 방법을 정립했다. 어린이들은 그들이 쓰면서 글자 이름을 말하는데, 이것을 보통 'SOS(simultaneous oral spelling)'라고 하며, 지금은 Orton-Gillingham 접근법으로 불리고 있다.

하지만 이 방법 역시 Orton의 사례연구 보고서들을 제외하고는 이런 교수방법으로 쉽게 효과를 얻었음을 증명할 만한 믿을만한 연구들이 없다는 것이 결점이다. 이 Gillingham 접근에는 음성적 방법이 한 요소로 사용된 반면 전체단어 방법을 포함하고 있는 다감각적 접근이 있는데 Fernald에 의해 개발됐다. 이 VAKT(visual-auditory-kinesthetic-actile) 접근은 읽기에만 국한되지 않고 철자나 쓰기 교수에도 사용되는데, 언어경험과 전체단어 접근이 필수적으로 포함된다. 이 접근은 읽기 교수를 위한 4단계 체제를 사용한다.

(1) 손가락으로 단어들의 선을 따라 그린다.
(2) 다 그린 후 각 음절이나 단어를 말한다.
(3) 말한 단어를 쓴다.
(4) 쓴 단어를 읽는다.

이 방법을 때때로 'Look-Say-Do'라고도 부른다. Fernald는 학생의 정서 문제를 극복하고자 돕고자 할 때, 그들에게 흥미를 주는 읽기 자료를 사용하면 좋을 것이라고 생각했다. 그래서 학생이 제시하는 대로 이야기가 쓰여지고, 학생은 자신이 고른 단어들을 위의 방법으로 공부하되 기억하여 쓸 수 있을 때까지 반복적으로 하는 것이다. 속달된 단어들은 파일 상자에 보관하고 그리고 학생이 이야기에 쓰인 단어를 쓸 수 있을 때까지 학습된 단어들을 계속 축적한다. 그 이야기를 읽을 수 있을 때 타이프가 되고, 그 때 타이프 된 자료를 읽는 것이다. 그러나 이 방법의 결과들도 서로 대조적으로 보고되기에, 읽기 장애 아동들을 위한 하나의 유일한 교수방법은 없다는 것을 잘 보여주고 있다.

4. 독서클리닉의 실제

1) 치료 목표

(1) 아동

① 장기목표 : 읽기 능력 향상을 통한 학업적 수행 능력 증진, 자아존중감 향상 및 대인 관계 개선을 위한 사회적 상호작용의 증진(자신감 형성, 원만한 또래 관계 형성 등)

② 단기목표 : 가족 내에서의 적절한 애착관계 형성, 읽기 및 쓰기 등의 영역에 있어서의 흥미 유발, 공격적이고 충동적인 감정의 조절, 존중과 관심을 받을 수 있는 방법적인 능력 증진.

(2) 부모

① 부모와 아동의 적절한 애착관계 형성 및 증진

② 아동과의 안정애착 관계 형성을 위한 상호작용 기술 증진

③ 형제들과의 적절한 애착관계 형성을 위한 상호작용능력 배양

2) 치료 방법

(1) 아동

읽기 능력 향상을 위해서는 다감각 중심 읽기 교수법인 Fernald의 VAKT 접근법, Orton-Gilliogham의 접근법, Hegge-Kirk- Kirk 읽기 교수법, 신경학적 각인 읽기 교수법(반복 읽기 교수법)을 사용하고, 자아존중감 및 사회적 상호작용 증진을 위해서는 적절한 독서 자료를 구성해 독서치료 적용

(2) 부모

아동의 정서, 행동, 발달에 대한 이해를 위한 면담 및 교육(아동치료 후 10분 정도)

3) 프로그램 설계12)

회기	영역	목표	활동명 및 내용	자료
1	♧읽기 능력 ♣'나' 이해하기	♧VAKT ♣'나' 바로 볼 수 있기	♧읽기 교수를 위한 4단계 ♣인생선(나의 기억), 내 마음의 한구석, 나를 찾아 떠나는 여행	♧단어 카드 ♣A4용지 및 활동지
2	♧읽기 능력 ♣자아존중감	♧어휘력 ♣긍정적인 자아 개념 형성	♧마인드 맵, 끝말잇기 ♣내 마음을 비추는 거울 - 나의 좋은 점과 싫은 점 발견 후 개선 방안 모색	♧활동지 ♣내 귀는 짝짝이
3	♧읽기 능력 ♣감정 익히기	♧독해력 ♣감정을 인식하고 의사소통하기	♧경험을 위한 읽기 ♣눈으로 말해요, 손으로 대화하기, 감정을 몸으로, 분노 기대 칭찬	♧네가 나한테 읽어줄래? 나는 너한테 읽어 줄게 ♣각종 얼굴 표정
4	♧읽기 능력 ♣상황 익히기	♧POSSE 전략 ♣주위 환경에 대한 반응으로서 자신의 감정을 인식	♧추측, 조직, 탐색 및 요약, 평가 ♣부정적인 감정에 대처하기	♧신문 ♣활동지 및 펜
5	♧읽기 능력 ♣부정적 감정의 정화 1 - 화	♧VAKT ♣문제에 대한 책임소재 변화시키기	♧읽기 교수를 위한 4단계 ♣책임을 나에게	♧단어 카드 ♣쏘피가 화나면-정말, 정말 화나면…
6	♧읽기 능력 ♣부정적 감정의 정화 2 - 쓰레기통	♧어휘력 ♣나의 문제가 보편적인 것임을 학습하기	♧마인드맵, 끝말잇기 ♣쓰레기통	♧활동지 ♣활동지 및 싸인펜
7	♧읽기 능력 ♣자신감 기르기	♧독해력 ♣긍정적인 자아 개념을 통한 자신감 형성	♧경험을 위한 읽기 ♣너는 특별하단다 비디오 시청	♧산에 가자 ♣너는 특별하단다 비디오
8	♧읽기 능력 ♣타인 이해하기	♧POSSE 전략 ♣타인에 대한 이해와 수용 증진시키기	♧추측, 조직, 탐색 및 요약, 평가 ♣우리는 짝꿍	♧신문 ♣나와 조금 다를 뿐이야, 활동지
9	♧읽기 능력 ♣도와주기	♧VAKT ♣상호작용을 통한 공생 법칙의 이해	♧읽기 교수를 위한 4단계 ♣내가 보낸 일주일	♧단어 카드 ♣개구리와 두꺼비는 친구

12) 임성관(2004), 「읽기 부진아를 위한 독서치료 프로그램 연구」. 중앙대학교 석사학위논문

10	♧읽기 능력 ♣나누기	♧어휘력 ♣나눔의 기쁨과 그로 인한 효과 알기	♧마인드맵, 끝말잇기 ♣여러 사람을 위해 내가 할 수 있는 일	♧활동지 ♣돌멩이 국
11	♧읽기 능력 ♣협동하기	♧독해력 ♣작은 힘이 모여 보다 큰 능력을 낼 수 있음을 알기	♧경험을 위한 읽기 ♣난화 상호 이야기 만들기	♧다섯 손가락 ♣꼬마 토끼 오뿔라
12	♧읽기 능력 ♣칭찬하기	♧POSSE 전략 ♣대인관계에서 사회적 기술을 향상시킬 좋은 기회 갖기	♧추측, 조직, 탐색 및 요약, 평가 ♣칭찬 주고받기	♧신문 ♣릴리는 칭찬이 필요해요, 우체통에 칭찬 넣기
13	♧읽기 능력 ♣친구	♧VAKT ♣부적절한 상황에서의 저항과 그 가치	♧읽기 교수를 위한 4단계 ♣당신의 결정은 무엇인가요?, 이럴 땐 이렇게, 내가 보낸 일주일	♧단어 카드 ♣무지개 물고기, 역할극
14	♧읽기 능력 ♣가족	♧어휘력 ♣가족 중 형제관계에서의 갈등 해소	♧마인드맵, 끝말잇기 ♣훌륭한 가족 자격증 만들기	♧활동지 ♣우리 언니
15	♧읽기 능력 ♣우리(사회)	♧독해력 ♣나로 인한 세상, 세상을 위한 나	♧경험을 위한 읽기 ♣아름다운 세상을 위하여 비디오 시청	♧인형극 - 청개구리 ♣아름다운 세상을 위하여(비디오)
16	♧읽기 능력 ♣긍정적 미래상	♧POSSE 전략 ♣긍정적인 미래상의 조망 및 형성	♧추측, 조직, 탐색 및 요약, 평가 ♣나의 자랑 베스트 10, 으뜸 김○○	♧신문 ♣으뜸헤엄이
17	사후 회기 1		미완성 문장 완성하기 HTP·KFD 검사	
18	사후 회기 2		KIT-M 지능검사, BGT, 단어 목록 읽기 과제, 친 사회적 행동검사, 성취동기검사	

제6장 독서치료의 이론과 실제

백 권의 책에 쓰인 말보다
진솔한 마음이 더 크게 사람을 움직인다.
– 벤저민 프랭클린

1. 독서치료의 절차

어떤 일이든 그것이 적절히 수행되기 위해서는 그에 따른 절차가 있다. 따라서 독서치료 역시 치료사와 내담자가 만나 치료가 이루어지고 종결이 되기까지의 절차가 있는데, 치료에서의 절차는 지도에서의 절차보다 훨씬 더 까다롭고 세밀하다. 그러므로 치료사는 각 단계의 절차를 숙지하고 그 단계에서 이루어야 할 목표가 무엇인지 명확히 알고 실천할 필요가 있다. 다음은 독서치료를 위한 절차이다.

1) 대상에 따른 접수 면접 및 면담, 진단검사

치료에는 어떤 어려움이 있는 사람들이 온다. 그런데 그들은 자신이 치료를 받아야 한다는 사실, 내게 무엇인가 문제가 있다는 사실에 불안함을 느끼고 위축되어 있다. 따라서 치료를 받으러 온 시도 자세에서부터 쉽지 않은 결정을 한 것이기 때문에, 치료사는 우선 그 마음을 인정해 줄 필요가 있다. 또한 병원이나 치료 센터 등의 장소는 낯선 곳이다. 의사나 치료사 역시 낯선 사람이기 때문에 그들은 자신이 너무 많은 문제를 갖고 있는 사람으로 비추어질까봐 또 한 번 두려움을 느끼게 된다. 그러니 가능한 편안한 분위기를 조성해주면서 그들과 이야기를 나누어야 한다.

치료를 위한 첫 작업은 바로 접수면접(interview)이다. 접수면접은 내담자가 어떤 문제를 갖고 왔는지, 그런 문제를 언제부터 갖게 되었는지, 그래서 지금 어려움을 겪고 있는 측면은 무엇인지 등 문제와 관련된 사항들을 체크하는 것에서부터, 가족사항, 받고 싶은 심리검사가 있는지, 오게 된 경위는 어떻게 되는지 등 치료사가 내담자를 이해하고 치료 목표와 전략을 세우기 위해 필요한 항목들을 묻는 작업이다. 때문에 주로 탐색적인 질문을 통한 표출적인 대화를 나누기 때문에 내담자에게 취조를 받는다는 느낌을 주지 않도록 노력해야 한다. 접수면접은 비록 첫 작업이기는 하지만 내담자로부터 유용한 정보를 가장 많이 얻을 수 있는 기회이기 때문에 기관의 장이 하는 것이 일반적이다. 또한 만약 내담자가 아동 및 청소년인 경우 자발적으로 문제의식을 느껴 치료 장면에 오지 않았을 것이므로, 그들의 이야기를 들어보는 것은 물론 학부모나 선생님 등 주변의 주요 인물들로부터 정보를 얻을 필요도 있다.

치료 장면에서 접수면접과 함께 실시하는 것이 진단검사이다. 진단검사는 진단과 분류의 목적 하에 실시하는데, 내담자가 자신의 문제를 명확히 알고 있지 못할 때나 혹은 그 부분이 의심이 될 때 실시를 한다. 그런데 진단검사는 내담자의 심리적 불안을 유발할 수 있는 측면이 있기 때문에 가능하면 실시하지 않는 것이 좋고, 내담자에게 꼭 필요한 검사만을 실시할 필요도 있다.

2) 결과 분석, 목표 설정 및 프로그램 계획, 자료 선정

접수면접과 진단검사를 마치면 내담자의 문제가 무엇이고, 그 정도는 얼마나 되는지에 대한 결과가 나온다. 비로소 내담자의 상태가 명확해지는 것인데, 이 작업이 끝나면 어떤 목표와 전략을 갖고 얼마동안의 기간에 걸쳐 치료를 실시할 것인지가 결정된다. 이때

내담자의 문제가 너무 심각하거나 내가 다루어 본 적이 없어 담당할 수 없는 경우에는 다른 기관에 의뢰를 하는 것이 좋다. 목표와, 전략, 기간이 결정되면 이어서 독서치료 프로그램을 계획하고, 각 세션에 필요한 자료들도 선정한다. 이처럼 프로그램을 계획하고 자료를 선정하는 일은 시간이 오래 걸린다. 따라서 충분한 시간을 갖고 내담자를 위한 프로그램을 만드는 것이 중요하다.

3) 프로그램 실시, 목표 수정 및 보완

프로그램까지 계획이 되면 이제 치료를 위한 준비가 다 된 것이다. 그럼 내담자를 만나 치료를 실시한다. 그런데 철저한 분석과 준비를 통해 시작한 프로그램도 여러 변수에 의해서 원활하게 진행되지 못할 수가 있다. 그럴 때는 처음에 세운 목표를 이루기 위해서 다음 세션의 세부목표를 수정하고, 더불어 선정 자료와 관련 활동까지 바꾸어야 하는 경우도 있다. 이처럼 치료는 계속되는 과정이다. 즉, 처음 세운 계획이 그대로 끝까지 가는 것이 아니라 매번 수정 및 보완되는 작업이라는 이야기이다. 따라서 치료사는 치료 세션을 기록할 필요가 있는데, 내담자의 동의를 받고 녹음이나 녹화를 한 뒤 그것을 다시 돌려 보거나 듣는 작업도 해야 한다.

4) 평가 및 추수지도

목표를 이루었거나 혹은 다른 변수에 의해 프로그램이 중도에 끝난 경우, 그밖에 어떤 이유로든 종결을 했으면 프로그램에 대한 평가를 받는다. 물론 평가는 프로그램 중간 중간마다 받을 수도 있고, 한 세션이 끝날 때마다 받을 수도 있다. 평가는 내담자를 보호하고 치료사의 자질을 향상시키기 위한 목적이 있기 때문에, 사실 기회가 된다면 자주 받는 것이 좋다.

추수지도는 치료가 끝난 뒤에도 내담자가 잘 적응하며 지내고 있는지를 살펴주는 작업이다. 일정 기간 동안 잘 지내고 있음을 확인한 뒤에는 추수지도 역시 종결을 한다. 그럼 이제야 비로소 치료는 끝이 난 것이다.

2. 독서치료에서의 자료 선정

1) 독서치료 자료의 특성

일반적으로 독서치료에 사용되는 자료는 책으로 한정시켜 생각하기 쉬운데, 사실상 독서치료에 사용되는 자료는 책뿐만 아니라 신문이나 잡지의 기사가 될 수도 있고, 노래의 가사나 영화가 될 수도 있다. 기타 편지 및 일기, 사진 등도 가능하다.

하지만 이처럼 다양한 자료를 활용할 수 있으려면, 치료사가 자료에 대해 많이 알고 있어야 함은 기본이고, 나아가 적절성의 유무도 판단할 수 있어야 한다. 즉, 자료전문가이어야 한다는 말이다.

독서 자료를 활용하여 마음의 상처를 치유하는 독서치료에서 문학작품은 독자의 내면에 정서적 반응을 일으켜 실제 현실에서의 경험과 상호 작용을 하게 한다. 즉 책이 내담자의 마음의 열게 하고, 내면의 상처를 치유해주고, 자신의 문제를 해결해보고자 하는 의욕을 불러일으키는 일차적인 상담자의 역할을 담당하게 되는 것이다.

독서치료에서 문학작품 속에 묘사된 상황이나 작중 인물은 비슷한 상황에 놓여있는 독자의 내면에 잠재된 욕구를 반영하거나 소망을 채워주어 실의에 찬 독자를 일깨워주는 역할을 하게 된다. 그 중에서도 옛이야기는 사람들의 생각을 자유롭게 놔두도록 하는 일종의 주문처럼 작용한다. 사람들은 이야기를 들으며 '아'의 느낌을 받는데, 이는 마치 정신분석의 자유연상과 유사한 과정을 거쳐 무의식이 드러나게 도와준다. 프로이드나 융의 표현으로 얘기하면 옛날이야기란 일종의 꿈과 같지만, 꿈보다 범세계적이고 누구나 공감하는 매력을 지닌다. 옛이야기의 이러한 치유력은 이미 널리 인정되어져서 많은 정신과 의사들은 사람들의 생활을 극적으로 변화시키는데 동화나 이야기 자료를 다양하게 이용하고 있다.[13)]

정신분석치료에서 문학작품의 활용은 참여자가 문학작품을 읽은 후 치료자와 나누는 상호작용 중에 동일시, 전이, 카타르시스와 같은 현상이 일어난다는 사실에 근거를 두고 있다. 특히 치료자가 "미숙한 내담자(어린이)에게 문학작품을 주었을 때 내담자는 주인공에게 동일시를 하며 그 과정에서 자신을 잘 인식하게 되고, 이런 과정을 통해 카타르시스를 맛보며 심리적인 해방감도 느끼게 된다."고 한다. 결국 동일시와 카타르시스를 통하여 참여자에게 자신에 대한 통찰을 얻게 해 주는 것이다.[14)]

독서치료에서 독서 자료는 독서치료의 성패를 결정하는 가장 중요한 요소가 되는데 Hynes와 Hynes-Berry는 이 같은 독서 자료의 역할을 '촉매'[15)]에 비유하였다. 촉매로서의 자료는 독서치료 진행 과정에서 다음과 같은 역할을 하게 된다.

---

13) 알랜 B. 치넨(1999), 『인생으로의 두 번째 여행』, 황금가지 서문에서 이용

14) Shrodes, Caroline(1950). Bibliotherapy: a theoretical and clinical-experimental study. Microfilm edition (1 reel) Positive; filmed by the Library Photographic Service, University of California.

15) 촉매란 '화학 반응에서 자신은 아무런 반응이 일어나지 않으나 다른 물질의 반응을 촉진하거나 지연시키는 물질'을 일컫는 과학용어이다. 독서치료를 할 때 독서치료 자료를 매개로 대화가 조정됨에 따라 참여자의 반응 및 내면의 변화를 일으켜서 독서치료의 효과가 달라지기 때문에 독서 자료가 내담자의 치유를 촉진하는 '촉매' 역할을 한다고 이야기하는 것이다.

첫째, 내담자가 자신의 문제를 바로 직면하지 않고 자료에 반응하면서 탐색할 수 있도록 도와준다.

둘째, 좋은 자료는 다양한 종류의 의미와 수준을 내포하여 내담자가 자료의 장점과 단점에 대해 자유롭게 표현하고 반응할 수 있도록 반응의 폭을 넓혀준다.

셋째, 자료는 개인의 반응을 자연스럽게 자극하여 자료를 매개로 자신을 반영하는 자발적인 반응이 더욱 깊어질 수 있도록 돕는다.[16)]

또 한편으로 독서치료 자료는 진단도구이자 치료도구가 되기도 한다. 언어예술 프로그램에서의 독서치료 효과를 연구[17)] 한 David H. Russell. Caroline Shrodes의 보고에 따르면 "능숙한 독서치료사들은 아동, 청소년들이 흥미 있어 하는 도서의 성향과 그 도서에 대한 반응을 관찰하여 학생들의 문제 성향과 성격에 대한 정보를 얻을 수 있었다"고 이야기한다.

"일반적인 아동, 청소년의 독서자료 선호경향에서 벗어난 특이한 선호경향을 보이는 아동, 청소년은 그 양상에 따라 심리적인 문제를 추적할 수 있었다"며, 내담자의 성격평가와 인격 진단의 한 방법으로써 문학단편을 통한 상호작용 방법을 제안하였다. 이들은 잉크반점(Rorchach Test; 로샤 테스트) 또는 명확치 않은 그림으로부터 개개인이 지각하는 내용(Thematic Apperception Test; 주제통각검사)을 검사의 주요내용으로 삼는 투사검사처럼 문학작품에 대한 내담자의 반응과

16) Hynes, A. M., & Hynes-Berry, M.(1994). Biblio/poetry therapy-The Interactive process: A Handbook. St. Cloud, MN: North Star Press of St. Cloud. p.44

17) David H. Russell. Caroline Shrodes(1950). Contributions of Research in Bibliotherapy to the Language-Arts Program. I. Ⅱ. The School Review, Vol. 58, No. 6, 335-342.

상호작용은 내담자의 심리적인 정보를 얻을 수 있는 실마리를 제공할 수 있을 것으로 생각했다.

정신 의학자인 Menninger 박사 역시 알코올 중독자를 대상으로 5년간에 걸친 실험 연구로 독서치료가 임상치료에 효과가 있다는 것을 입증하였는데 "알코올에 중독된 많은 신경과민 환자들은 살인과 미스터리 이야기를 선호하며, 그런 책들을 읽고 살인적이거나 기만적인 성격의 등장인물을 봤을 때 치료효과가 명백히 생겨나는 것이 관찰되었다."고 보고하였다.[18]

2) 독서치료 자료의 종류

독서치료 자료는 내면 상처의 치유를 위한 촉매로 작용하므로 선택된 작품이 참가자들의 마음을 움직일 수 있는 내적인 호소력을 갖는 것이 중요하다. 독서치료에서 사용하는 자료는 책뿐만 아니라 신문이나 잡지의 기사가 될 수도 있고, 노래의 가사나 영화 음성 책(Talking Book), 점자 책 등 인쇄 자료, 시청각 자료, 전자 자료 및 장애인을 위한 특수 자료 등이 모두 다 포함 될 수 있다.[19]

초등학교 아동을 대상으로 한 상담에서 책을 사용하는 기술에 대하여 Morris-Vann은 독서치료를 '독서를 통한 지도(guidance through reading)'라고 정의하면서, 독서에 사용될 수 있는 자료를 5가지로 분류했다. 그의 이러한 분류는 사람들이 다양한 문제에 직면하는 것을 돕기 위해 독서 요법 기술이 어떻게 창조적인 방식으로 사용될 수 있는

18) Menninger, William C.(1936) "Bibliotherapy," Bulletin of the Menninger Clinic. 1(November 1936), pp. 263-274.

19) 한국 어린이 문학교육 연구회(2001), 『독서치료』, 학지사. p. 113

지를 잘 보여준다. Morris-Vann이 제안하는 5가지의 분류내용과 특징은 다음과 같다.[20)]

(1) 소설(fiction)

허구적인 이야기 속에 구체적인 현재의 문제를 그려낸 소설 작품들은 독서치료의 좋은 치료 도구이다. 독자들은 책을 읽으며 책 속의 허구적 등장인물과 자신을 동일시하고 그 인물들이 처한 어려움에 대한 공감(empathy)을 발전시켜 나간다. 이러한 과정에서 자신에 대한 탐색과 인식이 일어나면서 자아이해도(self-understanding)가 증진된다. 또한 내담자와 상담자(책과 독자) 사이에는 신뢰와 유대감이 형성된다. 내담자는 허구적 인물에 감정을 이입함으로써 자신의 문제를 더 잘 이해할 수 있게 되고, 따라서 자신이 겪고 있는 어려움에 더 잘 대처할 수 있게 된다.

(2) 전기문(biographies) **: 사실적 이야기**(nonfiction)

실제 존재했던 사람들이 겪은 고난과 어려움, 장애를 극복해낸 이야기를 다루는 전기물들은 어린 독자들에게 자신이 겪고 있는 상황과 어려움을 이해하고 수용하게 하는 좋은 자료가 된다. 특히 이야기 속의 사람과 자신의 상황이 유사할 때 더 잘 동일시하며 긍정적인 치료효과를 보일 수 있다. 교육학자 롬과 버너(Lom-bana, 1980)는 특수아와 일반아동을 위한 독서치료의 유용성에 대해서 언급했는데 그 내용은 다음과 같다.

---

20) Morris-Vann, A.M.(1983). The efficacy of bibliotherapy on the mental health of elementary students who have experienced a loss precipitated by parental unemployment, divorce, marital separation, or divorce. Dissertation Abstracts International, 47, 676A. (University Microfilms) p. 113

첫째, 특수아는 자신과 비슷한 처지에 있는 장애자의 성공담이 담긴 독서 자료를 통해 자신의 장애에 대한 고정관념(stereo types)이나 부정적 태도를 극복할 수 있고 장애에 대한 정확한 정보를 제공받을 수 있다. 둘째, 일반 아동들이 장애자에 대한 글을 읽고 특수아의 특성과 상황을 이해하도록 돕는다. 셋째, 독서활동을 통해 특수아들이 어떻게 자신의 문제를 해결해 나갈 수 있는지를 생각하고 친구나 가족들과 상호작용을 나누며 점검해 보도록 자극한다. 그러나 판단력이 미숙한 아동들은 사실적인 전기문을 통해 실제 생활에서 비슷한 상황이 닥칠 때 자신의 능력에 대한 비현실적 기대감을 갖는 단점도 있다.

(3) 자기 치료 도서(self-help books)

자기 치료적 독서치료란 독자가 자신의 문제점을 파악한 후 자신의 문제해결에 도움이 될 만한 독서 자료를 스스로 선택하고 책을 읽어나감으로써 치료에 도달하는 방법이다. 이때 내담자에게 도움을 줄 수 있는 문제영역별 도서 목록이 바로 자기 치료 도서이다.

자기 치료 도서(self-help book)는 일반적으로 독자의 특수한 상황 및 문제해결 요구에 부합하는 지침서, 안내서 등의 비소설류를 말한다. 예를 들면 비만환자들을 위한 체중 감량의 방법을 다룬 도서, 이혼 및 결손가정의 자녀를 위한 도서 등의 특정한 목적과 대상을 위하여 저작된 도서들, 알코올 중독이나 마약 중독의 치료를 위한 지침서 등이 자기 치료 도서에 들어간다.

자기 치료적 독서치료 방법은 상담자의 도움 없이 독서 자료와 독자와의 독립적인 만남을 통해 동일화 카타르시스 및 통찰이 이루

어진다. 따라서 자기 치료적 독서치료에서는 독서 자료에 대한 비중이 상대적으로 증가되기 때문에 독서 자료의 선정에 신중한 검토가 필요하다.

대다수의 성인 독자들은 "마음의 안정을 회복하고 적응력을 높이는데 자기 치료 도서가 상당히 도움이 된다."고 이야기한다. 자기 치료(self-help)의 개념은 현재 아이들의 문학에서도 나타나고 있다 양자로 입양된 청소년들을 돕기 위해 개발된 이러한 책 중의 하나가 〈입양에 관한 사실들(The Factsabout Adoption)〉인데, 이 책은 아이들로 하여금 입양되는 것에 대한 이야기를 상세하게 소개하여 입양에 대한 자신의 느낌, 두려움, 개인적인 사생활들을 스스로 말 하도록 자극한다.

(4) 동화(fairy tales)

동화는 아이들이 성장과정에서 만나는 문제들을 어떻게 문제를 풀어가는 가를 배울 수 있는 방법 중에서 가장 선호하는 독서치료 자료이다. 동화는 여러 세기 동안 아이들이 직면해 왔던 보편적인 문제나 두려움들을 단순화시켜 보여주면서 아이들이 문제 해결을 위한 전략으로써 자신들의 상상력을 사용하는 방법을 제시해준다.

J. R. Tolkien은 동화가 지닌 4대 요소로 공상, 회복, 도피, 위안을 들었다. 그는 동화를 들려주는 순간 어린이들은 각자의 정서를 위협하는 불안요소들로부터 도피하고, 각자의 욕구좌절에서 오는 갈등과 더불어 아동의 최대 공포인 부모와의 분리 불안에서 오는 갈등을 해소 받는다고 주장하였다. 이와 같이 동화는 아동에게 정서적으로 위안을 주는 힘이 있다.

(5) 그림책(picture books)

그림책 자료는 특히 어린 아동들에게 사용된다. 유아, 유치기의 아동들은 글자는 거의 없고, 많은 다채로운 색의 그림들로 구성된 그림책을 매우 선호한다. 이러한 종류의 책들은 자신의 내적 느낌과 지각(perception)을 책의 주인공에게 투영(project)할 수 있는 아이들의 느낌이나 사고를 반영한다. 이러한 과정을 통해 아이들은 자기 자신의 갈등을 비 위협적인 방식으로 자연스럽게 드러낼 수 있게 된다. 그림책은 어린아이들이 개인 치료 상황 또는 집단 치료 상황에서 자기 자신의 이야기를 자연스럽게 표현하도록 도와준다.

화이트 헤드는 "그림책은 어린이가 처음으로 만나는 책이므로, 평생의 독서 생활을 결정짓는 계기가 된다. 따라서 그림책은 책 가운데 가장 소중한 책이며, 가장 아름다운 책이어야 한다"고 강조한다. 그림동화의 그림은 어린이에게 읽고 싶은 욕망을 갖게 하는 계기가 되며 실제 글 읽기를 도와준다. 어린이는 그림의 도움으로 큰 부담 없이 이야기를 충분히 즐길 수 있게 되는 것이며, 이 시기의 긍정적인 경험이 한평생 책을 좋아하는 사람으로 만드는 계기가 될 수 있다.

(6) 기타 자료(시, 시청각자료, 실물자료)

앞에서 언급한 자료 외에 독서치료 자료로 유용하게 활용되는 것이 시이다. 시는 운율과 이미지, 은유를 가지고 독자들의 정서적인 반응을 자극하며 강력한 카타르시스를 제공한다. 시는 특히 정신과 환자들과 일반 환자들을 돕는 유용한 치료적 도구로 인정받고 있다.

이외에도 시청각매체나 실물자료 같은 자료들도 독서치료 프로그램에서 종종 활용되고 있다. 시청각 매체의 경우 청소년이나 특수한 상황에 있는 독자들의 다감각적인 정보매체 선호경향 및 정보욕

구를 충족시키며 독서 전, 후의 흥미유발 및 자기탐색을 위한 보조 도구로서 긍정적인 역할을 한다.

3) 독서치료 자료의 선정 방법

일반적으로 독서지도 전문가들은 "독서는 어떠한 것을 읽느냐의 그 선택적 기능에 따라, 또 어떻게 읽고 소화하느냐의 이해의 방향에 따라, 또 그것을 어떻게 지도하느냐의 교육적 기능에 따라 인간 형성에 바람직한 영향을 줄 수 있는가 하면, 또한 반대로 인간을 파괴하는 독약과 같은 역할을 할 수 있다."[21]고 하며 양질의 독서 자료 선정의 중요성을 강조한다.

그러나 독서치료전문가들은 "어떤 특정한 상황에 놓인 한 사람에게 치료효과가 있는 책이 그와 동일한 상황의 다른 사람에게도 똑같은 효과가 있다고는 할 수 없으며 반면에 내용면에서 어떤 특정 문제의 상황을 제기하고 그것의 해결방안을 구체적으로 다루고 있다면 어떤 책이라도 독서치료에 효과적으로 사용될 가능성은 있다"고 말한다. 또한 "독서치료를 위한 자료가 반드시 행복한 결말을 맺을 필요는 없다"[22]고 한다.

이야기에 등장하는 인물의 비극적 종말을 대리 체험함으로써 독자들이 자신의 현재를 돌아볼 수 있고, 비극적인 결말, 기대하지 않던 결말을 토론의 과정에서 독자들이 직접 다른 결말을 만들어 보고 그 스토리의 궤적을 바꾸어 보는 것과 같은 작업을 통해서 긍정

---

21) 교육인적자원부(2002), 『학교 독서 진흥을 위한 독서 지도 교육 프로그램』, 교육인적자원부.

22) 윤정옥(1998), "독서요법의 이론과 적용", 『도서관 346』('98.3), p. 54

적, 창의적 결론을 맺게 하며 자신의 미래를 상상해 볼 수 있게 하는 기회를 갖는 것이 더 바람직한 독서치료 방안이 될 수 있기 때문이다.

(1) 독서치료 자료의 선정 기준

Menninger는 독서치료를 위한 자료 선정에서 기본적으로 고려해야할 요소들은 '독서치료의 필요성 확인, 내담자의 개인적인 배경확인, 문제의 증상 확인' 세 가지라고 이야기[23]한다.

- ▸독서치료의 필요성 확인 - 교육을 위해서, 심리적 통찰력을 갖도록 돕기위해서, 사회화를 돕기 위해, 오락적 기능의 제공을 위해자
- ▸내담의 개인적인 배경확인 - 환자의 지적 능력, 독서와 인생의 다방면에 걸친 관심분야, 남녀 구분, 내담자의 직업 등
- ▸문제의 증상 확인 - 진단 상 구분해 놓은 분류나 병의 원인에 관계된 요소, 혹은 성격타입 보다는 내담자의 감정 상태와, 현실에서 겪은 좌절의 양, 그리고 현재의 독서능력과 독서수준 등 현재의 심리적 상태를 파악하는 것이 독서치료 자료의 선정에 도움이 된다.

독서치료 도서는 대체로 다음과 같은 기준에 의하여 선정된다.

- ▸책에서 다루는 주제 자체가 독자(어린이 혹은 청소년)가 당면하고 있는 문제와 한 가지 이상의 측면에서 관련이 될 것
- ▸독자의 특정한 요구나 문제에 적합한 현실적인 접근방법, 납득할 만한 해결방법, 호감을 주는 등장인물들(동성, 동 연령대의 등장

---

23) Menninger, William C.(1936) "Bibliotherapy," Bulletin of the Menninger Clinic. 1(November 1936), pp. 263-274.

인물이나 인성을 가진 등장 동물, 사물)이 있을 것

▸ 독자의 실제 연령(책에 대한 흥미의 수준을 결정), 독자의 성숙도 (책의 등장인물들과 동일시할 수 있는 능력) 및 독서능력에 맞을 것, 포맷이 적당할 것(형태, 활자 크기)

베스 돌과 카를 돌(Beth Doll & Carol Doll)은 독서 치료를 위한 자료의 선택 방법을 다음과 같이 제안하고 있다.

▸ 첫째, 내담자의 흥미와 독해력 수준에 맞는 양서를 선택한다.
- 내담자의 독해능력은 어느 정도인가?
- 내담자가 좋아하는 책의 장르는?
- 내담자의 신체적·정서적 발달 정도는?

▸ 둘째, 내담자가 지닌 문제의 성격에 적합한 책을 선택한다.
- 해결해야 할 심리적 과제가 무엇인가?

▸ 셋째, 내담자가 해결하고자 하는 문제의 해결책이 있는 책이어야 한다.
- 보편적이고 바람직한 주제, 긍정적인 해결책이 제시되어 있는가?

Hynes & Hynes-Berry는 독서치료 자료 선택의 기준을 작품의 질면에서 주제 차원과 문체 차원으로 나누어 제시했다.

바람직한 독서치료 자료의 주제는 보편적 주제, 감동적인 주제, 이해 가능한 주제, 긍정적인 주제가 좋으며, 개인적인 경험의 주제나 진부한 주제, 애매한 주제나 부정적인 주제는 나쁘다고 했다. '문체면에서는 리듬, 심상, 언어, 복잡성을 검토해야 한다'고 말한다.

독서치료에 적절한 산문들은 동화, 신화, 우화들인데, 이들은 한

두 쪽 분량이고, 보편적인 이미지에서 끌어오며, 사물의 본질에 대한 신념을 반영하기 때문에 적절한 자료가 된다. 또한 '문학적 가치보다는 상호 작용 독서치료에서 영향력이 있는가. 없는 가로 자료 선택 여부를 결정해야 한다'고 한다.

미국의 정신과 의사인 알렌 B. 치넨(Allan B. Chinen)은 분석심리학적 관점에서 동화를 해석한 책들을 여러 권 내놓았는데 크게 청년동화와 어른동화로 나누어서 동화를 구분하고 있다. 즉 자아정체성을 확립하고, 사회적 역할을 익히며, 사회 속에서 자신의 자리를 얻고, 배우자를 얻어 행복한 가정을 꾸미는 데까지가 어린이와 젊은이의 동화라고 이야기한다.

이에 비해 자기 내부에 있는 악을 인정하고, 페르소나(Persona)와 자아를 구별하며, 이타성(利他性)을 개발하고 자기초월과 자기긍정을 함께 이루며, 내면의 어린이를 불러내어 '해방된 동심'을 되찾는 것이 어른동화의 내용이 된다고 말한다.

독서치료 자료를 선정할 때 마지막으로 고려해야 할 점은 '독서치료 자료의 선정 주체가 누가 될 것인가?' 하는 점과 '기존에 나와 있는 자료를 쓸 것인지 아니면 새로운 자료를 선택할 것인지'도 고려해봐야 한다. 구체적으로 그 내용을 살펴보면 다음과 같다.

① 독서치료자가 선택 - 전문적인 지식과 경험으로 내담자에게 도움을 줄 수 있는 자료선택. 단점은 치료사의 주도로 인해 내담자들이 소극적인 반응을 보일 수 있음.
② 참여자가 선택 - 참여자가 좋아하는 자료를 선택하고 활용하여 적극적이고 활발한 반응. 단점은 참여자가 선호하는 적절

치 못한 자료가 선택될 가능성이 있음.

③ 기존의 자료를 선택 - 공신력이 확보되고 사용하기에 편리 단점은 자료에 식상함을 느끼거나 소극적인 반응을 보일 수 있음.

④ 새롭게 만들어 가는 자료를 선택 - 참여자들이 만들어 가는 생산적인 자료로 활발한 참여 유도 가능 단점은 글쓰기나 말하기 활동에 부담을 느껴 소극적인 반응을 보일 수 있음.

3. 독서치료에서의 상호작용

치료는 치료사와 내담자 또는 참여자와의 상호작용에 의해 이루어진다. 독서치료는 그 상호작용을 위해 중간 매체로 문학작품을 활용하는 것이므로, 독서치료 장면에서는 내담자가 책을 치료적으로 읽어내도록 개입하는 것이 중요하다. 그래서 가장 중요한 기술로 '발문법'을 드는데, 발문은 치료사가 내담자를 이야기 속으로 안내할 목적으로, 또는 그의 내면세계 속에 동일시, 카타르시스, 통찰이 일어나도록 촉진할 목적으로 계획된 물음을 던지는 것을 말하며, 좋은 발문은 핵심이 명확하고 간결한, 다양한 사고활동이 기대되는 확산적인, 개인차를 고려한, 내담자 문제 해결의 단서가 되는 발문 등이다. 그래서 이 장에서는 독서치료에서의 원활한 상호작용을 위한 발문법에 대해 살펴보겠다.

1) 동일시를 촉진하는 발문

'동일시(identification)'란 내담자가 문학적 텍스트를 읽어 가는 가운데 등장인물과 자신을 비슷하다고 생각하는 것이다. 다른 사람이나 사물과 자신의 처지를 바꾸어 생각해 볼 수 있는 능력은 사람만이 가진 고유한 것 가운데 하나이다. 동일시는 긍정적인 방향과 부정적인 방향 모두에서 일어날 수 있다. 즉, 등장인물 가운데 특정한 사람에게 호감이 가는 것은 긍정적인 면에서의 동일시라 할 수 있고, 어떤 사람에게 혐오감을 느끼는 것은 부정적인 면의 동일시로 볼 수 있다. 다시 말해서 문학작품을 읽어가는 가운데 책 속의 누

군가를 좋아하거나 싫어하는 것 모두 동일시의 결과다. 이를 프로이트의 정신분석적인 개념에서 본다면 전이의 한 과정이라고 볼 수 있다. 그것이 무의식적으로 일어났다면 말이다.

동일시를 촉진하는 발문을 통하여 내담자는 내가 왜 이 등장인물을 좋아하는지 또는 혐오하는지를 돌아봄으로써, 자신도 모르게 작품 속의 등장인물들에게 전이했던 무의식적 과정을 의식화할 수 있다.

먼저 텍스트의 수준에서 시작해 보자. "등장인물 가운데 누가 네 처지와 가장 비슷하니?" 이렇게 묻는 것은 가장 직접적인 동일시 질문이다. 그러나 이렇게 물으면 너무 직설적이어서 내담자의 저항에 부딪힐 수 있다. 따라서 조금 더 창의적인 발문기법들이 필요하다. "등장인물 가운데 누가 가장 인상 깊었니?", "등장인물 가운데 혐오스런 사람이 있다면 누구를 선택하겠니?", "등장인물 가운데 가장 동정심이 가는 사람은 누구였니?" 등과 같이 고치면 간접적이 되어서 더 낫다.

동일시를 촉진하는 직접적인 발문을 하기 전에 서사적으로 문학작품을 분석할 수 있는 치료사라면 한 걸음 뒤로 물러서서 내담자로 하여금 등장인물들을 함께 관찰할 수 있는 발문을 던질 수 있을 것이다. 이렇게 하면 훨씬 재미있고 치료의 저항도 줄일 수 있다. 이밖에도 공간을 함께 분석해 본다든지, 사건을 부차적인 사건과 주 사건으로 분류하여 요약하는 활동을 하는 등 이야기의 세계에 내담자가 몰입할 수 있도록 안내하는 가운데 동일시를 촉진할 수 있다. 얼핏 본 피상적인 인물보다 정교한 분석을 통해 깊이 알게 된 인물들에게 더 잘 동일시 할 수 있는 것은 자명한 이치다. 그러나 작품만 분석하느라 자신을 들여다보지 못한다면 독서치료가 독서지도로 빠질 위험성이 있다는 것도 항상 염두에 두어야 한다.

동시에 동일시를 위한 발문이 텍스트 수준에만 머물러서는 안 된다. 텍스트 수준의 동일시 질문은 내담자 수준의 동일시 질문으로 전환되어야 한다. 치료사는 텍스트는 어디까지나 내담자 자신을 비추는 거울임을 항상 명심해야 한다. 즉, "네가 그에게 그렇게 혐오감을 느끼는 까닭은 무엇이니?", "네가 그 인물에게 그처럼 동정심을 느끼는 까닭은 무엇이니?", "너도 그와 비슷한 경험을 해 본 적이 있니?" 등과 같은 질문을 던짐으로써 텍스트에서 자기에게로 생각의 흐름을 바꿀 수 있다. 대부분의 독서치료 책들이 발문을 텍스트와 내담자 수준으로 선명하게 구분하지 않아서 초심자들이 실제 작품을 가지고 발문을 하는데 어려움을 겪고 있다. 주의할 것은 치료사가 텍스트 수준의 발문과 내담자 수준의 발문을 적절하게 구사해야 한다는 것이다. 너무 빨리 내담자 수준으로 발문이 넘어가면 내담자의 저항을 유발할 수 있다. 이때는 당황하지 말고 다시 텍스트 수준으로 질문을 전환하여 내담자가 안심하고 이야기할 수 있는 분위기를 유지해야 한다. 이처럼 텍스트와 내담자를 넘나들면서 저항을 다룰 수 있는 것이 독서치료의 큰 장점이다. 동일시가 일어났다면 내담자는 그에게 감정을 이입하여 카타르시스 단계로 넘어갈 수 있다.

☞ 동일시와 관련된 발문 - "등장인물 가운데 누가 가장 인상 깊었니?" → "만약 이 이야기를 연극으로 만든다면, 어떤 역할을 해보고 싶니?"

2) 카타르시스를 촉진하는 발문

'카타르시스(Catharsis)'란 감정의 정화, 정동해발(情動解發)이라고도 한다. 치료적인 면에서 볼 때는 대상자의 내면에 쌓여 있는 욕구불만이나 심리적 갈등을 언어나 행동으로 표출시켜 충동적 정서나 소극적인 감정을 발산시키는 것을 말한다(손정표, 2003). 카타르시스를 위한 발문을 구체적으로 생각해 보자.

프로이트식으로 설명하자면 무의식 속에 억압된 부정적인 사건과 그에 얽힌 감정을 의식의 수준으로 끌어올려 말로 표현하는 과정이다.

먼저 텍스트 수준의 발문을 만들어 보면, "책 속에 등장하는 아무개의 심정이 어땠을까?"라고 묻는 것은 가장 직접적인 형태의 카타르시스를 촉진하는 질문이다. 이렇게 막연하게 묻는 것보다는 앞부분에 상황적인 정보를 제공하고 뒷부분에서 느낌을 묻는 형태가 더 구체적이다. 예컨대, 생텍쥐페리의 『어린 왕자』에서 어린 왕자가 자기 별의 유일한 장미꽃과 관계가 어려워져서 떠나기로 결심하는 장면이 나온다. "어린 왕자가 자신의 별을 떠나기로 결심하고 장미꽃에서 마지막 물을 주고 있을 때 장미꽃의 심정은 어땠을까?", "그때 어린 왕자의 기분은 어땠을까?"라고 물을 수 있다. 어떤 사건에 얽힌 우리의 감정은 단일하지 않고 복잡한 경우가 많다. 특히, 상처가 되고 충격적인 경우는 거의 그렇다. 따라서 감정의 단어목록을 활용하는 것도 생각해 볼 수 있다. 즉, "자신의 별을 떠날 때 어린 왕자의 심정을 가장 잘 나타내는 단어들을 목록에서 찾아보자."라고 제안할 수 있다. 창의력을 발휘하여 같은 발문이라도 참신하고 흥미 있게 만들어 보자. 어린 내담자의 경우는 감정을 색깔로 나타내 보도록 미술 활동과 연결시키는 방안도 생각해 볼 수 있다.

내담자 수준의 카타르시스 발문은 어떻게 만들까? 다시 어린 왕자의 사례를 가지고 생각해 보면, "네가 만약 어린 왕자처럼 사랑하는 가족과 싸우고 집을 떠난다면 기분이 어떨까?"라고 묻는 것은 직접적으로 카타르시스를 촉진하는 질문이 될 것이다. 그렇지만 이렇게 직접 묻는 것은 상담자 자신이라도 저항을 느낄 것이다. "너도 어린 왕자와 비슷한 경험을 해 본 적이 있니?", "네가 만약 어린 왕자라면 어떻게 느꼈을까?"와 같이 약간 우회적으로 묻는 것이 저항을 덜 받는다. 어린 내담자의 경우 "만약 이 인형이 어린 왕자라면 어떻게 느꼈을까?"라고 장난감 캐릭터와 연결시켜 질문한다면 더욱 우회적인 질문이 되어 내담자의 저항을 최소화 할 수 있을 것이다. 상담자의 창의적인 발문은 내담자의 흥미를 유발시키고 치료의 저항을 최소화 할 수 있다.

☞ 카타르시스와 관련된 발문 - "네가 만약 ○○처럼 했다면 기분이 어땠을까?"

3) 통찰을 위한 발문

보통 내담자는 자신의 문제와 함께 수반되는 분노, 극도의 좌절감, 슬픔과 같은 부정적인 감정에 사로잡혀 있기 때문에 자신의 문제를 다른 시각에서나 객관적으로 보는 힘이 약하다. 이런 현상을 '좁은 시야(Narrow Eye)'라고 부른다. 문제라는 안경을 끼고 좁은 시야로 사물을 보기 때문에 문제를 다각적으로 검토하는 능력이 약한 것이다.

통찰(insight)은 동일시와 카타르시스 다음에 오는 심리적 과정으로 간주된다. 왜냐하면 부정적인 감정에 꽉 차 있는 사람은 합리적으로 사고하는 것이 불가능하기 때문이다. 극도로 분노에 꽉 차 있는 사람이 먼저 해야 할 일은 분노의 감정을 처리하는 것이다. 일단 카타르시스를 경험하면 그러한 부정적 감정에서 해방되면서 통찰이 가능하게 된다. 통찰이란 "자기 자신이나 자기 문제에 대하여 올바른 객관적인 인식을 체득하는 것"(손정표, 2000)을 의미한다. 프로이트식으로 말하자면 내담자가 자신의 문제(증상)의 원인이 무의식에 억압된 과거의 상처와 감정에 기인한 것임을 깨닫게 되는 것이다. 독서치료사는 내담자가 자신과 비슷한 문제에 봉착한 책 속의 등장인물이 어떻게 그 문제를 생산적으로 해결해 나가는지를 스스로 깨닫도록 도움으로써 통찰이 일어나도록 촉진한다. 즉, 책 속의 등장인물들이 내담자의 모델 역할을 하도록 하는 것이다.

발문의 원리는 앞의 두 경우와 마찬가지로 텍스트 수준에서 그리고 자신의 문제를 해결해 가는 내담자 수준에서 질문할 수 있다.

다시 어린 왕자를 가지고 텍스트 수준의 통찰을 촉진하는 발문을 생각해 보자. "어린 왕자가 자신의 별에 있는 장미꽃과 갈등이 생겼을 때 처음에 대처한 방법과 나중에 대처한 방법에는 어떤 차이가 있을까?", "장미꽃과 어린 왕자는 서로 사랑하면서도 괴로워하는데, 그렇게 된 원인이 무엇일까?" 등은 직접적으로 텍스트 차원에서 통찰을 촉진하는 발문이다. 내담자 수준에서 통찰을 촉진하는 발문으로 바꾸어 보면, "네가 만약 가족 가운데 한 사람과 불편한 관계에 있다면 어떻게 대처하겠니?"라고 물을 수 있다. 이는 매우 직접적인 질문이다.

통찰의 단계에 오면 치료사와 내담자는 문제를 해결해 가는 방안들을 책 속에서 또는 현실 속에서 찾아내기 위하여 브레인스토밍과 같은 기법을 활용할 수 있다. 즉, 문제를 해결하기 위한 창의적 아이디어들을 모은 다음 비슷한 것끼리 분류하여 실천 가능한 것들을 실행에 옮기도록 격려할 수 있다. 하지만 내담자 스스로 발견한 통찰들이야말로 역기능적 습관과 행동을 바꿀 수 있는 가장 강력한 힘이 된다는 점을 기억하고, 독서치료사는 촉진자의 자리를 지키는 지혜가 필요하다. 이상과 같은 발문의 수준과 차원들은 다음과 같이 요약할 수 있다.

☞ 통찰과 관련된 발문 - "이 작품을 읽고 나서, 생각이 달라진 점이 있니?"

4) 내 삶 적용과 관련된 발문

- "그럼 너도 이런 경험이 있니? 그럴 때 어떻게 했어?"

4. 독서치료의 실제

1) 아동 및 청소년의 발달 과정에서 발생하는 문제와 해결 방법

(1) 미디어에 집착하는 아이들을 위한 독서치료

어릴 때 텔레비전이 있는 친구 집에 놀러갔던 기억 있으세요? 너무 무서워서 보고 나면 혼자 집에 돌아오지 못해 친구 어머니가 바래다주거나, 아니면 그냥 친구 집에서 자고 다음날 아침에 돌아와야만 했던 〈전설의 고향〉에 대한 추억, 오늘은 어떤 범인을 어떻게 잡을 것인가 가슴 졸이며 봤던 〈수사반장〉에 대한 추억, 눈물 콧물 쏙 빼며 보던 〈여로〉에 대한 추억, 아마 있으실 겁니다. 저 역시 시골에서 태어나 중학교 때까지 자랐기 때문에 그런 기억이 있는데, 그때를 생각해 보면 지금은 참 많은 발전을 했습니다. 이동하면서 텔레비전을 볼 수 있는 시스템은 물론, 인터넷에서는 클릭 몇 번만으로 전 세계 여러 사이트를 자유롭게 오갈 수도 있으니까요. 그 외에도 다양한 기능을 갖춘 여러 미디어들이 많고, 그것들이 점점 짧은 주기로 진화되고 있으니 다음번에는 또 어떤 제품이 나올 것인지 기대를 하지 않을 수 없습니다. 그야말로 미디어 천국이라 불러도 무방할 시대이지요.

그러다 보니 우리는 하루를 미디어로부터 시작해 미디어로 마감할 수밖에 없습니다. 미디어가 없으면 살아갈 수 없는 세상이 되어버린 것이지요. 저도 노트북이 없으면 아무런 일을 할 수 없는 경험을 몇 차례 했는데, 비단 저만 이런 경험을 한 것은 아닐 것입니다. 그래서 인터넷에서 검색을 해보니 신종철님께서 오마이 뉴스에

〈나는야 디지털 세상의 꼽사리〉라는 제목의 글을 올리셨기에 인용해 봅니다. 우리 삶이 미디어에 얼마나 종속되어 있는지 여실히 느낄 수 있어서요.

나는야 디지털 세상의 꼽사리
평범한 직장인, 디지털과 함께 하는 24시

신종철(timeworld)

출근길 풍경을 잠깐 떠올려보자. 지하철 안 옆 좌석 사람의 이어폰에서 작게 들려오는 MP3 음악소리, 버스 안 앞자리에 앉은 사람의 PMP로 보는 영어 동강(동영상 강의)화면과 DMB화면, 인터넷이 지원되는 휴대폰으로 신문을 보는 사람들. 영화 〈백 투 더 퓨처〉에서나 나올 법한 미래 얘기가 아니다. 우리가 매일 흔하게 접할 수 있는 일상이다.

IT회사에 근무하는 나 역시 이런 풍경에서 벗어날 순 없다. 컴퓨터 사용은 일상이며 남에게 보이는 내 모습은 이보다 더 다양할 터. 때로는 온갖 디지털 기기들을 안고 있는 나를 보면서, 전형적 '디지털 세대'라 부를지도 모르겠다. 아침에 일어나 잠이 들기까지 나는 과연 얼마나 많은 디지털 기기들을 만지고 느끼며 반응하는 것일까. 특별할 것도 특이할 것도 없는 평범한 직장인의 하루 일과를 따라가 보자.

[출근길] 휴대폰 없인 일어날 수 없어!

오전 7시 20분, 휴대폰으로 맞춰놓은 알람은 약속을 어긴 적이 없다(간혹 듣지 못하는 사고가 생길 뿐이다). 정확한 시간에 미리 설정해 놓은 노래가 흥겹게 흘러나온다. 이동통신 기지국에서 보내오는 시간은 너무나 정확하기 때문이다. 배터리만 떨어지지 않는다면 출근 시간 걱정은 휴대폰에게 맡긴다.

부랴부랴 출근 준비가 끝나면 책상 위에서 충전을 마친 MP3플레이어를 집어 든다. 출근길에 5년 전 인기가요부터 원더걸스의 최신 곡까지 원하는 곡을 그 날의 날씨에 따라 골라 듣는다. 비가 오면 김광석이나 부활을 찾고, 쨍쨍한 날이면 원더걸스와 소녀시대를 찾는 식이다(아주 간혹 외국어 강의를 들을 때도 있으나 솔직히 10분 이상 들으면 지겹다).

전철역 입구엔 온갖 무가지 신문이 즐비하다. 나 역시 신문 하나를 챙겨들고 전철에 오른다. 뉴스가 목적이 아니라 어느 신문에나 있는 '오늘의 외국어'를 보기 위함이다. 전자사전을 꺼내 그날 나온 단어의 발음을 듣고, 전자연습장에 기록해 둔다. 내가 사용하는 PDA에 전자사전 소프트웨어를 구입해 전자사전으로 사용한다. 오늘 밤이면 새로 배운 이 단어는 기억에서 지워질 것이 뻔하기에 전자사전에 기록하는 것은 필수다. 이 작업까지 마쳤으면 PDA(정확히는 휴대폰 겸용 'PDA폰')로 그날 최신 뉴스를 인터넷으로 확인한다. 무가지 신문보다 정보가 빠르다. 최신 속보도 실시간으로 볼 수 있다. 이렇게 40~50분 걸리는 출근 거리를 이동한다.

[회사] 컴퓨터 없이 할 수 있는 일이 뭐니?

앞에서 밝혔듯 나는 IT회사에 근무한다. 컴퓨터 없이 할 수 있는 일은 정말 아무 것도 없다. 간혹 사무실 형광등이 나가면 교체나 할까, 그 외엔 컴퓨터는 내 몸과 다를 게 없다. 모든 일은 컴퓨터로 처리하고 직원들과의 간단한 소통마저도 메신저로 해결한다.

많지 않은 회의, 노트북과 PDA는 필수다. 필요한 자료는 노트북에서 찾아 보고하고, 간단한 메모는 워드 프로그램 하나 실행해

놓고 열심히 키보드를 두들긴다. 펜과 종이가 필요한 메모라면 간단하게 PDA 메모장을 실행해 화면에 그리면 그만이다.

급여가 들어오는 날이면 내 PC는 잠깐 동안 은행으로 변한다. 휴대용 USB메모리에 담긴 공인인증서를 컴퓨터에 꽂고 보험료·카드 값·친목회비 이체하느라 바쁘다. 은행은 ATM에서 현금을 찾는 업무 외엔 언제 방문했는지 기억하기 힘들 정도다. [중략]

점심을 먹고 난 뒤 잠깐의 휴식시간에는 동료의 휴대용 게임기를 빌려 게임을 한다. PSP·NDSL(닌텐도) 등 다양하다. [중략]

업무 특성상 전화를 사용할 때도 많다. 이 때 사용하는 전화는 역시 인터넷 전화다. 일반 전화보다 통화료가 저렴해 사용한 지 오래다. 단점이라면 사내 인터넷망이 잠깐이라도 끊어질 경우 전화 역시 끊어진다는 정도. 그 날의 업무보고 역시 이메일로 전송한다. 종이는 거의 안 쓴다. [중략]

퇴근 후엔 뭘 할까 고민하며, 인터넷 메신저나 휴대폰 문자로 친구들과 약속을 잡기도 한다. [중략] 영화관 사이트에 접속해 몇 시 영화가 디지털 상영인지 확인한다. 데이트를 할 때나 친구와 영화를 볼 때 나는 가장 먼저 이 영화가 몇 시 타임에 디지털 상영을 하는지 알아본다. 필름보다 화질이 깨끗하지만 워낙 장비가 고가라 모든 상영관에 배치하지는 않기 때문이다.

[퇴근길 & 약속 장소] DMB방송과 휴대인터넷으로 지루함은 그만~!

발걸음이 깃털처럼 가벼워지는 퇴근길에는 DMB 방송을 즐겨본다. 이건 휴대폰으로 봐야 제 맛이다. USB로 나오는 PC용 DMB장치도 있지만 태생이 모바일용이기에 화질이 안 좋다. 그렇게 이리저리 채널 변경하다보면 집까지 지루하지 않게 도착할 수 있다.

오늘은 약속이 있으니 영화관으로 향한다. 약속시간까지 아직 30분이 남았다. 따뜻한 커피 한 잔 마시면서 기다리면 되지만 짧은 시간은 아니다. 가방에서 UMPC를 꺼낸다. 항상 메고 다니는 작은 크로스백에 쏙 들어가는 크기의 컴퓨터다. 그리고 그대로 인터넷을 해주면 된다. 요즘은 서울 시내 대부분 커피전문점에서 무선 인터넷(핫스팟)을 지원한다. 무선 랜을 켜고 접속만 하면 바로 인터넷을 사용할 수 있다. 지금은 아니지만 몇 달 전까지는 와이브로도 사용했다. 주목적은 지하철 내에서 UMPC로 인터넷을 하는 것이었다. [중략]

예약한 디지털 영화까지 보고 데이트가 끝나면 버스정류장 표지판에 적혀있는 정류장 번호를 확인한다. 서울·경기권 버스정류장에는 5자리의 정류장 번호가 있다. 이를 휴대폰이나 인터넷으로 조회하면 정류장으로 오는 버스가 언제 도착하는지 상세히 알 수 있다. 기다리는 시간을 알 수 있기에 남는 시간을 적절히 사용할 수 있다.

[귀가 & 취침 전] 드라마는 역시 HDTV야!

데이트 후 귀가는 버스 혹은 전철에서 퇴근길과 마찬가지로 DMB를 보거나 휴대폰으로 뉴스를 보는 등 그때그때 다르다. 만일 영화가 늦게 끝나 택시를 타게 됐다면 열심히 MP3 음악만 듣는다. [중략]

귀가 후에는 많은 직장인들이 그렇듯이 TV 삼매경에 빠진다. 거실에 설치한 42인치 HDTV로 보는 화질은 "역시 디지털이야!" 소리가 절로 나온다. [중략]

디지털 카메라로 촬영한 사진을 정리하는 것도 만만치 않다. 날짜별·장소별로 정리한 사진의 용량이 상당하다. 하드디스크 데이터가 날아가기라도 한다면 어떨까? 정말 생각만 해도 무기력해진다. 내가 너무 디지털에 의지했나 싶기도 하다. 그런 생각을 하면서도 잠들기 전 혹시 메일 온 거 없나 침대에 누워 UMPC 들고 이메일함 확인하고 있다.

세상이 온통 디지털, 나는 단지 꼽사리일 뿐

참 많기도 하다. 이렇게 많은 디지털과 관련된 것들이 우리가 원해서 그럴 수도 있지만 세상에 맞춰가기 위한 어쩔 수 없는 선택일 수도 있다. 가끔은 카세트테이프에서 흘러나오는 노래를 A·B면 순서대로 들으며 옛 기억을 떠올리고도 싶고, 유선전화를 들고 장시간 통화하며 연애를 하고 싶은 생각도 든다. 또, 지하철 가판대에서 신문을 사들고 옆 사람에게 피해줄까 조마조마해 하며 고이 접어 읽고 싶기도 하다.

하지만 아날로그는 향수가 돼 버렸다. 디지털이 지배하고 그와 관련된 기기들과 정보를 듣고 느끼며 살아간다. 어쩌면 우리는 빠르게 흘러가는 디지털 세상 속의 '꼽사리' 같은 존재가 된 것인지도 모른다. 그렇다고 걱정할 필요는 없다. 때로는 삭막해 보일 수도 있지만 디지털의 편리함을 적절히 이용하며 즐기면 그것으로 족하다. 시간이 많이 흐른 미래에는 지금 이러한 풍경도 향수라 생각하며 그리워할 때가 분명히 올 테니 말이다.

〈2008. 11. 24. 오마이 뉴스〉

고개가 절로 끄덕여지시지요? IT업계에 근무하는 직장인이 아니어도 상당히 많은 부분이 닮아 있음을 느끼실 겁니다. 우리네 삶이 이러니 요즘 아이들이 미디어에 빠져 있을 수밖에 없는 현상은 너무도 당연해 보입니다. 아주 어릴 때부터 미디어에 접하고, 또한 그것들을 통해 많은 소통을 해나가니까요. 휴대폰을 사달라고 조르

는 아이, 그 이유는 친구들과 문자를 주고받기 위한 것이라는 대답을 들어보신 학부모님들이 분명 계실 겁니다. 이처럼 현 시대의 아이들에게 미디어는 단순한 생활용품을 넘어 소통의 도구가 되고 있습니다. 그러니 원천적으로 접하지 못하게 할 수는 없는데, 항상 과하면 부족함만 못하다는 것을 우리는 알고 있습니다. 그로 인해 어떤 문제가 생길 거라는 점도요. 그래서 이번에는 미디어로 인해 발생하는 문제점들을 몇 가지 정리해 봤습니다.

① 대인 접촉 기피증

미디어를 과도하게 사용하면 그만큼 혼자 보내는 시간이 많아, 결국 사람들과 어울리는 기회를 갖지 못하기 때문에 사회생활에도 영향을 끼칩니다. 아동의 경우 거꾸로 또래관계가 원만하지 못해 미디어를 친구 삼아 시간을 보내는 경우도 있는데, 이럴 때는 야단을 치기에 앞서 왜 그런 현상이 벌어지고 있는가 탐색해 볼 필요가 있습니다.

② 감정 조절의 어려움

미디어는 감정을 갖고 있는 매체가 아닙니다. 따라서 감정을 갖고 있는 사람과의 소통과는 차이가 있지요. 따라서 사람이 아닌 미디어와 오랜 시간을 지내다 보면, 다른 사람들과 대면 할 기회가 없어지기 때문에 감정을 조절하고 배려하는 능력이 떨어지게 됩니다. 이는 올바른 대인 관계 및 친구관계 형성을 어렵게 할 수도 있습니다. 또한 폭력적인 게임을 오래 한 아이들을 보면 충동 조절 또한 어려운 면이 있음을 알 수 있고, 성격 또한 급해지는 것을 느낄 수 있습니다.

③ 정보의 과다로 인한 스트레스와 선택의 어려움

미디어의 장점은 많은 정보를 빠르고 체계적으로 전달해 준다는 것입니다. 때문에 우리가 미디어를 잘 활용하면 긍정적인 측면도 많지요. 하지만 너무 많은 정보는 오히려 정보 및 시대 변화에 따라가지 못하고 있다는 마음이 들게 하고, 더불어 올바른 선택능력을 떨어뜨리기도 합니다.

④ 신체·생리적인 문제

과도한 미디어 사용은 신체적인 부분에서도 여러 문제를 불러일으킵니다. 같은 자세로 오랜 시간 앉아 미디어를 보면 눈이 건조해지고 시력이 감퇴되는 것은 물론, 전자파로 인한 영향도 받게 되지요. 컴퓨터의 경우는 근육통도 생길 수 있답니다. 또한 미디어에 집중하느라 식사를 제대로 하지 않기도 한답니다. 게임을 1분이라도 더 하기 위해서 밥을 거르겠다는 아이들, 소리를 버럭 질러 식탁 앞으로 끌어오신 경험 있을 겁니다.

미디어의 과다 사용과 집중은 이밖에도 다음과 같은 문제를 초래합니다. 노컷뉴스에 실린 기사를 만나보시죠.

TV-컴퓨터-비디오게임, 10대 청소년 우울증 불러

－美피츠버그대 연구팀 발표,
전자매체 노출시간 많을수록 우울증 위험 증가－

어렸을 때 TV를 많이 시청하거나 비디오, 컴퓨터 게임 등에 많은 시간을 허비할 경우 10대 후반이나 성인기 초반에 우울증에 걸릴 위험이 높은 것으로 조사됐다고 미국 연구팀이 2일(현지시간) 발표했다.

美 피츠버그 의대 브라이언 프라이맥(Brian Primack) 교수 연구팀은 DVD나 인터넷 등이 광범위하게 사용되기 이전인 1995년 우울증 병력이 없는 평균 연령 14.8세인 청소년 4,142명을 대상으로 전자매체 노출시간을 조사했다.

조사 결과 이들 청소년들의 전자매체 노출시간은 TV 2.3시간, 라디오 2.34시간, 비디오카세트 0.62시간, 컴퓨터게임 0.41시간 등 하루 평균 5.68시간이었다.

연구팀은 7년 뒤인 2002년 평균 연령이 21.8세가 된 이들 조사대상자들의 우울증 여부를 점검한 결과 7.8%인 308명이 우울 증세를 보인 것으로 나타났다고 "일반 정신의학 기록 저널(Archives of General Psychiatry journal)" 2월호에 보고했다.

연구팀은 저널에서 "TV 시청, 컴퓨터-비디오 게임과 우울증의 인과관계를 확신할 수는 없지만 전자매체에 노출된 시간이 길면 길수록 우울증에 걸릴 가능성이 훨씬 더 높았다"고 밝혔다. 다만 조사 대상자 가운데 여성이 남성보다 우울증에 걸릴 위험은 상대적으로 낮게 나타났다.

연구팀은 전자매체를 통해 전달된 메시지들이 공격성을 부추기고, 불안과 걱정을 자극함으로써 정체성 발달을 저해할 수 있으며, 어릴 때 TV등을 통해 접한 우울한 사건들을 성장한 뒤 자신의 것으로 내재화하는 성향이 있다고 분석했다.

또 주로 밤 시간대에 전자매체에 노출되면서 정상적인 수면이 방해를 받아 정서적, 지적 발달에 장애요인이 될 수 있다고 지적했다. 연구팀은 결과적으로 전자매체에 노출되는 시간은 우울증을 방지할 수 있는 사회적, 신체적, 지적활동의 기회를 빼앗아가게 된다고 밝혔다.

연구팀은 10대 후반이나 성인기 초반에 시작되는 우울증을 막기 위해서는 부모들이 적극적으로 자녀들에게 사회활동이나 전문지식을 증대할 수 있는 기회에 참여하도록 독려할 필요가 있다고 강조했다.

〈2009. 2. 4. 노컷뉴스〉

참 걱정스러우시죠? 스스로 알아서 조절해주면 좋으련만, 아이들은 늘 목말라 하고 부모님들은 걱정이 앞서고. 마지막으로 여러 미디어 가운데 가장 큰 영향력을 미치고 있는 인터넷 중독에 대해서만 간략히 살펴본 뒤, 해결방안과 적정 자료 소개로 넘어가겠습니다. 아래의 내용은 제가 사이버상담원으로 활동하기도 했던 기관 '서울특별시립청소년정보문화센터'에서 받았던 교육 자료집 '2007년 청소년상담활동가 교육 자료집'에서 요약 인용한 것입니다.

① 인터넷 중독의 정의

인터넷 중독이란 말 그대로 인터넷을 지나치게 사용해 금단과 내성을 지니고 있으며, 이로 인해 일상생활에도 장애가 유발되는 상태를 의미합니다. 아이들에게 가장 많은 유형은 역시 게임중독이겠고, 기타 채팅중독, 음란물중독, 커뮤니티중독, 도박중독, 정보검색중독, 쇼핑중독도 있습니다.

② 인터넷 중독의 원인

㉠ 사이버 공간의 특성

a. 익명성 : 사이버 공간은 사용자가 자신의 신분을 드러내지 않고도 자신의 생각을 표현할 수 있도록 합니다. 인터넷을 통해 모니터

화면 위에서 나타나는 메시지나 이미지에 기초하여 대인접촉이 이루어지기 때문에 사용자는 거의 대부분 익명성을 보장 받을 수 있지요. 익명성 때문에 현실에서는 이룰 수 없었던 이상적인 자아를 형성하여 표현하고 자신의 욕구를 충족시킬 수 있게 되었으며, 잠재되어 있던 자기 성격의 일부분을 안전하게 표출시킬 수도 있습니다. 현실에서 수줍음을 타는 사람이 가상공간에서는 적극적이고 사교적인 사람이 될 수 있고, 우유부단한 사람이 강하고 단호한 사람이 될 수 있으며, 성적매력을 갖지 못한 사람이 그 반대가 될 수도 있지요. 또한 가상 인물로 변장하여 새로운 인격체처럼 행동하면서 현실에서 충족하지 못했던 욕구를 해소하기도 합니다. 이러한 익명성에 근거한 사이버 공간의 특성은 사용자에게 강한 매력으로 작용합니다.

b. 편리성 : 인터넷은 전화선과 전기선 그리고 컴퓨터만 있으면 언제 어디서든지 접근 할 수 있을 뿐만 아니라, 최근 정보통신의 급격한 발달로 이동통신을 사용해서도 인터넷을 이용할 수 있게 되었습니다. 또한 우리나라의 경우 PC방이 보편화 되어 있어서 어디서든지 필요할 때 찾아가서 인터넷을 활용할 수도 있습니다. 이와 같이 인터넷에 접근하는 것이 용이해짐에 따라 인터넷이 제공하는 가상 세계가 실제 생활을 단순하고 편리하게 만들어 버렸지요. 인터넷이 출현하기 이전에는 우리가 무엇을 하든지 직접 찾아가서 해야 했지만, 지금은 인터넷으로 대부분을 해결 할 수 있으니까요.

c. 현실탈출 : 현실에서 스트레스를 겪고 있는 개인은 적절하지 않은 방식으로 그것을 해소하려고 애쓰게 됩니다. 예를 들어 술이나 마약은 우리가 알다시피 일종의 환각 증세를 일으켜 중독자를 실제

세계와 단절된 환상의 세계로 이끄는 강력한 힘을 가지고 있습니다. 또한 TV, 비디오, 또는 전자오락게임과 같은 대상들 역시 이용자로 하여금 실제 세계의 모든 문제를 잊을 수 있게 해주는 힘을 갖고 있습니다. 이와 마찬가지로 인터넷은 현실세계와는 다른 도피처를 제공해 줌으로써 현실의 문제를 잊어버리게 하고, 마음의 안식처를 제공합니다. 중독자는 인터넷을 하는 중에는 만족감을 느끼지만, 현실로 돌아왔을 때에는 달라진 것이 없고 문제들이 여전히 남아 있음을 깨닫게 됩니다. 이런 현실은 중독자에게 또 다른 스트레스가 되어 인터넷에 빠지게 만드는데, 이것이 반복적인 습관을 형성하게 됩니다.

d. 통제감 : 인터넷은 사용자가 단순히 수동적으로 반응만 하는 것이 아니라 자신이 직접 감독하여 진행할 수 있는 기회를 줍니다. 예를 들어 온라인 게임은 사용자가 주인공이 되어 상황을 주도할 수 있으며, 게임 내에서 자신의 등급이 상승하면 다른 게이머들의 존경과 인정을 받게 되는 과정에서 자신이 상황을 통제할 수 있다는 통제감을 갖게 됩니다. Young(1997)은 게임 외에도 쇼핑, 주식, 도박과 같은 온라인 거래에서 이런 통제감이 나타난다고 주장합니다.

e. 사회적 지지 : 인터넷은 현실세계에서 고립되어 있어 수줍음이 많은 사람들 혹은 대인관계가 부족한 사람들이 사회적 욕구를 충족시킬 수 있는 공간입니다. 왜냐하면 사이버 공간에서는 자신을 지지해주는 익명의 무수한 상대와 커뮤니티가 형성되어 있기 때문입니다. 사람들은 취미나 관심사가 비슷한 사람끼리 커뮤니티를 형성함으로써 그 안에서 다른 구성원들과의 강한 유대감을 갖게 되고 사회적 지지를 경험합니다. 특히 현실에서 심리적 문제를 겪고 있

는 사람들 혹은 사회적 지지기반이 약한 사람들은 자신의 의견에 관심을 보이는 무수한 사람들에게 정서적 지지를 받을 수 있어 사이버 공간에 더욱 빠져들게 됩니다.

ⓛ 개인적 특성

a. 우울증 : 다른 어떤 성격 특징보다도 인터넷 중독과 우울은 관계가 높은 것으로 알려져 있습니다. Young(1999)은 그의 책 'Caught in the net'에서 인터넷 중독자의 54%가 우울증 경력을 가지고 있음을 밝혔고, Gunn(1998) 역시 인터넷 중독을 보이는 사람들의 우울 성향을 조사한 결과 우울함과 내향적인 성격을 지닌 사람이 인터넷 중독을 보일 확률이 더 높다는 결과를 보고했습니다.

b. 높은 사회 불안 : 인터넷 중독자들은 사회불안이 높은 것으로 나타났습니다. 사회불안이 더 높은 사람들은 다른 사람들과의 관심을 끌게 되는 사회적 상황이 발생하면 불안이나 신경증과 같은 강한 정서적인 반응을 보이고, 다른 사람의 평가에 대해 지나치게 염려하는 경향이 있습니다. 이런 특성들로 인해 사회불안을 경험하는 사람들은 다른 사람들과 어울리지 못하고 현실세계에서 고립되기 쉬운데, 사이버 공간에서는 자신을 드러낼 필요가 없어서 부담 없이 다른 사람과 관계를 형성할 수 있게 됩니다. 이들은 현실과는 달리 사회적인 지지체계를 형성할 수 있는 인터넷에 더욱 빠져들게 됩니다.

c. 낮은 자아존중감 : 인터넷 중독자들은 비중독자보다 낮은 자아존중감을 가지고 있는 것으로 나타났습니다. 이는 자존감이 낮은 사람들이 자신을 공개하지 않아도 되는 사이버 공간에서 이상적인 자아를 형성함으로써 현실에서 충족되지 못했던 심리적 욕구를 채울

수 있기 때문인 것으로 보입니다. 특히 사회생활에 잘 적응하지 못하거나 자신을 무능력하다고 느끼는 사람, 다른 사람들의 인정을 받지 못하는 사람들에게는 사이버 공간이 현실의 불쾌한 감정을 피하고 낮은 자존감을 회복하기 위한 매력적인 공간이 될 것입니다. 낮은 자아존중감이 동료의 거부, 부모의 무관심, 학업성취의 실패, 신체적 결함, 대인관계의 손상, 성역할 정체감의 손상, 대처능력의 부족으로 인해 나타난다는 점을 고려할 때, 인터넷 중독자 역시 이와 관련된 문제들을 가지고 있을 가능성을 추론해 볼 수 있습니다.

d. 빈약한 문제해결 능력(스트레스 취약) : 게임을 중독적으로 사용하는 집단의 경우 비중독집단에 비해 문제 지향과 문제해결 기술과 같은 전반적인 사회적 문제해결에서 더 부정적인 자기 평가를 하고 있고, 실제문제해결 상황에서의 유능성이 낮았습니다. 또한 대인관계 문제 상황에서 협상할 수 있는 능력이 낮게 나타나는데, 이런 이유 등으로 인터넷 중독자는 실제 생활에서 적응하지 못하고 인터넷 가상세계에 더욱 몰입할 수 있습니다.

e. 왜곡된 인지적 특성 : Young(2000)에 의하면 인터넷 중독자들은 일반 사람들보다 부정적인 일이 일어날 것을 더욱 크게 생각하며 걱정하는 경향이 있습니다. 이들은 과잉일반화, 이분법적 사고, 부정적 사건의 극대화, 선택적 추상과 같이 우울감이나 낮은 자존감을 가진 사람들이 보이는 왜곡된 인지를 보입니다. 또한 정확한 귀인을 하는데 실패하고 자신을 강화하기 보다는 처벌하는 성향이 있답니다.

ⓒ 가족/사회/문화적 특성

a. 현대사회의 빠른 변화 : 현대사회의 가족 붕괴와 전 세계의 네트

워크화에 따른 지역사회의 붕괴, 물리적 환경의 변화 등 무수한 사회·문화적 변화가 일어나고 있습니다. 세상이 발전할수록 더욱 빠른 변화는 필연적으로 보이며, 급속한 변화를 겪어야 하는 우리들은 상황에 적응하기 위해서 많은 스트레스를 피할 수 없게 됩니다. 이러한 변화 속에서 인터넷의 사용은 고통을 줄이고 실제 문제를 회피하여 개인을 심리적 안정 상태에 머물게 하기 위한 수단이 됩니다.

b. 건전한 놀이문화의 부족 : 우리 사회의 경우 건전한 놀이 문화 및 가족과의 여가활동이 부족합니다. 대다수의 청소년들은 대학입시로 인해 가족들과의 교류는 물론이고 과중한 학업에 억눌려 하루의 대부분을 학교에서 시간을 보냅니다. 평소에 밤늦게 귀가하고 나서 혹은 휴일에 청소년들은 일상에서 지친 마음의 위로를 얻기 위해서 또는 입시의 스트레스를 잊어버리기 위해서 인터넷에 접속하게 됩니다.

c. 양육문화의 문제점 : 우리 사회는 적절한 통제력을 배양해 주는 양육문화가 못될뿐더러, 외부적으로도 적절한 수준의 통제력이 발휘되지 못하는 전환기적 상황에 처해 있습니다. 청소년들이 사용하는 음란물이나 폭력적인 게임사용에 대해 적절한 내적 통제를 가능하게 하는 양육적 규제도 미비 되어 있는 실정입니다.

d. 적극적인 정보화(VS 예방정책 미흡) : 우리나라는 정부차원의 적극적인 정보화를 주도하고 있으나, 적절한 예방정책이 아직 미흡합니다.

인터넷 중독의 원인도 참 다양하지요? 이쯤 되면 혹시 우리 아이도 그런 양상이 있지 않을까 걱정되실 텐데, 그런 분들께서는 '한국

정보문화진흥원(https://www.kado.or.kr)'과 '청소년미디어중독예방센터(http://www.mediajoongdok.com)' 홈페이지를 방문해 보시기 바랍니다. 비회원이라도 홈페이지 내에서 간단한 자가 진단을 해볼 수 있으며, 온라인 상담 및 오프라인 상담과 치료를 받을 수 있는 기관이니까요.

이제 미디어에 집착하는 친구들에게 도움이 될 책들을 소개해 드리겠습니다. 그 전에 박혜선 선생님께서 쓰신 동시 '부럽다 리모콘'을 읽어보시지요. 퇴근을 하거나 주말에도 텔레비전 앞에서만 사시는 아빠들의 모습과, 컴퓨터 앞에서만 살려고 하는 아이들의 모습이 너무도 닮았다고 생각되실 겁니다.

부럽다 리모콘

박혜선

퇴근하신 아빠
소파에 앉아
리모콘을 찾는다

도돌도돌 튀어나온 숫자들
아빠가 엄지손가락으로
누를 때마다
-네 네 네 네.
화면을 착, 착, 바꿔주며

말도 잘 듣는다.

숙제를 하다 말고
아빠를 쳐다본다.

- 니네 아빠 손
얼마나 따뜻한지 모르지?

- 너, 아빠 품에서
잠든 적 있어?

으 으 으~
손바닥만한 게
아빠 옆에 짝, 달라붙어
날 놀린다.

『붕어빵 아저씨 결석하다 / 초록손가락 지음, 권현진 그림 / 푸른책들』

▶ 미디어 중독을 다룬 전문 서적

『휴대폰에 빠진 내 아이 구하기 / 고재학 글, 권욱 그림 / 예담프렌드』

『내 아이를 지키려면 TV를 꺼라 / 고재학 지음 / 예담』

『(인터넷 게임중독에서) 내 아이를 지키는 59가지 방법 / 김미화·장우민 지음 / 평단문화사』

『인터넷 중독 완전정복 : 인터넷 시대의 부모를 위한 전략노트 / 이형초·심경섭 지음 / 시그마프레스』

『우리 아이가 달라졌어요 시즌 2 / SBS 우리 아이가 달라졌어요 제작진 / 영진.COM』

▶ 텔레비전 미디어에 관한 내용을 다룬 책

『신기한 텔레비전 / 고미 타로 지음, 김난주 옮김 / 베틀북』

『릴리, TV 없인 못 살아 / 도미니끄 드 생 마르스 글, 세르쥬 블로슈 그림, 박윤수 옮김 / 북키앙』

『에디는 언제나 텔레비전만 봐요 / 크리스티앙 랑 블랭 글, 레지 팔레 외 그림, 김철수 옮김 / 너른들』

『텔레비전이 좋아 / 카트린 돌토 글, 콜린 포르푸아레 그림, 이세진 옮김 / 비룡소』

『텔레비전 없으면 못 살아!? / 글렌 맥코이 글·그림, 든손 옮김 / 미세기』

『(프란츠 이야기 9) 텔레비전을 보고 싶어! / 크리스트네 뇌스틀링거 글, 에르하르트 디틀 그림, 김경연 옮김 / 비룡소』

『텔레비전 속 내 친구 / 크리스티네 뇌스틀링거 글, 유타 바우어 그림, 김영진 옮김 / 비룡소』

『텔레비전은 무죄 / 박혜선 시, 성영란 그림 / 푸른책들』

『이상한 학교 / 윤태규 지음, 김종도 그림 / 한겨레신문사』

『지프, 텔레비전 속에 빠지다 / 잔니 로다리 글, 페프 그림, 김효정 옮김 / 주니어김영사』

▶ 컴퓨터·인터넷·게임 미디어에 관한 내용을 다룬 책

『게임 중독에서 벗어나고 싶어! / 이민정 글, 이형진 그림 / 주니어랜덤』

『탕탕 우라강 게임은 이제 그만 / 이본 브로쉬 지음, 고수현 옮김 / 중앙출판사』

『다은이의 즐거운 게임 생활 / 김종혁 글, 김현대 그림 / 대림』

『토리, 게임 나라에서 탈출하다 / 오윤현 글, 설은영 그림 / 스콜라』

『게임지존 이동주 / 황연희 글, 나일영 그림 / 국민출판사』

『게임의 비밀 / 전성희 글, 정선환 그림 / 도깨비』

『노란 두더지 / 김종렬 글, 김영수 그림 / 아이세움』

『아빠는 구슬치기 대왕, 나는 게임 대장 / 박성철 글, 이상윤 그림 / 아이앤북』

『컴퓨터 귀신, 뱀골에 가다 / 김혜리 글, 정승희 그림 / 주니어김영사』

『컴퓨터 속 아이콘 나라 / 홍종의 글, 이영림 그림 / 중앙출판사』

『게임 없인 못 살아 / 유순희 지음 / HOMEBOOK』

『게임 속으로 사라진 도시 / 안드레아스 슐뤼터 지음, 우상수 옮김 / 김영사』

『컴퓨터야, 제대로 놀자! / 김정홍 글, 송선옥 그림, 최정원 감수 / 살림어린이』

『나랑 친구 할래? / 박신식 글, 허유리 그림 / 홍진P&M』

▶ 휴대폰 미디어에 관한 내용을 다룬 책

『인 더 풀 / 오쿠다 히데오 지음, 양억관 옮김 / 은행나무』

(2) 성적이 낮은 아이들을 위한 독서치료

저는 공부를 잘했습니다. 아직도 공부를 하고 있지만, 공부가 재미있어 배움의 현장에 있는 것이 좋기만 합니다. 따라서 평생 배우며 가르칠 생각인데, 어떤 분들에게는 이런 모습이 부러우면서도 의아하게 여겨지나 봅니다. 대학원은 학비가 비싸기 때문에 애써 번 돈을 너무 많이 쓰는 것 같다는 염려도 해주시면서요. 하긴 저도 가끔은 아직도 과제를 해야 하는 상황, 평가 시험을 봐야 하는 상황 등이 싫기도 합니다. 그러나 배우며 성장해 나가지 않으면 가르침 또한 정체되어 있을 수밖에 없다는 생각을 갖고 있어서, 결코 멈출 수가 없습니다. 이런 면이 제가 갖고 있는 신경증적인 부분일 수도 있지요.

그렇다고 저도 처음부터 공부를 잘하고 좋아한 것은 아닙니다. 초등학교와 중학교 때까지는 공부를 꽤 하다가, 서울로 전학을 오면서 잘 적응을 하지 못했습니다. 덕분에 성적이 많이 떨어졌지요. 그런 영향 때문에 전문대학에 응시할 점수밖에 받지 못했는데, 다행스러웠던 일은 원했던 과에 들어갈 수 있었다는 점입니다. 그래서인지 대학에서의 공부는 매우 재미있었습니다. 대부분의 학생들은 고등학교를 벗어나 대학으로 진입하는 순간부터 해방감에 사로잡혀 잠시 공부를 멀리하기도 하는데, 저는 오히려 밤을 새우며 공부를 했습니다. 고등학교 때까지는 한 번도 그런 적이 없었는데 말이죠. 진작 그렇게 했더라면 서울대에 갔을지도 모르겠습니다만, 그런 노력으로 장학금도 받아보고 공부의 참 맛도 다시금 깨닫게 되었으니, 무엇보다 큰 동기부여가 된 일이었지요.

그런데 요즘 아이들의 공부와 경쟁 양상을 보면 저도 입이 떡 벌어집니다. 변변찮은 학원도 없던 때라 어지간한 것들은 교과서와 선생님 말씀에 의존해 공부를 해야 했던 때와는 달리, 야간자율학습까지 마치면 학교 앞에 줄지어 기다리고 있는 학원 버스에 또 몸을 실어야 하고, 특별한 목적으로 설립된 중고등학교에 들어가지 못하면 이후의 대학입시에도 불리하므로 초등학교 때부터 사실상의 입시 경쟁을 치르는 상황에 놓여 있으니까요. 정말 현 시대에 초중고생이 아닌 것이 참 다행스러울 정도입니다. "선생님은 공부 꽤 잘했다!, 그랬으니 이렇게 하고 싶은 일을 하며 행복하게 살고 있지."라며 공부의 필요성과 중요성에 대해 말은 하지만, 이런 말조차 격려나 동기부여가 되기보다는 부담과 재촉이 될까봐 미안하기도 합니다. "그럼에도 불구하고 공부는 꼭 해야 한다!", 부모님·선생님의 입장처럼 저 역시 같은 생각인데, 그렇다면 학령기 아이들에게 공부가 왜 필요하고 중요한지 하나씩 살펴보겠습니다.

① 왜 공부를 해야 할까요?

학령기 아이들에게 있어 가장 중요한 과업은 바로 학교에 등교해서 공부를 열심히 하는 것입니다. 만약 공부를 열심히 해서 점수를 잘 받은 덕분에(혹은 공부를 열심히 하려는 태도와 과정이 보이는 경우) 칭찬과 격려, 상 등의 보상을 받는다면, 성취감이 길러지는 것은 물론 이후 어떤 일이든 잘 해낼 수 있다는 성취동기 또한 갖게 됩니다.

 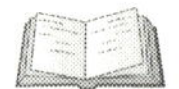

하지만 그렇지 못하면 열등감에 빠지게 되지요. 따라서 학령기에 공부를 잘하는 것은, 지적 호기심을 충족시키는 것에 더해 노력하면 무엇이든 이루어낼 수 있다는 자신감을 배양시켜, 성인기에 생산적인 역할을 해낼 수 있는 밑거름까지 되어줍니다.

② 그렇다면 아이들은 '이렇게 중요한 공부'를 왜 안할까요? 혹은 못할까요?

아무리 강조해도 지나치지 않을 공부, 하지만 모두가 공부를 잘할 수는 없습니다. 그래도 우리 아이는 공부를 잘했으면 좋겠는데, 학교에서 돌아오면 학원도 가지 않고 텔레비전을 보거나 컴퓨터 앞에만 앉아 있으니, 정말 한숨이 절로 나옵니다. 상황이 이렇다면 "너는 도대체 뭐가 되려고 이러니?", 심지어는 "그렇게 공부 안하고 놀기만 할 거면 나가!"라는 말을 내뱉으신 부모님도 계실 텐데, 오죽 답답하면 그런 말씀까지 하셨을까 싶습니다만 그래도 화를 내시기 전에 우리 아이가 왜 공부를 하지 않을까, 혹은 못할까에 대해서 생각해 보셨으면 합니다. 제가 몇 가지 이유들을 정리해 봤으니 함께 읽어보시지요.

우선 동기(動機)가 없기 때문입니다. 동기는 어떤 일이나 행동을 하게 만드는 계기이지요. 따라서 공부뿐만 아니라 다른 어떤 일을 하든지 매우 중요합니다. 간혹 학창 시절에 공부를 하지 않고 놀다가 늦은 나이에야 제 자리로 돌아와 학업을 이어가는 분들이 있는데, 그들은 하나같이 조금 더 일찍 공부를 해야겠다는 마음을 먹었다면 자신의 인생이 달라졌을 수도 있겠다는 말을 합니다. 사회생활을 하다 보니 공부의 절실함을 비로소 깨닫게 된 셈이지요. 물론 그때부터 다시 시작하면 됩니다만, 이미 흘러가 버린 세월은 그 무엇으로도 보상받을 수가 없습니다. 따라서 우리는 아이들에게 공부에 대한 동기를 심어주어 더욱 성장해 나갈 수 있는 기회를 만들어 주어야 합니다.

두 번째 이유는 의지가 부족하기 때문입니다. 급변해가는 사회는 사람들의 성격도 급하게 만들어 놓았습니다. 때문에 아이들도 인내심을 갖고 노력하기보다는 쉽게 좌절하고 포기하는 양상을 보입니다. 조금만 힘들어도 못하겠다, 안 하면 안 되느냐는 말을 쉽게 해버리지요. 그럴 때마다 어른들은 "쯧쯧, 저렇게 의지가 약해서야…." 라고 혀를 차시지만, 용기를 북돋아주면서 더 시도해볼 수 있도록 하기보다는, 바로 그만두게 하거나 대신 해주는 선택으로 부정적인 강화를 해온 면도 있습니다.

나아가 세 번째 이유는 집중력의 부족입니다. 공부를 잘 하려면 엉덩이가 무겁거나 머리가 좋거나, 아니면 집중력이 뛰어나야 한다는 말이 있습니다. 그러나 앞서 지적했듯 현 사회는 너무 다양화된 나머지 사람으로 하여금 한 가지에만 집중할 수 없게도 만듭니다. 그야말로 멀티(Multi)여야 하는 시대이지요. 그러니 다양한 능력을 배양하려면 여러 영역에 걸쳐 관심을 갖고 투자를 해야 합니다. 이는 팔방미인을 양산할 가능성도 높지만, 반대로 어느 것 하나 제대로 못하는 사회의 낙오자를 만들어 낼 가능성 또한 높습니다. 게다가 산만하기까지 하고 말입니다.

이어서 네 번째 이유는 정서적인 문제입니다. 가정이 화목해야 다른 모든 일들도 잘 된다는 말처럼, 정서가 안정돼야 편안한 마음으로 공부나 또 다른 일에 매진할 수가 있습니다. 그런데 청소년기는 시기의 특성상 내외적으로 일치하지 않고, 자아정체감 역시 확립되지 않았기 때문에 많이 혼란스럽습니다. 그래서 마음을 다잡고 공부에 집중하기가 어려울 수도 있지요. 만약 이때 가정이나 학교에서의 혼란함이 더해진다면, 그런 상황을 이겨내고 공부를 잘 해주기를 기대한다는 것은 지나친 욕심일 수 있겠습니다.

마지막으로 다섯 번째는 공부방법의 문제입니다. 책상에 앉아 있는 시간에 비해 공부는 못하는 아이들, 공부방법이 잘못된 경우는 아닐까요? 즉 어떻게 공부를 하는 것이 효율적인지를 잘 모른다는 이야기입니다. 한다고 하는데 원하는 만큼의 성적은 나오지 않으니 본인도 매우 속상할 것입니다. 이럴 때는 공부 방법을 점검해 볼 필요가 있겠지요.

③ 공부를 잘 하기 위해 필요한 것은 무엇일까요?

자, 그렇다면 이번에는 공부를 잘 하기 위해서 필요한 것들이 무엇일까 살펴보겠습니다.

우선 목표를 세우게 합니다. 목표는 장기목표와 단기목표를 따로 세우는 것이 좋은데, 예를 들어 기말고사를 앞두고 있다면 장기목표는 시험을 모두 치른 후 받아보는 전체 평균을 말하고, 단기목표는 시험을 일주일 앞둔 시점에서의 하루하루 공부계획입니다. 이처럼 두개의 계획을 세워 하나씩 실천해 나가면 자신이 원하는 수준에 도달할 수 있을 텐데, 단 중요한 점은 처음부터 너무 높은 목표를 세우는 것은 금물입니다. 이유는 실패했을 경우 더 큰 좌절감을 맛볼 수 있기 때문이지요. 그러니 서서히 단계를 높여가는 전략을 세우는 것이 바람직합니다. 이때도 자신에게 부족한 점이 무엇인지를 정확히 확인할 필요가 있지요.

이어서 두 번째로는 마인드 컨트롤을 통해 집중력을 기르고 마음도 편하게 갖는 것입니다. 마음을 급하게 먹는다고 해서 하루아침에 달라질 것은 없으니, 그럴 때일수록 편하게 마음 먹고 천천히 노력해 나갈 수 있게 해주시면 좋겠습니다.

마지막 세 번째로는 자신에게 알맞은 공부 방법을 찾을 수 있도록 돕는 것입니다. 아이가 갖고 있는 성격유형특성과 그동안의 습관 등을 살펴, 우리 아이에게 알맞은 공부 방법은 무엇일지 함께 찾아보시지요. 그야말로 맞춤 방법을 알아내는 것입니다. 노력하는 만큼의 성적을 받을 수 있도록 말이지요.

그런데 이런 점검과 노력에도 학업에 취미를 붙이지 못하고, 성적 또한 오를 기미가 없다면 혹 학습장애는 아닐까 점검해 볼 필요도 있습니다. 학습장애에 대한 전반적 개념을 정리해 봅니다.

㉠ 학습장애(Learning Disorder)란?

〈The National Joint Committee on Learning Disability(1988)〉에 의하면, 학습장애란 듣기, 말하기, 읽기, 쓰기, 추론, 또는 산수계산 등의 능력의 획득과 사용상의 주요한 곤란 등에 의해서 나타난 이질적인 장애군을 지칭하는 일반적인 용어입니다. 이러한 장애들은 중추신경계의 기능장애에 기인하는 것으로 가정되며, 이는 생애 전반에 걸쳐서 일어날 수 있습니다. 자기 조절적 행동, 사회지각 및 사회적 상호작용 등에 있어서의 문제들이 학습장애와 공존할 수 있으나, 그러한 것들이 단독으로 학습장애를 만들어 내는 것은 아닙니다. 학습장애는 다른 장애조건들(예를 들어 감각적 결손, 지적장애, 심한 정서혼란)이나 혹은 외부적 요인들(문화적 차이, 불충분하거나 부적절한 교육)

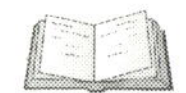

과 동시적으로 일어날 수 있지만, 이것들의 결과에 의해 학습장애가 발생한 것은 아닙니다. 요컨대 학습장애란, 연령, 교육상태, 지능을 고려할 때 특정 학습 능력이 뚜렷이 저하되어 있고, 이러한 능력이 필요한 일상생활에 장애가 초래되는 상태입니다. 이 장애는 성인기 사회 적응에까지 영향을 미칠 수 있으며, 행동장애 및 주의력결핍 과잉행동장애, 우울증 등과 함께 나타날 수도 있습니다.

ⓛ 학습장애의 유형

a. 읽기장애(Reading Disorder), (dyslexia)

읽기 능력이 기대되는 수준에 미치지 못하는 장애입니다. 학령기 아동의 4%정도에서 나타나며 남자 아이가 3~4배 정도 더 많이 보인다고 합니다. 언어 발달 장애(대화 장애)가 흔하게 동반되며, 정확한 원인에 대해서는 알려진 바가 없으나 가족력이 있다는 보고도 있고, 장애 아동의 출생 시기가 겨울이나 5~7월에 많아 인플루엔자 감염의 영향이라는 가설, 대뇌 반구(측두엽, 두정엽 등)의 기능문제, 경련성 질환, 뇌성마비 등과 같은 신경학적 질병과의 연관성도 추정되고 있습니다.

b. 산술장애 혹은 산수장애(Mathematics Disorder), (dyscalculia)

산술 능력 이외의 분야에서는 정상적인 기능을 유지하나 산수와 관련된 능력만이 뚜렷이 저하되는 장애입니다. 정상지능의 1-5%의 아동에서 보인다고 하는데, 다른 학습장애나 언어장애(대화 장애)도 흔히 동반됩니다. 여자 아이에게 좀 더 많은 것으로 추정되며, 정확한 원인은 알려져 있지 않지만 복합적인 요인(인지적, 정서적, 교육적, 사회적 등)이 작용한다고 생각됩니다. 교육의 영향이 읽기장애에 비하여 더 많은 것으로 추정합니다.

c. 쓰기장애(Disorders of Written Expression), (dysgraphia)

쓰기 능력의 장애가 있는 질환을 말합니다. 다른 학습 장애와 동반될 수는 있으나 언어나 읽기 능력이 발달한 후에 확인하는 것이 정확합니다. 학령기 아동의 3~10%에서 나타난다는 보고가 있으나 정확하지는 않습니다. 가족력을 보인다고도 하고, 정확한 원인은 알려져 있지 않으나 대화 장애, 읽기장애와 흔히 동반되는 것으로 보아 뇌의 정보 전달부위의 문제가 아닐까 하는 가설이 있습니다.

ⓒ 학습장애의 원인

그렇다면 이런 학습장애는 왜 생길까요? 몇 가지 원인을 살펴보려 합니다.

a. 뇌손상에 의한 뇌기능 장애 : 학습장애 아동들 중에는 뇌성마비, 간질, 신경계의 감염, 그리고 뇌손상을 수반한 경우가 많았으며, 뇌파검사에서 높은 빈도의 비정상 뇌파가 보고되고 있습니다.

b. 유전적 요인 : 읽기장애를 가진 부모들의 자녀에서 읽기 능력에 어려움을 보일 가능성이 많고, 난독증을 가진 경우 부모나 형제에서 난독증을 보이는 경우가 34%인 것으로 보고되고 있습니다. 유전적인 요인인 장애나 질병 등 거의 모든 영역에 걸쳐 가장 크게 영향을 미칩니다.

c. 뇌의 편측화(lateralization)의 불균형 : 읽기장애는 좌반구 기능의 결합으로 인하여 좌반구가 우반구에 대한 우세한 기능을 하지 못하기 때문에 발생하는 것으로 생각됩니다.

d. 그밖에 신경생화학적 요소, 뇌의 성숙 지연, 흡연과 음주로 인한 산모의 건강상태, 사회 및 환경적 요인, 기타 알레르기와 중이염 등의 영향 때문이라는 가설도 있습니다.

㉣ 학습장애의 치료 및 예방

마지막으로 학습장애의 치료 및 예방에 관한 내용입니다. 학습장애 역시 조기에 발견해 치료를 하는 것이 무엇보다 중요합니다. 치료목적은 학업을 효율적으로 수행할 수 있고, 학습장애로 인한 이차적 정신적 문제를 예방하며 치료하는 것입니다. 따라서 대개는 다각적이면서도 복합적인 접근이 필요합니다.

ⓐ 의학적 치료

a. 신체적 질환의 치료 : 간질발작이나 천식 등의 신체질환이 성적에 부정적인 영향을 준다면, 그 원인인 신체질환을 치료하는 것입니다. 그러면 학습능력을 증진시킬 수 있겠지요.

b. 약물치료 : 주의집중력의 결핍에 의한 경우 중추신경자극제(methylphenidate)를 사용하는 것이 효과적이며, GABA와 관련된 piracetam이 좌반구에 의존하는 과제수행을 촉진시키고 난독증의 치료에 효과적이라는 보고가 있습니다.

ⓑ 인지-행동치료

아동의 학습기술과 사회적 능력에서의 결함을 파악하여 치료사가 직접 시범을 보이거나(modeling), 직접적인 지시, 피드백, 강화물을 사용하여 학습태도를 변화시키는 방법입니다. 주의력결핍 경향도 있어 학습에 어려움을 보이는 경우에는 self-instruction training이 효과적입니다.

ⓒ 특수 교육적 접근

학습장애아들은 교육에 있어 철저한 개별적 관심과 지도가 필요합니다. 따라서 '무엇을 가르칠 것인가?'와 '어떻게 가르칠 것인가?'를 동시에 평가하고 결정한 후, 개인화된 교수법(Individual Education Program)을 선정하여 접근하는 것이 필요합니다.

ⓓ 지각-운동결함의 치료

중다 감각기관 접근법 : 학습과제를 시각, 청각, 촉각, 운동감각적 단서를 다양하게 제시함으로써 학습을 촉진시키는 방법입니다.

인지적 책략의 교육 : 문제를 풀기 위하여 무엇이 요구되는지를 정확하게 파악하고, 그에 따라 적절한 인지적 책략을 사용하며, 사용한 책략이 문제해결에 성공적이지 않을 때는 다른 책략을 사용하도록 가르치는 것입니다. 그동안 배워 알고 있는 내용이 있으면 적절히 응용하는 것도 이 교육에 포함이 되겠지요.

공부를 못해도 다양한 방면에서 재능을 발휘하는 사람은 많습니다. 아니 오히려 돈도 더 잘 벌고 인기와 명예를 동시에 얻은 사람도 있습니다. 하지만 그런 사람들은 극히 드물다는 사실 다 아시죠? 때문에 그런 말로 합리화를 하려는 아이들에게 왜 공부가 중요하고 필요한지는 제대로 설명하실 수 있을 것입니다. 또한 노력 없이 이루어지는 일은 없으며, 그 가운데 공부가 가장 쉬울 수 있다는 점도요.

이제 마지막으로 도움이 될 도서를 소개할 차례인데, 직접 서점에 나가거나 인터넷 서점을 통해 검색을 해보면 아시겠지만, 공부 및 학습에 관한 책들이 상당히 많습니다. 장르도 내용도 다양해 어떤 것이 적절할지 저 역시 많은 고민을 했는데, 몇 갈래로 주제를 나누어 정리해 봤으니 하나하나 찾아보십시오.

▶ 부모님들을 위한 교육 관련 전문 서적

『아이를 살리는 공부, 아이를 죽이는 공부 / 이미혜 지음 / 더난출판사』

『(시험도 숙제도 성적표도 없는 학교) 서머힐 / 닐 지음, 유영일 옮김 / 한국어린이교육연구원』

『(마음이 멍든 아이들을 위한) 피노키오 상담실 이야기 / 이지성 글, 이

 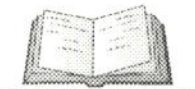

두용 사진 / 성안당』

▶ 공부(학습)로 인한 스트레스 상황을 다룬 책

『하루 동안의 공부파업 / 지젤 비엔느 글, 박혜선 그림, 김영신 옮김 / 거인』

『성적을 올려 주는 초콜릿 가게 / 정성란 지음 / 계림닷컴』

『버림받은 성적표 / 고등학생 81명 시, 구자행 엮음 / 보리』

『성적표 / 앤드루 클레먼츠 글, 나오미양 그림, 홍연미 옮김 / 웅진주니어』

▶ 공부(학습)의 필요성에 관한 내용을 다룬 책

『피튜니아, 공부를 시작하다 / 로저 뒤바젱 지음, 서애경 옮김 / 시공주니어』

『레이디 롤리팝, 말괄량이 공부하기 / 질 바튼 글, 딕 킹 스미스 그림, 김영선 옮김 / 보림』

『공부하는 난쟁이 / 앙리에트 비쇼니에 글, 에밀리오 우르베루아가 그림, 이정주 옮김 / 주니어김영사』

『바뀌 버린 성적표 / 김혜리 글, 최민오 그림 / 주니어김영사』

『힘들지만 공부해야 하는 이유 7가지 / 최마주 글, 이재순 그림 / 큰나』

『난 원래 공부 못해 / 은이정 글, 정소영 그림 / 창비』

『도대체 공부는 왜 할까? / 이규민 지음 / 어린른이』

『친구야, 공부 왜 하니? / 곽기우 외 글, 김형석 외 그림 / 큰나』

『공부는 왜 해야하노 / 이호철 지음 / 산하』

『난 과자로 공부했다 / 라쉘 오스파테르 글, 김지윤 그림, 유민정 옮김 / 시소』

『왜 학교에 가야 하나요? / 하르트무트 폰 헨티히 글, 강혜경 옮김 / 비룡소』

『공부하기 싫은 사람 모여라! / 전옥란 지음 / 깊은책속옹달샘』

『바보처럼 공부하고 천재처럼 꿈꿔라 : 반기문 유엔 사무총장이 청소년에게 전하는 꿈과 희망의 메시지 / 신웅진 지음 / 명진출판사』

▶ 공부(학습)의 방법 및 흥미 향상을 위한 내용을 다룬 책

『스펀지 2.0 공부 잘 하는 법 / KBS 스펀지 2.0 제작팀·신민섭 지음 / 주니어김영사』

『(어린이를 위한) 공부습관 / 어린이동화연구회 지음 / 꿈꾸는사람들』

『(따라하면 성적이 오르는) 시험 다이어리 / 김은실 지음 / 이지북』

『(쿠니쿠니의) 공부 잘하기 대작전 / 사이토 다카시 지음, 이정민 옮김 / 주니어김영사』

『찌가 일등이 되는 초딩 공부 기술 / 전태경 외 지음 / 국민출판』

『공부해서 남 주나? / 박신식 글, 박제희 그림 / 홍진P&M』

『머리에 쏙쏙 선조들의 공부법 / 우리누리지음 / 랜덤하우스코리아』

『엄마 아빠는 어떻게 공부했을까? / 김상진 글·그림 / 가가엠앤비』

『옛날 사람들은 어떻게 공부했을까? / 햇살과나무꾼 지음 / 채우리』

『옛날 사람들은 어떻게 공부했는지 아니? / 임홍빈 글, 김덕영 그림 / 가가엠앤비』

『똑같이 놀아도 공부 잘하는 아이 공부 못하는 아이 / 노경해 글·그림 / 글송이』

『(수학 공부에 재미를 더해주는) 교과서 밖 기묘한 수학이야기 / 에릭 뉴트 글, 힐데가르트 뮐러 그림, 유영미 옮김 / 주니어김영사』

『공부는 정말 재밌어 / 금현진 글, 김미정 그림 / 위즈덤하우스』

『국어를 잘해야 다른 공부도 잘한다 / 이창건 지음 / 예림당』

『일등 하는 아이들의 좋은 공부습관 꼴찌 하는 아이들의 나쁜 공부습관 / 김은제 글, 김경아 그림 / 글송이』

『자신만만 중학생 / 추현숙·권영상 글, 토끼도둑 그림 / 처음주니어』

『공부의 神 / 강성태 외 지음 / 중앙M&B』

『공부역전 공부법 / 론리스터디 지음 / 론리스터디』

『금나나의 공부일기 / 금나나 지음 / 효리원』

3) 단기 독서치료 프로그램의 실제

(1) 초등학생의 상처 드러내기와 해소를 위한 독서치료 프로그램

★ 독서치료가 무엇인가요?

아마 어린이 여러분들은 '독서치료'라는 말을 처음 들을 거예요. 그래서 무슨 말인지 잘 모를 것 같은데, 독서와 치료를 따로 떼어서 생각해 보면 쉬워요. 독서는 '책을 읽다 또는 글을 읽다'라고, 치료는 '병이나 상처를 다스려 낫게 하는 것'으로 알고 있지요? 따라서 독서치료는 '독서 자료를 통해서 병이나 상처를 낫게 해주는 것' 입니다. 그런데 여기서 말하는 병이나 상처는 특별히 장애가 있는 사람들도 해당되지만, 일반적으로 마음의 병이나 상처를 갖고 있는 사람들을 말한답니다. 사람들은 누구나 아주 작은 것이라도 문제를 갖고 있답니다. 마음의 병을 갖고 있답니다. 그렇기 때문에 치료를 받아야겠지요? 독서치료에서는 독서 자료나 책은 물론, 영화나 비디오, 시, 일기, 사진, 편지 등 여러 도구들을 사용해 치료를 도와준답니다.

★ 독서치료는 어떤 경우에 받나요?

앞서 이야기했듯이 누구나 받을 수 있는데, 특히 일반적인 어린이들의 경우 다음과 같은 경우에 치료를 받기도 한답니다.

1) 부모님이나 선생님, 친구들이 나를 좋아하지 않는 것 같아 자신감이 없는 경우
2) 학교에서 왕따 등을 경험해 학교에 가기 싫어하는 경우
3) 무서움(두려움)이 많은 경우
4) 가족 중 누가 일찍 죽었거나, 부모님이 이혼을 한 경우
5) 어떤 능력을 키우기 위해(잠재력, 학습능력, 대인관계능력 등)

★ 독서치료를 받고 나면 어떤 점이 달라지나요?

독서치료를 받고 나면 가장 먼저 나를 사랑하는 마음이 커지기 때문에 다른 사람들을 사랑할 수 있는 마음도 커진답니다. 그래서 친구나, 형제자매, 부모님, 선생님과의 관계도 좋아질 수 있답니다. 또한 여러 면에서의 자신감도 커진답니다.

★ 독서치료를 받을 때 준비해야 할 게 있나요?

우선 독서치료사 선생님이 읽으라고 말씀하신 자료가 있으면 열심히 읽어야 합니다. 또한 마음을 활짝 열고 활동에도 열심히 참여해야 합니다. 그랬을 때 위에서 말한 효과가 있답니다. 자, 그럼 이제 마음의 준비를 다시 한 번 하고 실제 활동을 함께 해보도록 합시다!

★ 활동 1 - 세계 여러 나라의 친구들 만나기

『나는 네 친구야 : 웃음을 기다리는 아이들/박종인 외 지음/시공주니어』

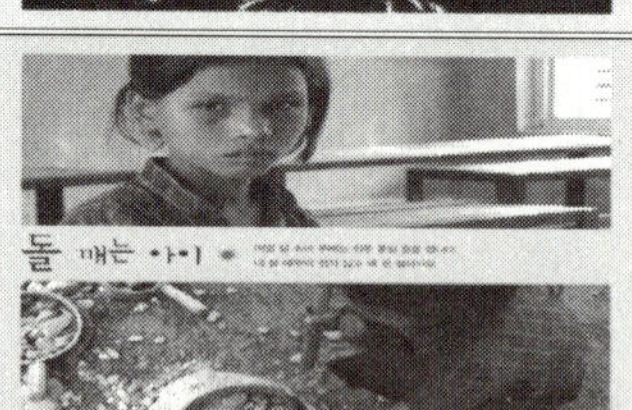

〈마음 나누기〉

1. 선생님이 선정한 책을 모두 읽었나요? 그렇다면 여러 나라 친구들 가운데 누가 가장 기억에 남는지, 또 그 이유는 무엇인지 적어 봅시다.

2. 이 책에는 상처를 안고 살아가는 지구촌의 여러 어린이들이 소개되고 있습니다. 그렇다면 그 상황에 놓인 친구들의 마음은 어떨까요? 그 모습을 지켜본 여러분들의 마음도 함께 적어 보세요.(한 명의 친구를 선정해서 이야기해도 됩니다!)

3. 이 책을 읽고 새롭게 알게 된 사실 혹은 깨닫게 된 점이 있나요?

4. 그럼 이제부터는 여러분의 이야기를 할 차례입니다. 여러분은 이 책에 나오는 친구들보다는 훨씬 잘 살고 있을 것입니다. 하지만 마음속에 크고 작은 상처를 갖고 있다는 점은 같겠지요. 여러분에게는 어떤 상처가 있는지 털어 놓아 보세요.

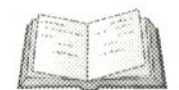

〈활동 나누기 - 친구들에게 보낼 편지 쓰기〉

여러분도 이제 이 책에 나온 세계의 여러 어린이들과 친구가 될 준비가 되었네요. 그러려면 내 마음을 열어 그들에게 전해야겠지요. 마음을 열어야 비로소 친구가 될 수 있으니까요. 편지를 통해 그 친구들이 웃을 수 있게 해주세요.

〈소감 나누기〉

1. 여러분들은 오늘 선생님과 함께 '독서치료'라는 활동에 참여했습니다. 활동을 마친 지금 소감이 어떤가요?

2. 사람은 누구나 상처를 갖고 살아갑니다. 하지만 그 상처에 어떻게 대처하는가는 모두가 다르지요. 여러분들은 어려운 일이 있을 때 어떻게 할 수 있을까요?

수고하셨습니다. 마지막으로 아래의 글을 읽어보세요. 부디 몸과 마음이 건강한 사람이 되기 바랍니다. 고맙습니다. ^^

온 세상 아이들아 저 높은 산에 올라 야호 야호
온 세상 아이들아 저 높은 하늘 향해 외쳐보자
마음을 활짝 열고 커다란 꿈을 안고
힘차게 자라나서 내일의 새로운 주인이 되자
온 세상 아이들아 저 높은 산에 올라 야호 야호
온 세상 아이들아 저 높은 하늘 향해 외쳐보자

동요「온 세상 아이들아」

(2) 초등학생의 잠재력 향상을 위한 독서치료 프로그램

★ 활동 1 -자신감 없는 면 찾아보기!

먼저 선생님께서 읽어주는 책의 내용을 잘 들어 봅시다.
『치킨 마스크 / 우쓰기 미호 지음, 장지현 옮김 / 책읽는곰』

〈마음 나누기〉

1. 여러 마스크 가운데 현재 내가 갖고 있는 마스크는 어떤 마스크인가요?

2. 그렇다면 갖고 있지 않기 때문에 갖고 싶은 마스크는 어떤 마스크인가요?

3. 만약 이런 마스크들을 하나도 갖고 있지 못하다면 어떤 기분이 들까요?

4. 갖고 있지 못한 마스크를 갖기 위해서는 어떻게 해야 할까요?

5. 책에는 나오지 않았지만 내가 갖고 있는 마스크는 어떤 것들이 있을까요? 책의 내용처럼 동물로 빗대어 표현해 보세요.

★ 활동 2 - 내 안에 숨겨진 능력, 잠재력 찾아보기!

『어린이를 기다려 주세요 / 일본 어린이 재단 후원 공익광고』

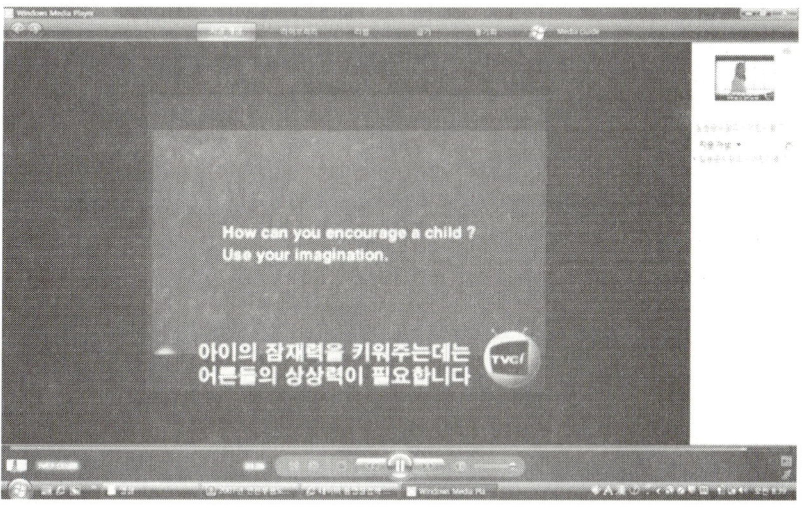

〈마음 나누기〉

1. 광고를 시청한 소감이 어떤가요?

2. 도화지에 검은색 칠만 하는 아이를 보며 선생님, 부모님, 의사 선생님들은 심각한 문제가 있다고 생각합니다. 그런 상황에 놓인 아이의 마음은 어땠을까요? 혹시 이 경우처럼 내가 하는 일에 대해 어른들이 이해해 주지 못한 경우가 있다면, 그래서 자신감이 떨어진 경우가 있다면 함께 적어 봅시다.

3. "아이의 잠재력을 키워주는 데는 어른들의 상상력이 필요합니다." 이 말이 갖고 있는 의미는 무엇일까요?

4. 자, 이제 여러분의 잠재력을 찾아봅시다. 여러분 안에는 얼마나 큰 고래가 들어 있나요? 몇 마리나 들어 있나요? 내가 갖고 있는 잠재력들을 적어 봅시다.

★ 활동 3 - 자아존중감 고취

다음의 시를 함께 읽어 봅시다.

나도 쓸모 있을 걸

서울 송정초등학교 6학년 홍의용

나는 내가 왜 태어났는지
생각해 봤어요

생각 끝에 하느님께서
내가 이 넓은 세상에
뭔가 살며시 빛을 쐬도록,
내가 무언가 꼭 쓸모가
있도록 태어난 걸 거예요.

하늘의 뜻에 따라 노력할 테예요.
그래서 샛별처럼 빛낼 거여요.

『나도 쓸모 있을 걸 / 이오덕 엮음 / 창작과비평사』

★ 활동 4 - 나를 외치다!

선생님이 나누어 준 별모양 포스트잇에 스스로 힘을 낼 수 있는 한 마디를 적어 봅시다. 다 적은 친구들은 별을 왼쪽 가슴에 달고 주먹을 불끈 쥐며 큰 소리로 다짐해 봅시다!

(3) 청소년의 자아탐색을 위한 독서치료 프로그램

1. 나는 어떤 놈, 놈, 놈?

먼저 SKT의 광고 '나는 T다'를 시청하고, '나?' 활동지를 채워 보며 여러분을 어떻게 규정할 수 있을지 별칭으로 지어 봅시다.

「SK Telecom 광고 '나는 T다' : 이효리 편」

나는 (   )이다!

2. 난 나인 채로 있고 싶은데…

먼저 선생님이 읽어주는 책 『난 곰인 채로 있고 싶은데… / J. 슈타이너 글, J. 뮐러 그림, 고영아 옮김 / 비룡소』를 듣고, 다음 발문에 답해 봅시다.

1) 먼저 이야기를 들은 소감이 어떤가요? 마음에 와 닿은 장면이 있다면 어디인지, 그 이유는 무엇인지 함께 적어 봅시다.

2) 자신이 곰이라는 것을 그 누구에게도 인정받지 못한 곰의 심정은 어땠을까요? 그 장면을 바라본 여러분들의 심정은 또 어땠나요?

3) '아무래도 무언가 중요한 걸 깜빡한 것 같은데'. 과연 곰이 잊고 있는 것은 무엇일까요? 더불어 이 그림책을 통해 여러분들이 알게 된 점은 무엇인가요?

4) 여러분도 내 모습 그대로이고 싶을 때가 있을 것입니다. 하지만 현실은 그렇게 허락해 주지 않는 경우가 많지요. 아래 표에 여러분들 본연의 모습과 남들에 의해(부모님, 선생님, 기타) 만들어진 모습에는 어떤 것들이 있는지 구분해 적어 봅시다.

본연의 모습	만들어진 모습

3. 내가 진짜로 원하는 것

자, 우리는 지금까지 '나'에 대한 이야기를 나누었습니다. 따라서 여러분 자신에 대해 조금은 이해를 더 했을 거라 생각합니다. 그렇다면 이번에는 여러분들이 정말 원하는 것이 무엇인지 찾아봅시다. 다음의 노래를 먼저 들어보세요!

니가 진짜로 원하는 게 뭐야?

신해철 작사·작곡·노래, 크래쉬 다시 부르기

사는 대로 사네 가는대로 사네 그냥 되는대로 사네
사는 대로 사네 가는대로 사네 그냥 되는대로 사네
사는 대로 사네 가는대로 사네 그냥 되는대로 사네
사는 대로 사네 가는대로 사네

니가 진짜로 원하는 게 뭐야 니가 진짜로 원하는 게 뭐야
니가 진짜로 원하는 게 뭐야 니가 진짜로 원하는 게 뭐야
니가 진짜로 원하는 게 뭐야 니가 진짜로 원하는 게 뭐야

내 인생의 전부를 걸어보고 싶은 그런 니가 정말 진짜로 원하던
내 전부를 걸어보고 싶은 그런 니가 진짜로 원하는 게 뭐야

그 나이를 쳐 먹도록 그걸 하나 몰라
그 나이를 쳐 먹도록 그걸 하나 몰라
그 나이를 쳐 먹도록 그걸 하나 몰라
그 나이를 쳐 먹도록 그걸 하나 몰라

그 나이를 그 나이를 그 나이를 쳐 먹도록
그걸 하나 그걸 하나 몰라
그 나이를 그 나이를 그 나이를 쳐 먹도록

그걸 그걸 그걸 하나 몰라

이거 아니면 죽음 정말 이거 아니면 끝장
진짜 내 전부를 걸어보고 싶은 그런
니가 진짜로 니가 진짜로 원하는 게 뭐야

니가 진짜로 원하는 게 뭐야 니가 진짜로 원하는 게 뭐야
니가 진짜로 원하는 게 뭐야 니가 진짜로 원하는 게 뭐야

사는 대로 사네 가는대로 사네 그냥 되는대로 사네
사는 대로 사네 가는대로 사네 그냥 되는대로 사네
사는 대로 사네 가는대로 사네 그냥 되는대로 사네
사는 대로 사네 가는대로 사네 그냥 되는대로 사네

니가 진짜로 원하는 게 뭐야 니가 진짜로 원하는 게 뭐야
니가 진짜로 원하는 게 뭐야 니가 진짜로 원하는 게 뭐야
니가 진짜로 원하는 게 뭐야 니가 진짜로 원하는 게 뭐야

내 인생의 전부를 걸어보고 싶은 그런 니가 정말 진짜로 원하던
내 전부를 걸어보고 싶은 그런 니가 진짜로 원하는 게 뭐야

그 나이를 쳐 먹도록 그걸 하나 몰라
그 나이를 쳐 먹도록 그걸 하나 몰라
그 나이를 쳐 먹도록 그걸 하나 몰라
그 나이를 쳐 먹도록 그걸 하나 몰라

그 나이를 그 나이를 그 나이를 쳐 먹도록
그걸 하나 그걸 하나 몰라
그 나이를 그 나이를 그 나이를 쳐 먹도록
그걸 그걸 그걸 하나 몰라

그 나이를 쳐 먹도록 그걸 하나 몰라
그 나이를 쳐 먹도록 그걸 하나 몰라

그 나이를 쳐 먹도록 그걸 하나 몰라
그 나이를 쳐 먹도록 그걸 하나 몰라

이거 아니면 죽음 정말 이거 아니면 끝장 진짜
내 전부를 걸어보고 싶은 그런 니가 진짜로 원하는 게 뭐야
이거 아니면 죽음 정말 이거 아니면 끝장 진짜
내 전부를 걸어보고 싶은 그런 니가 진짜로 원하는 게 뭐야
니가 진짜로 원하는 게 뭐야

여러분이 진짜로 원하는 것은 무엇인가요?

4. 참여 소감 나누기

선생님과 함께 한 시간이 어땠는지 소감을 나누어 봅시다.

4) 장기 독서치료 프로그램의 실제

(1) 초등학생의 자기성장을 위한 독서치료 프로그램

세션	세부목표	선정 자료	관련 활동
1	우리들의 마음 열기	도서 : 돌이와 이름 없는 감자, 내 이름이 담긴 병	약속 지키기 서명, 자기 소개하기
2	나를 찾아 떠나요	도서 : 나도 무늬를 갖고 싶어!	신체 본뜨기를 통해 나 완성하기
3	내 안의 욕구 찾기	도서 : 뒤죽박죽 나라의 황제	마법사 놀이, 소망 나무 만들기
4	감정 인식하기 1	도서 : 알리키 인성교육 1 - 감정	감정 단어 배우기, 감정 사전 만들기
5	감정 인식하기 2	도서 : 감정은 다 다르고 특별해	감정 표현을 통해 서로의 차이 및 감정 상황 알기
6	감정 인식하기 3	도서 : 슬플 때도 있는 거야!, 나 스트레스 받았어!	오늘 기분이 어때요 (감정 점검)
7	감정 조절하기 1	도서 : 난 토라져!, 화가 나는 것은 당연해!	기린 언어 VS 자칼 언어 실습
8	감정 조절하기 2	도서 : 가끔은 혼자서, 혼자 있고 싶었지만〉	이럴 때 혼자 있고 싶어요!
9	나의 장점 찾기 1	도서 : 너는 특별하단다 2, 치킨 마스크	나의 자랑 베스트 10, 특기 발표회
10	나의 장점 찾기 2	도서 : 짧은 귀 토끼, 칭찬 받고 싶어요!	나에게 줄 상장 만들기
11	가족 관계 인식	도서 : 우리 가족입니다 동시 : 동생 때문에	안상태 기자가 소개하는 우리 가족 (난~ 소개했을 뿐이고)
12	가족 관계 증진	도서 : 나 진짜 화났어!	하트 책으로 가족에게 사랑 전하기
13	또래 관계 인식	도서 : 그건 내 조끼야, 내 잘못이 아니야!	또래 천적 관계 그리기

세션	세부목표	선정 자료	관련 활동
14	또래 관계 증진	도서 : 우주 뱀의 습격 동시 : 안 놀아 줘서	관계의 다리 놓기
15	자기 표현하기	도서 : '아니'라고 말할 줄 모르는 토끼 이야기, 싫어요라고 언제 말하지?	오늘은 나도 왕비호!
16	관계 넓히기 1	도서 : 달을 선물하고 싶어	짝 인터뷰, 칭찬 릴레이
17	관계 넓히기 2	도서 : 까만 크레파스와 요술기차	다 함께 돌려 그리기, 빨래 풀기
18	모두 함께	도서 : 우리는 친구	내 친구 협동 시 쓰기
19	협동심 키우기	도서 : 못된 늑대와 어리석은 양들의 이야기	우리 집에 왜 왔니 연극 놀이
20	책임감 키우기	도서 : 숲 속으로	책임감을 실은 기차 잇기
21	인내력 키우기	도서 : 미스 럼피우스	각상 되어 오래 버티기 게임 등
22	집중력 키우기	만화 : 뚱딴지, 팔방이	만화 차례 맞추기
23	자신감 키우기	도서 : 난 뭐든지 할 수 있어!	용기를 주는 주문 만들기
24	정직함 키우기	도서 : 악어 연필깎이가 갖고 싶어, 빨간 매미	잘못했던 일 고백하기 (용서해 주세요!)
25	자립심 키우기	도서 : 헨리에타의 첫 겨울	스스로 할 수 있는 일 VS 도움이 필요한 일
26	학습 능력 키우기	도서 : 틀려도 괜찮아 동시 : 놀고 싶다	창의력 모양 만들기 1·2
27	마음의 정리와 다짐	도서 : 난 이대로가 좋아	내 마음을 채운 조각보, 소감문 쓰기
28	다음에 또 만나자	도서 : 비 오는 날 또 만나자	롤링 페이퍼, 종결 파티

(2) 청소년의 자기효능감 증진을 위한 독서치료 프로그램

세션	세부목표	선정 자료	관련 활동
1	우리들의 마음 열기	도서 : 어디로 갔을까 나의 한쪽은	오리엔테이션, 서약서 작성 및 다짐, 자기소개 나누기 '나?'
2	친밀감 형성	도서 : 알버트	인생 그래프 그리기, 알리고 싶은 나
3	자기 노출을 통한 공감대 형성	도서 : 유리 소녀	고민 노출과 피드백 주고받기
4	감정 짚어보기	동시 : 가끔	오늘 기분이 어때요, 모방 시 쓰기
5	감정 드러내기	동시 : 악어가 왔어 노래 : 너를 삭제	세상에 시비걸기, 신문지 펀치
6	관계를 통한 자아개념 인식	도서 : 두 사람	대인관계 지도 그리기, 다른 사람이 보는 나 내가 보는 나
7	가족과의 관계 탐색 및 증진	도서 : 모든 가족은 특별해요	말풍선으로 꾸미는 가족(KFD), 가족 조각
8	친구와의 관계 탐색 및 증진	도서 : 친구가 필요하니?	내 친구를 소개합니다, 이미지 게임
9	대인 관계 능력 기르기	도서 : 학과 해오라기	바람직한 경청 태도·공감적 표현·나 전달법 익히기 및 실습
10	성취감을 통한 자아존중감 향상	도서 : 우체부 슈발	시 작품 완성을 통한 성취 경험 쌓기
11	자긍심 강화	도서 : 포인트 스토리 보조자료 : I Know(꽃보다 남자 삽입곡)	My Point Story 쓰기
12	미래 설계하기 및 마음의 정리	도서 : 빨간 나무 광고 : 알리안츠 생명 - 문제없어 편	희망 나무에 희망 적어 붙이기, 소감 나누기

(3) 성인 남성의 자아존중감 향상을 위한 독서치료 프로그램

세션	세부목표	선정 자료	관련 활동
1	나에 대한 기술	도서 : 괜찮아	오리엔테이션, 각자의 장단점 나누기
2	세상 속 나와 내 안의 나	애니 : 그녀와 그녀의 고양이	자기표현 콜라주
3	타인과 나의 소통	도서 : 돌연변이(사토라레)	타인의 마음 맞히기 게임
4	현재 마음 살펴보기	도서 : 빨간 나무	재 갖는 고민과 어려움 나누기
5	자신의 꿈 탐색	도서 : 갈매기 조나단	꿈 비판 VS 꿈 변호
6	있는 그대로의 나 표현	도서 : 포인트 스토리	지점토를 통한 자기 이미지 표현
7	나의 주장	도서 : 비밀엽서	자신만의 시, 사진 및 그림 나누기
8	삶에 대한 유연한 관점 인식	도서 : 느림 음악 : 물고기 종	평온한 심상 만들기를 통한 이완 연습
9	문제를 수용하기	도서 : 을지로순환선	수용을 위한 글쓰기
10	갈등을 새롭게 바라보기	도서 : 유치원에서 배우지 못한 것들	내 맘대로 십계명 게임
11	삶의 가치	도서 : 내가 너를 향해 흔들리는 순간	가치의 나무 만들기
12	자신에게 보내는 격려	음악 : 달팽이	감상과 소감 나누기

나가기

이제 더 이상 독서는 단순히 글을 읽는 것에 머물러 있지 않습니다. 기호화된 글을 통해 작가와 세상을 읽는 것은 물론, 그 책을 선택해 읽은 사람의 마음까지도 엿볼 수 있는 기회를 줍니다. 더불어 필요한 지식과 능력을 쌓고 자아실현을 위한 밑거름이 되는 것은 물론이고, 심리 정서적으로 건강하게 살아갈 수 있는 힘도 되어줍니다. 따라서 우리는 예나 지금이나 한결같은 마음으로 독서가 중요하다고 말합니다. 더불어 아이들로부터 어른에 이르기까지 여러 사람들에게 전파하려는 노력도 기울입니다. 왜냐하면 독서야말로 완전한 활동이기 때문입니다.

그런데 그 '독서'가 다양한 측면으로 확장되고 있습니다. 오래전부터 실시되어 오던 독서교육과 독서지도는 물론이고, 면대 면의 만남을 통해 궁금해 하는 정보를 주는 독서상담, 독서를 통해 잠재능력을 끌어내 최대의 성과를 낼 수 있도록 돕는 독서코칭, 최근에는 읽기 부진아를 위한 독서클리닉, 발달적 혹은 임상적인 문제가 있는 사람들을 위한 독서치료에 이르기까지.

필자는 이런 확장이 독서의 범위와 가치를 더욱 넓혀 보다 많은 사람들과 나눌 수 있는 기회를 만드는 것처럼 느껴져 반갑기만 합니다. 또한 이제는 책을 통해 어려움이 있는 사람들을 도울 수도 있다니 더욱 뿌듯한 마음까지 듭니다.

그래서 저는 그런 마음을 많은 사람들과 나누기 위해 11년간 현장에서 발로 뛰며 경험했던 일들, 연구소 운영을 하며 연구했던 이론들을 모아 『독서 : 교육·지도·상담·코칭·클리닉·치료』'라는 한 권의 책에 담았습니다.

부디 이 책이 독서를 사랑하고, 독서를 통해 누군가를 만나 도움을 주고 싶은 이들에게, 실질적인 도움을 줄 수 있는 주춧돌 역할을 했으면 하는 바람입니다.

♣ 글쓴이 **임성관**

선생님은 한국사이버정보대학원 졸업, 중앙대학교 교육대학원 사서교육전공 졸업, 서울불교대학원대학교 상담심리전공 졸업의 학력과, 더불어 한국독서치료학회에서 운영하는 독서치료전문가 과정 및 숙명여자대학교 사이버교육원 아동교육전문가과정을 모두 1기로 수료했습니다.

이런 경력을 바탕으로 2004년부터 休독서치료연구소(www.poetrytherapy.kr)를 운영하고 있으며, 숭의여자대학교와 인천전문대학교 문헌정보과 및 평생교육원, 과천시립정보과학도서관, 수원슬기샘도서관, 인천화도진도서관 등에서 독서치료 및 독서교육을 강의하고 있기도 합니다. 또한 여러 복지관 및 재활원, 정신보건센터, 학교, 도서관, 쉼터, 수련관 등에서 개인 및 집단을 위한 독서치료 프로그램을 운영하고 있기도 합니다.

저서로는 『독서치료 프로그램의 실제』(2007)와 『독서치료 연구』(2007), 『책과 함께하는 마음 놀이터1』(2008), 『책과 함께하는 마음 놀이터2』(2009), 『책과 함께하는 마음 놀이터3』(2009), 『책 좋아하는 아이만들기』(2008), 『초등 학습능력 올리는 독서코칭』(2009), 공동 번역서 『시 치료』(2005)가 있습니다. 논문으로는 「읽기부진아를 위한 독서치료 프로그램 연구」 외 다수가 있습니다.

독서 – 교육·지도·상담·코칭·클리니·치료

▶
초 판 발 행 | 2010년 1월 10일
2 쇄 발 행 | 2010년 6월 18일
3 쇄 발 행 | 2010년 9월 1일
4 쇄 발 행 | 2012년 9월 1일
저 자 | 임 성 관
펴 낸 이 | 권 호 순
펴 낸 곳 | 시간의물레
표지디자인 | Design tell

▶
등 록 | 2002년 12월 9일
등록번호 | 제1-3148호
주 소 | (121-050)서울시 마포구 마포동 332번지 1층
전 화 | (02)3273-3867
팩 스 | (02)3273-3868
전자우편 | mulrebook@empal.com

▶ ISBN 978-89-91425-89-7 (93020)

정가 23,000원